高等职业教育"十三五"创新型规划教材

企业管理实务

主　审　范　忠
主　编　李建峰
副主编　丁小伟　李　栋
　　　　张　力

北京理工大学出版社
BEIJING INSTITUTE OF TECHNOLOGY PRESS

版权专有　侵权必究

图书在版编目（CIP）数据

企业管理实务／李建峰主编．—北京：北京理工大学出版社，2016.8（2017.1重印）
ISBN 978-7-5682-2923-4

Ⅰ．①企… Ⅱ．①李… Ⅲ．①企业管理-高等学校-教材 Ⅳ．①F272

中国版本图书馆 CIP 数据核字（2016）第 200606 号

出版发行／北京理工大学出版社有限责任公司
社　　址／北京市海淀区中关村南大街5号
邮　　编／100081
电　　话／（010）68914775（总编室）
　　　　　（010）82562903（教材售后服务热线）
　　　　　（010）68948351（其他图书服务热线）
网　　址／http：//www.bitpress.com.cn
经　　销／全国各地新华书店
印　　刷／三河市华骏印务包装有限公司
开　　本／787毫米×1092毫米　1/16
印　　张／14.5　　　　　　　　　　　　　　　责任编辑／刘永兵
字　　数／341千字　　　　　　　　　　　　　文案编辑／刘永兵
版　　次／2016年8月第1版　2017年1月第4次印刷　责任校对／周瑞红
定　　价／32.00元　　　　　　　　　　　　　责任印制／李志强

图书出现印装质量问题，请拨打售后服务热线，本社负责调换

前　言

知识经济、信息经济的时代已经来临，中国市场经济的发展进入了一个新的阶段，随着公司生产经营规模的不断扩大，中国企业的经营管理环境也处于激烈的变革之中，无论是立足于开拓国内市场，还是跻身于国际市场，管理跨度和管理难度也都在不断加大，企业都面临着信息变革、战略转型与继续成长的挑战。

企业的管理者也同样面临着企业自身发展的瓶颈、内外部环境的变迁等一系列潜在问题和不确定因素，过去积累的管理理念与实战经验，甚至价值观都在经受着新的考验。企业管理对于复合型人才的需求日益升高，高职高专工商企业管理、会计与审计、财务管理、营销与策划、市场营销、金融等经济管理类专业的学生就业岗位有以下特征：一是需掌握企业相应的专业技术知识和与之对应的管理技能；二是岗位主要趋向企业的中层和基层；三是今后的岗位群分布主要是围绕企业的生产、经营、技术与管理过程。

企业管理是对企业的生产经营活动进行组织、计划、指挥、监督和调节等一系列职能活动的过程。因此，学生在学习掌握本行业的专业技能的基础上，还必须掌握现代企业管理理论、方法和技能，才能适应岗位的要求。本书适用性强、通俗易懂，系统地介绍了企业管理的相关理论知识，包括初识现代企业管理、企业战略管理、企业财务管理、企业生产管理、企业质量管理、企业文化、现代企业组织管理、现代企业人力资源管理、现代企业客户关系管理、现代企业市场营销管理、现代企业技术管理、现代企业信息管理等十二个任务内容。

本书在编写过程中，力图体现高职高专教材的以下特色：

一是内容设计的实用性。本书的设计目标与高职高专教育的培养目标相一致，重点培养一般企事业部门的技术应用型人才，使其具有较宽的知识面、较深厚的基础理论知识、较强的专业能力和就业后持续发展的"关键能力"。

二是教学过程的操作性。把教材、练习思考题和技能训练活动融为一体，知识传授与技能传授相结合，使学生易学、愿学，教师易教、易检查教学效果。改变传统的灌输式教学，在教学过程加入经典案例和技能训练，寓教于学，寓教于做，提高学习效率。

本书反映了编者对于企业管理的理解和企业管理教学的体会，从计划编写到最后交稿，历时一年半时间，几经修改、打磨，汇聚了整个团队的智慧和心血。本书由陕西财经职业技术学院副院长范忠教授担任主审。陕西财经职业技术学院李建峰教授担任主编，负责提出全书的编写指导思想、编写大纲、总体结构体系，负责全书统稿、各章节内容协调、修改定稿和总编工作。陕西财经职业技术学院丁小伟、李栋、张力担任副主编。参加编写的人员及分工为，李建峰（任务一）、丁小伟（任务八、九、十）、李栋（任务二、四、五）、刘昙（任务三）、张力（任务六、七）、赵莹（任务十一）、闫亚飞（任务十二）。

  本书的编写还借鉴了国内外企业管理方面的学者的研究成果，限于体例未能一一列出。在此，向众多企业管理方面的学者和师友表示衷心的谢意！本书在编写过程中，还得到了很多同人的关心和支持，特别是得到了陕西财经职业技术学院董媛副教授的鼎力相助，他们对本教材编写特色提出了自己的真知灼见。在此，谨向关心和支持本书编写和出版的各界同人表示诚挚的谢意。

  高职高专教材的改革是一个长期而艰难的过程，限于作者的水平，本书难免存在一些不足与缺憾之处，恳请读者批评指正。

目 录

任务一　初识现代企业管理 …………………………………………………………（1）
　1.1　什么是企业管理 ………………………………………………………………（1）
　　1.1.1　现代企业管理的产生与概念 ……………………………………………（1）
　　1.1.2　现代企业管理的任务 ……………………………………………………（3）
　　1.1.3　现代企业管理的内容 ……………………………………………………（3）
　1.2　企业管理的性质与职能 ………………………………………………………（5）
　　1.2.1　企业管理的性质 …………………………………………………………（5）
　　1.2.2　企业管理的职能 …………………………………………………………（6）
　1.3　企业管理发展趋势 ……………………………………………………………（9）
　　1.3.1　西方现代企业管理理论的发展 …………………………………………（9）
　　1.3.2　中国现代企业管理思想发展的新趋势 …………………………………（13）

任务二　企业战略管理 ………………………………………………………………（18）
　2.1　企业战略与战略管理 …………………………………………………………（19）
　　2.1.1　企业战略的概念 …………………………………………………………（19）
　　2.1.2　企业战略的特性与构成要素 ……………………………………………（20）
　　2.1.3　企业战略的层次 …………………………………………………………（20）
　　2.1.4　企业战略管理 ……………………………………………………………（21）
　2.2　企业战略管理理论的演进与创新 ……………………………………………（22）
　　2.2.1　增长型战略 ………………………………………………………………（22）
　　2.2.2　稳定型战略 ………………………………………………………………（23）
　　2.2.3　紧缩型战略 ………………………………………………………………（23）
　　2.2.4　经营单位基本竞争战略 …………………………………………………（24）
　　2.2.5　企业进入战略 ……………………………………………………………（25）
　2.3　企业战略管理的过程 …………………………………………………………（26）
　　2.3.1　企业战略的选择 …………………………………………………………（26）
　　2.3.2　战略实施 …………………………………………………………………（27）

  2.3.3 战略控制 ……………………………………………………………………（28）

任务三 企业财务管理 ………………………………………………………………（32）

3.1 财务管理的概念和目标 ……………………………………………………………（32）
  3.1.1 财务管理的概念 …………………………………………………………（32）
  3.1.2 财务管理的内容 …………………………………………………………（33）
  3.1.3 财务管理的原则和任务 …………………………………………………（33）
3.2 企业资金筹措、流动管理 …………………………………………………………（35）
  3.2.1 资金的筹集 ………………………………………………………………（35）
  3.2.2 资金运用管理 ……………………………………………………………（36）
  3.2.3 成本和利润管理 …………………………………………………………（37）
3.3 财务效果分析 ………………………………………………………………………（40）
  3.3.1 经济效益的内涵 …………………………………………………………（40）
  3.3.2 企业经济效益评价的标准 ………………………………………………（40）
  3.3.3 企业经济效益评价的指标 ………………………………………………（40）
  3.3.4 企业经济效益综合分析 …………………………………………………（41）

任务四 企业生产管理 ………………………………………………………………（48）

4.1 生产过程的组织 ……………………………………………………………………（48）
  4.1.1 企业生产过程 ……………………………………………………………（48）
  4.1.2 制造企业生产过程的组成 ………………………………………………（49）
  4.1.3 合理组织企业生产过程的基本要求 ……………………………………（49）
  4.1.4 企业生产类型 ……………………………………………………………（50）
  4.1.5 企业生产过程的组织要素 ………………………………………………（51）
4.2 生产计划 ……………………………………………………………………………（55）
  4.2.1 生产计划 …………………………………………………………………（55）
  4.2.2 FPO 与生产计划 …………………………………………………………（56）
  4.2.3 生产作业控制 ……………………………………………………………（57）
4.3 现代生产管理模式 …………………………………………………………………（57）
  4.3.1 准时制拉动式管理模式 …………………………………………………（57）
  4.3.2 精益生产管理模式 ………………………………………………………（60）
  4.3.3 敏捷制造管理模式 ………………………………………………………（62）

任务五 企业质量管理 ………………………………………………………………（65）

5.1 企业质量管理及常用方法 …………………………………………………………（65）
  5.1.1 质量的概念 ………………………………………………………………（65）
  5.1.2 质量管理及其演变 ………………………………………………………（67）
  5.1.3 企业生产质量控制 ………………………………………………………（68）
5.2 全面质量管理及其实施 ……………………………………………………………（70）
  5.2.1 全面质量管理的概念 ……………………………………………………（70）
  5.2.2 PDCA 循环控制方法 ……………………………………………………（71）

  5.2.3　精益生产模式与企业全面质量管理 …………………………………………（73）
 5.3　质量保证体系的构建 ………………………………………………………………（74）
  5.3.1　质量管理体系的概念和内容 …………………………………………………（75）
  5.3.2　建立质量管理体系的基本理论 ………………………………………………（76）
  5.3.3　建立质量管理体系的基本要求 ………………………………………………（77）
  5.3.4　质量管理体系建立的一般步骤 ………………………………………………（77）
  5.3.5　质量管理体系的持续改进 ……………………………………………………（80）
  5.3.6　质量管理体系的审核 …………………………………………………………（80）

任务六　企业文化 …………………………………………………………………………（83）
 6.1　企业文化的内涵与功能 ……………………………………………………………（83）
  6.1.1　企业文化的定义与结构 ………………………………………………………（83）
  6.1.2　现代企业文化的特征 …………………………………………………………（84）
  6.1.3　企业文化的类型 ………………………………………………………………（85）
  6.1.4　企业文化的功能 ………………………………………………………………（86）
 6.2　企业文化的结构层次分析 …………………………………………………………（87）
  6.2.1　表层的企业文化 ………………………………………………………………（87）
  6.2.2　中层的企业文化 ………………………………………………………………（87）
  6.2.3　深层的企业文化 ………………………………………………………………（88）
 6.3　企业文化的塑造 ……………………………………………………………………（89）
  6.3.1　现代企业文化建设的必要性和意义 …………………………………………（89）
  6.3.2　现代企业文化建设的内容 ……………………………………………………（89）
  6.3.3　现代企业文化建设的影响因素 ………………………………………………（91）
  6.3.4　现代企业文化建设的基本思路 ………………………………………………（92）
  6.3.5　企业形象优化 …………………………………………………………………（93）

任务七　现代企业组织管理 ……………………………………………………………（100）
 7.1　现代企业制度及治理结构 …………………………………………………………（100）
  7.1.1　现代企业制度的概念及性质 …………………………………………………（100）
  7.1.2　现代公司治理结构的主要内容 ………………………………………………（101）
  7.1.3　现代企业制度制衡关系和基本特征 …………………………………………（104）
 7.2　现代企业组织机构设计 ……………………………………………………………（105）
  7.2.1　企业组织设计的任务 …………………………………………………………（106）
  7.2.2　企业组织设计的原则 …………………………………………………………（107）
  7.2.3　组织机构设计的影响因素 ……………………………………………………（108）
  7.2.4　组织结构的类型 ………………………………………………………………（110）
  7.2.5　组织机构的发展趋势 …………………………………………………………（114）

任务八　现代企业人力资源管理 ………………………………………………………（120）
 8.1　人力资源管理概述 …………………………………………………………………（120）
  8.1.1　人力资源的概念与特点 ………………………………………………………（121）

8.1.2　与人力资源有关的几个概念 …………………………………………… (121)
　　8.1.3　人力资源管理与传统人事管理的比较 ………………………………… (123)
8.2　人力资源管理的主要内容 ………………………………………………………… (123)
　　8.2.1　职务说明书的编写 ……………………………………………………… (123)
　　8.2.2　人力资源规划 …………………………………………………………… (127)
　　8.2.3　招聘与使用 ……………………………………………………………… (128)
　　8.2.4　考核 ……………………………………………………………………… (129)
　　8.2.5　激励 ……………………………………………………………………… (129)
　　8.2.6　培训 ……………………………………………………………………… (129)
　　8.2.7　人力资源管理部门的设置与职责 ………………………………………… (129)
8.3　人力资源管理实务举例 …………………………………………………………… (129)
　　8.3.1　人员招聘 ………………………………………………………………… (130)
　　8.3.2　人员使用 ………………………………………………………………… (133)
　　8.3.3　工资及福利 ……………………………………………………………… (134)

任务九　现代企业客户关系管理 ……………………………………………… (137)

9.1　客户关系管理概述 ………………………………………………………………… (137)
　　9.1.1　客户关系管理定义 ……………………………………………………… (137)
　　9.1.2　客户关系管理产生的背景 ……………………………………………… (139)
　　9.1.3　客户关系管理的意义 …………………………………………………… (140)
9.2　客户关系管理的流程 ……………………………………………………………… (141)
　　9.2.1　客户关系管理价值链 …………………………………………………… (141)
　　9.2.2　客户关系管理价值链的基本流程 ……………………………………… (141)
　　9.2.3　客户关系管理价值链的支持流程 ……………………………………… (144)
9.3　客户关系管理的解决方案 ………………………………………………………… (144)
　　9.3.1　客户关系管理系统的架构 ……………………………………………… (144)
　　9.3.2　客户关系管理的关键技术 ……………………………………………… (146)
9.4　客户关系管理的实施 ……………………………………………………………… (149)
　　9.4.1　实施客户关系管理的基本步骤 ………………………………………… (149)
　　9.4.2　客户关系管理实施条件 ………………………………………………… (150)

任务十　现代企业市场营销管理 ……………………………………………… (154)

10.1　现代企业市场营销管理概述 …………………………………………………… (154)
　　10.1.1　市场 …………………………………………………………………… (154)
　　10.1.2　市场营销 ……………………………………………………………… (156)
　　10.1.3　市场营销的观念 ……………………………………………………… (158)
　　10.1.4　市场营销的发展 ……………………………………………………… (160)
10.2　现代企业市场营销管理的主要工作 …………………………………………… (163)
　　10.2.1　工作内容 ……………………………………………………………… (163)
　　10.2.2　市场分析 ……………………………………………………………… (164)
　　10.2.3　市场细分和目标市场选择 …………………………………………… (171)

10.3　市场营销常用策略 ……………………………………………………（173）

任务十一　现代企业技术管理 …………………………………………………（186）
11.1　企业技术开发及其管理 …………………………………………………（186）
　　11.1.1　技术创新 …………………………………………………………（186）
　　11.1.2　技术开发 …………………………………………………………（188）
　　11.1.3　技术引进 …………………………………………………………（189）
　　11.1.4　技术改造 …………………………………………………………（191）
11.2　价值工程原理与方法 ……………………………………………………（193）

任务十二　现代企业信息管理 …………………………………………………（202）
12.1　企业信息资源 ……………………………………………………………（202）
　　12.1.1　信息和管理信息 …………………………………………………（202）
　　12.1.2　企业信息资源 ……………………………………………………（204）
　　12.1.3　企业信息资源管理 ………………………………………………（205）
12.2　管理信息系统 ……………………………………………………………（205）
　　12.2.1　管理信息系统 ……………………………………………………（205）
　　12.2.2　管理信息系统的建立 ……………………………………………（208）
　　12.2.3　企业管理信息系统 ………………………………………………（208）
　　12.2.4　管理信息系统对企业管理的影响 ………………………………（210）
12.3　企业信息化建设 …………………………………………………………（211）
　　12.3.1　企业信息化 ………………………………………………………（211）
　　12.3.2　企业信息化的应用领域 …………………………………………（212）
　　12.3.3　企业信息化建设 …………………………………………………（213）
　　12.3.4　我国企业信息化建设的发展趋势 ………………………………（214）

参考文献 …………………………………………………………………………（218）

任务一

初识现代企业管理

任务解读

本章主要阐述企业管理的产生、概念、性质、职能、任务、内容；现代企业管理的基本原理、一般方法、企业管理基础工作以及理论发展，用以指导以后各章具体内容的学习。

知识要点

1. 掌握企业管理的概念及企业管理的二重性。
2. 理解企业管理的职能、任务和内容。
3. 理解现代企业管理基本原理和一般方法。
4. 掌握现代企业管理基础工作的主要内容与要求。
5. 理解现代企业管理理论的发展趋势。

技能要求

1. 能运用基本原理和一般方法及管理理论分析现实企业管理问题。
2. 培养初步参与企业管理基础工作的能力。

1.1 什么是企业管理

1.1.1 现代企业管理的产生与概念

一、企业管理的产生

管理活动作为人类最重要的一项活动，广泛地存在于现实社会生活之中。凡是由两人以上组成的、有一定活动目的的集体活动都离不开管理。最早的管理活动诞生于原始社会，如原始部落组织的狩猎活动。所以，管理是由协作劳动引起的，管理的实质就是有意识地协调组织成员最有效地利用现有资源以达到组织目标的努力过程。

企业管理是所有管理活动中最重要的内容之一。企业管理是随着现代企业的雏形——工厂企业的诞生而产生的，到现在已有230多年。运用机器和机器体系进行生产的工厂企业，协作劳动规模更大，劳动分工更细，协作更密切，技术和劳动手段更复杂，社会经济联系更广泛，企业迫切需要计划、组织、指挥、协调等管理职能。所以，企业管理是生产力发展的结果，是调节人与劳动资料之间的关系以及人与人之间的关系的结果，并伴随生产力的发展和调节生产关系的需要而不断向前发展。企业管理是社会化大生产的客观要求和直接产物。

二、现代企业管理的概念

现代企业管理就是由企业的经营者和全体员工，从市场需要出发，按照生产力和生产关系的要求，对企业的生产经营活动进行以人为中心、以协调为本质的计划、组织、领导和控制等活动，以适应外部环境变化，充分利用各种资源，实现企业经营目标，创造社会经济效益的过程。

现代企业管理的上述定义包含了以下几个方面的含义：

（1）市场需求是现代企业管理的出发点。进入21世纪，市场环境已是买方市场。由于市场直接反映了社会生产和人民生活的实际需要，因而确定市场需求、满足消费者需要是现代企业从事生产经营活动的出发点。这也是检验现代企业管理工作绩效的唯一标准。因为市场是企业赖以生存的基础，现代企业管理则是以满足市场需要为中心而展开的活动。

（2）现代企业管理必须适应生产力和生产关系的发展要求。企业管理是社会化生产的客观要求和必然产物。一方面，它执行着合理组织生产力的基本职能，这是不同的社会文化制度下社会化大生产所共有的特征；另一方面，它总要体现一定的生产关系，是实现一定生产目的的手段。

总之，企业管理在不同历史发展时期以及在不同社会文化体制的国家，都受到生产力发展水平和一定生产关系的制约。现代企业能否适应生产力和生产关系的发展要求，是提高企业管理效果的关键。

（3）现代企业管理的目的就是适应外部环境变化，充分利用各种资源，实现企业经营目标，创造社会经济效益。每个企业都有自己的使命和目标，尽管不同的企业或同一企业在不同时期有不同的目标追求，但有一点是共同的，这就是追求效益。也就是说，要以尽可能少的投入来实现尽可能多的产出，获取最佳的经济效益和社会效益，并保持企业长期行为充满活力。这不仅是现代企业管理的一种追求，更是一个现代企业组织存在的意义。

（4）现代企业管理是以人为中心的。现代企业管理的主体是企业的经营者和全体员工。通常认为企业资源可大致分为五类，即人、财、物、信息和时间。在上述所有资源要素中，人是决定性的，因为一切其他要素只有通过人才能加以开发利用。

在现代企业管理中，必须把人力资源放在首要位置，只有注重人力资源的开发利用，充分调动企业的经营者和全体员工两方面的积极性和创造性，才能实现企业的预期目标。

（5）现代企业管理的本质任务是协调活动。现代企业管理的客体是生产经营活动。而协调活动贯穿于企业管理的各个环节和各种生产经营活动过程之中。因此，有人甚至提出：管理就是协调。它包括协调企业内部和外部的各种关系，使其构筑起良好的配合关系，以便更有效地实现企业目标。

对内协调包括人与人的协调和人与其他生产要素的协调，而更多的是人与人之间的协调。具体来讲，又分为纵向协调和横向协调。前者是指上下级之间的协调，后者则指同级各部门之间的协调，这也是企业中更重要、更困难的一种协调。对外协调是指企业在生产经营活动中与外部供应单位、用户，以及其他相关社会关系之间活动的协调，现代企业管理的本质工作就是不断地搞好内外部的协调，保证企业生产经营活动按预期目标顺利进行。

为了做好各种协调工作，就必须通过计划、组织、领导和控制活动来进行，既要合理地组织生产力，保证生产经营系统正常运行，又要通过各种职能，不断调整生产关系，使之符合生产力快速发展的要求，进而促进生产力的健康发展。

1.1.2 现代企业管理的任务

现代企业管理是以企业任务为导向的执行一系列管理职能的系统活动，因而，研究企业管理就必须明确企业管理任务，现代企业管理必须承担和完成下列重要任务：

一、必须把取得经济成就放在首位

企业是营利性的经济组织，企业只有赢利才能生存和发展。因此，管理者的首要任务就是保证企业实现预期的经济成就，并使之持续、稳定地不断提高。

二、使各项工作富有活力并使员工有成就

要保证企业实现预期的经济成就，必须使企业各项工作富有活力；要使企业各项工作富有活力，就要充分调动全体员工的积极性、主动性和创造性，让员工在各自岗位上取得良好业绩。

这一任务就是要处理好组织与个人、整体利益与个人利益的关系，不要形成对立，要达成双赢。不少企业的人员离职率高，就是没有处理好这个关系，这种企业是很难持续、稳定地不断提高的。如何实现双赢，就成为管理者完成管理任务的一大难点。这个难点告诉我们，管理者在管理企业生产经营活动时，不仅要管好物，更要管好人，现代企业管理是以人为中心开展各项管理工作的。通过人力资源管理的运作，不仅使员工完成工作取得成就，而且使他们在物质上和精神上得到相应的满足，这样才能确保企业真正获得满意的经济成就。

三、关注企业对社会的影响和对社会承担的责任

企业既是一个经济组织，又是一个社会组织，它要关注企业对社会的影响和对社会承担的责任。企业要赢利，但必须依法经营、照章纳税，绝能不做有害于国家、用户和消费者的事。即企业行为必须符合社会的价值准则、伦理道德、国家法律以及社会期望，以自己的经济活动推动社会进步。企业承担的社会责任，包括以产品或服务满足社会需求、为社会提供就业机会等。

小案例

曾宪梓自幼家境贫寒，靠新中国的奖学金念完大学。他获得成功后，不忘回报祖国和家乡，在广东梅县与一家企业合资，创办银利来有限公司生产银利来领带，并把自己从这个企业所得到的收入全部献给梅县，用作嘉应大学的办学经费及其他公益事业费用。同时，还捐资数亿元设立曾宪梓教育基金会，仅用于教育事业的捐款就达2.6亿元人民币。热心公益事业为金利来集团赢得了很高的美誉度。

1.1.3 现代企业管理的内容

现代企业管理的内容可以从纵向和横向两个方面阐述。从纵向来看有经营战略、决策与计划（高层管理），专业管理（中层管理）和作业管理（基层管理）等三个层次的管理。从横向来看有技术开发管理、生产管理、质量管理、市场营销管理、财务管理、人力资源管理等。

一、不同层次的管理内容

（1）企业高层管理内容。企业高层是企业管理的决策层，重点解决企业发展方向、企业如何适应外部环境变化的问题，旨在提高企业的经营效能。高层管理的核心内容是制定和组织实施企业经营战略、决策与计划。除此之外，高层管理还包括：企业组织机构的设计与变革；选拔、使用和培养干部；培育和建立企业文化；为企业生产和发展创造良好的外部环境等。

（2）企业中层管理内容。企业中层是企业管理的执行层，重点解决企业内部要素的合理组织问题，旨在提高企业的管理效能。企业中层管理是把高层管理和基层管理连接起来的纽带，一方面执行高层管理的决策，同时发挥专业管理的参谋与助手的作用；另一方面对基层管理进行指导、服务与监督。其内容一般是以企业生产经营全过程的不同阶段（开发、供应、生产、销售等）和构成要素（人、财、物、信息等）为对象，形成一系列的专业管理。

（3）企业基层管理内容。企业基层是企业管理的作业层，重点解决组织的决策在基层的落实问题，旨在提高企业日常经营活动的生产效能和工作效能。基层管理也称作业管理或现场管理，其内容一般包括：工序管理、物流管理、环境管理、基层组织管理等。

二、各项专业管理的内容

（1）技术开发管理。技术开发活动是市场需求调研后的第一项活动，就是把用户的需求设计成用户满意的产品。包括新产品开发和老产品的改进、工艺开发、设备开发、材料开发、能源开发等。对这些技术开发活动的有效管理，有助于控制产品设计阶段的成本和设计质量，因为70%的产品成本和80%的产品质量问题取决产品设计阶段的管理水平；也是企业搞好生产和市场营销的技术保证。

（2）生产管理。生产活动是现代企业的基本活动。生产管理就是对产品生产过程所进行的组织、计划和控制等一系列管理工作的总称，主要包括工厂设施布置、生产过程组织、劳动组织、生产计划、生产作业计划、生产控制等。

（3）质量管理。质量管理是指在质量方面指挥和控制组织的协调活动。产品质量好坏，决定着生产管理的效果，最终决定企业有无市场和企业经济效益的高低。现代企业大都以"以质量求生存，以品种求发展"作为企业的发展战略。质量管理的内容主要有两条主线，一是ISO 9000族标准的贯彻与应用实施，二是全面质量管理的推动与提高。

（4）市场营销管理。市场营销是指企业满足顾客需要，实现企业目标的商务活动过程。市场营销管理包括市场研究与开发、市场营销组合策略等，是实现产品价值、保证生产过程连续不断进行的关键环节。

（5）财务管理。是指对企业资金运动过程的管理。如何筹集、分配和使用资金，充分发挥资金的作用，直接影响着企业经济效益的高低。主要内容包括资金筹集、固定资金和流动资金管理、成本费用管理、利润管理等。

（6）人力资源管理。企业的一切活动都离不开人，人是现代企业最宝贵的资源。人力资源管理是指对人员的招聘、录用、调配、考核、培训、晋升等工作的管理。

以上这些专业管理都有自身的运行规律，管理者必须按人、财、物、产、销等运行的客观规律办事，运用好现代企业管理的基本原理和一般方法，同时还要加强企业管理的基础工作，才能搞好各项专业管理工作，不断提高企业管理水平。

1.2 企业管理的性质与职能

1.2.1 企业管理的性质

企业管理，从它最基本的意义来看，一是组织生产经营活动，二是指挥、监督生产经营活动。它具有同生产力、社会化生产相联系的自然属性和同生产关系、社会制度相联系的社会属性，这就是通常所说的管理二重性。从企业管理活动过程的要求来看，既要遵循管理过程中客观规律的科学性要求，又要体现灵活协调的艺术性要求，这就是企业管理所具有的科学性和艺术性。

一、企业管理的二重性

（一）企业管理二重性的含义

企业管理二重性是指：一方面具有同社会化大生产和生产力相联系的自然属性，表现为对协作劳动进行指挥，执行着合理组织生产力的一般职能，即它是由分工协作的集体劳动所引起的，是社会劳动过程的一般要求，是有效组织共同劳动所必需的，表现为劳动过程的普遍形式，由此形成企业管理的自然属性。就这方面来讲，它主要取决于生产力发展水平和劳动社会化程度，而与生产关系性质、社会制度没有直接的关系。另一方面，企业管理又具有同生产关系和社会制度相联系的社会属性，执行着维护和巩固生产关系的特殊职能，即企业管理又是在一定生产关系条件下进行的，必然体现出生产资料占有者指挥劳动、监督劳动的意志，执行着维护和巩固生产关系、实现特定生产目的的职能，由此形成企业管理的社会属性。它主要取决于社会生产关系的性质。劳动的结合方式不同，企业管理的社会性质也就不同。

（二）企业管理二重性产生的原因

企业管理之所以具有二重性，从根本上说，是因为它所管理的生产过程本身具有二重性。生产过程是生产力和生产关系相互结合、相互作用的统一过程。人们要进行生产活动，就要有劳动对象和以生产工具为主的劳动资料，这些物质技术要素和劳动者结合在一起构成生产力。与此同时，人们进行社会化生产，不是各自孤立地从事劳动，而是在一定的生产关系中进行的，正是由于生产过程是生产力和生产关系的统一体，具有二重性。所以，要保证生产过程顺利进行，企业管理就必须执行合理组织生产力与维护生产关系两种职能，二者相互结合，共同发生作用。这样，企业管理就具有了二重性。

（三）学习企业管理二重性原理的意义

企业管理二重性原理，是我们认识和借鉴发达国家企业管理中的科学经验与方法的指导思想，是研究、总结和发展我国企业管理经验的理论武器，对于建设具有中国特色的社会主义企业管理科学体系有着重要的理论意义和实践意义。

（1）企业管理的二重性体现着生产力和生产关系的辩证统一关系。把企业管理仅仅看作生产力或仅仅看作生产关系，都不利于我国企业管理理论和实践的发展。因此，遵循企管理的自然属性的要求，并在充分体现社会主义生产关系的基础上，分析和研究我国企业管理问题，是建立具有我国特色的企业管理科学体系的基础。

（2）根据企业管理二重性原理，我们应注意学习、引进国外先进的企业管理理论、技术和方法。因为这些理论、技术和方法是人类长期从事生产实践的产物，是人类智慧的结晶，它同生产力一样，是不分国界的。另一方面，由于企业管理总是在一定生产关系下进行的，因此在学习西方企业管理时，要科学地鉴别其社会属性，从中去其糟粕，取其精华，而不能照抄照搬。

（3）任何一种企业管理方法、技术和手段的出现总是有其时代背景的，也就是说，它是同生产力水平及其他有关情况相适应的。因此，在学习运用某些企业管理理论、原理、技术和手段时，必须结合本部门、本单位的实际，因地制宜，这样才能取得预期的效果。实践证明，不存在一个适用于古今中外的普遍模式。

二、企业管理的科学性和艺术性

企业管理的科学性是指管理作为一个活动过程，其间存在着一系列基本客观规律。在人们从事企业管理的长期实践活动中，逐步抽象总结出一系列反映企业管理活动过程中客观规律的管理理论和方法。人们利用这些理论和方法来指导企业管理实践，又以管理活动的结果来衡量管理过程中所使用的理论和方法是否正确，是否行之有效，从而使企业管理的科学理论和方法在实践中得到不断的验证和丰富。因此，说企业管理是一门科学，是指它以反映企业管理客观规律的管理理论和方法为指导，有一套分析问题、解决问题的科学方法论。

企业管理的艺术性则是强调其实践性，没有实践则无所谓艺术。仅凭书本上的管理理论，或照抄照搬原理和方法进行企业管理是不能保证其成功的。管理人员必须在企业管理实践中发挥积极性、主动性和创造性，因地制宜地将管理理论与具体管理活动相结合，才能进行有效的管理。所以，企业管理的艺术性就是强调企业管理活动除了要掌握一定理论和方法外，还要根据具体情况，有灵活运用这些理论和方法的技巧和诀窍。

从企业管理的科学性和艺术性可知，有效的企业管理艺术是以对它所依据的管理理论的理解为基础的。因此，二者之间不是互相排斥，而是互相补充的。管理的艺术可以上升为科学理论，管理艺术又需要理论指导；而管理科学理论的运用也必须讲究艺术，管理是科学性和艺术性的有机统一。如果靠生搬硬套理论来进行管理活动，必然是脱离现实情况的无效劳动；但没有掌握管理理论的管理人员，必然是靠碰运气、靠直觉或靠过去的经验办事，很难找到对管理问题的可行的、令人满意的解决办法。认识企业管理的这一特性，对于学习企业管理和从事企业管理工作的管理人员来说，是十分重要的，它可以促使人们既注重企业管理基本理论的学习，又不忽视在实践中因地制宜地灵活运用。这一点，常常是企业管理获得成功的一项重要保证。

研讨与思考：如何理解企业管理的科学性和艺术性？

1.2.2 企业管理的职能

企业管理的职能是对企业管理的基本工作内容和工作过程所做的理论概括。

依据企业管理的二重性原理，企业管理的职能有两个基本职能，即合理组织生产力的一般职能和维护生产关系的特殊职能。因为社会生产过程是生产力和生产关系的统一体，所以在企业管理实践中这两个基本职能是结合在一起发生作用的。当它们结合作用于社会生产过程时，就表现为企业管理的若干具体职能。理论界对企业管理的具体职能说法不一，有三职能、五职能、七职能之说等。从实施一项管理活动的全过程看，本书认为企业管理的具体职能一般包括计划、组织、领导、控制四项职能。现分述如下。

一、计划职能

计划职能是指管理者确定企业目标和实现目标的途径、方法、资源配置等所进行的管理工作的职能。计划职能是协作劳动的必要条件。在协作劳动中，必须有统一的目标，必须对各项活动、各种资源的利用和每个人的工作进行统一安排，才能彼此配合，最终实现预期目标。这就需要用计划作为指导人们开展各项工作的纲领和依据，没有计划的企业是不可能生存的。

计划职能是企业管理各项职能中的首要职能，在管理职能中处于主导地位，其他职能都需要它提出目的、要求和标准。计划职能有利于正确把握未来，使企业的活动与社会的需要协调一致，能在变化的市场环境中健康稳定地发展；有利于统一全体员工的行动，使大家共同努力实现企业的经营目标。

计划职能的主要内容和程序：对企业内外部环境及未来的变化趋势进行分析预测；根据市场需要、企业内部条件的分析和企业自身的利益制定中长期和近期目标；制定方案，选择方案；编制企业综合计划和专业计划；检查计划执行情况，通过控制职能实现计划。

二、组织职能

组织职能是指管理者为了实现企业的共同目标与计划，确定企业成员的分工与协作关系，建立科学合理的组织机构，使企业内部各单位、各部门、各岗位的责权利相一致，并彼此协调，以保证企业目标能顺利实现的一系列管理工作。合理、高效的组织结构是实施管理、实现计划的组织保证。因此，不同层次、不同类型的管理者总是或多或少地承担不同内容的组织职能。

组织职能属执行性职能，其目的是统一与协调整个企业的活动，使企业的各个构成要素具有凝聚力，能集中指向企业的计划目标。它一方面通过合理配备和使用企业资源，使资源最大限度地发挥作用；另一方面能为企业创造一个良好的环境，使企业内外的信息流保持畅通和迅速。

组织职能的内容一般包括：设计与建立组织机构；合理分配职权与职责；选拔与配置人员；制定各项规章制度；推进组织的协调与变革等。

小案例

统一公司坚持"人才就在身边"的原则，企业中高层以上的职位基本上不对外直接招聘，随着企业高速成长，升迁的人员都从在职优秀员工中选拔。但为防止牵亲引戚的派系产生，"统一"淡化家族色彩，坚持公开、公平、公正的组织文化，真正使人们体会到：只要努力、有能力、有成果，就有一级一级升上去的希望。因此，"统一"形成了很强的企业凝聚力和员工向心力。

三、领导职能

领导职能是指各级组织的管理者指挥、激励下级，以有效实现组织目标的行为。领导职能的内容一般包括：运用权威，实施指挥；选择正确的领导方式；激励下级，调动其积极性；进行有效沟通等。

凡是有下级的管理者都要履行领导职能，不同层次、不同类型的管理者领导职能的内容及侧重点各不相同。高层管理者，即企业中最高领导层的组成人员，他们以决策为主要职能，也称决策层。中层管理者，即企业中层机构的负责人员，他们是高层管理者决策的执行者，行使高层授权下的指挥权，也称执行层，例如车间主任。基层管理者，即在生产经营第一线的管理人员，他们负责将组织的决策在基层落实，制订作业计划，负责现场指挥与现场监督，也称作业层，例如生产车间的班组长。领导职能是管理过程中最关键、最常用的职能。

小案例

西门子发展领导力重要的内容是 CPD 流程，它由 CPD 圆桌会议和 CPD 员工对话两部分组成。CPD 圆桌会议每年举行一次，参加人员是公司管理人员：中高级经理和人力资源管理顾问。在圆桌会议上，参与者对公司团队和重点员工的潜能进行预测；回顾过去一年的业绩；提出改进后的与业绩挂钩的薪酬体系；制订具体的管理本地化与全球化有效融合的措施，以及拓展员工发展渠道、充分预测其潜能的培训计划。计划包含技术培训、管理培训以及与之相协调的工作轮调、项目任命、薪酬调整等。

四、控制职能

控制职能是指管理者为保证实际工作与目标一致而进行的监督与调节活动。控制职能的内容一般包括：制定控制标准；评估衡量工作，找出偏差；采取纠偏措施等。进行控制是企业每一位管理者的职责，由于不同层次、不同类型的管理者分工不同，他们的控制范围也不一样。如按业务范围划分，有生产作业控制、质量控制、成本控制等。

小案例

严格的内部控制贯穿于青岛啤酒的每个生产环节。对于酿造水源的控制指标更是严于国家标准。青啤的网络监控检测制度规定：每周分析检测总水管；每日抽样检查各分支水龙头；工作现场则既要确保随时检测，又要将水管高于地面50厘米，全部盘挂上墙，甚至连操作人员怎么洗手都有非常严格的规定。

四大企业管理职能的关系是：一方面，在企业管理实践中，计划、组织、领导和控制职能一般是顺序履行的，即先执行计划职能，然后是组织、领导职能，最后是控制职能；另一方面，上述职能不是单独实施的，在实际管理中这四大职能又是相互融合、相互交叉的。如计划的实施依托于组织，组织职能为计划任务的完成提供组织保证；计划职能为组织职能规定了方向乃至具体要求。计划目标需要领导的批准，计划的实现又需要领导的指挥和控制职能，而控制标准的制定却要参考计划。四大职能的中心有一个"协调"框，进一步验证现代企业管理的本质任务是协调活动，是以协调为本质的计划、组织、领导和控制等活动（如图1-1所示）。为了做好各种协调工作，就必须通过计划、组织、领导和控制职能来进行。

研讨与思考：举例说明四大企业管理职能的关系。

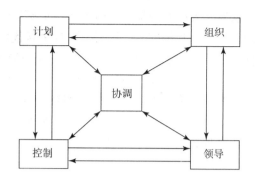

图1-1 四大企业管理职能的关系图

1.3 企业管理发展趋势

企业管理的职能、基本原理、一般方法和基础工作中都蕴藏着大量现代企业管理理论，本节将系统介绍现代企业管理理论的发展，从而指导现代企业管理的实践。

1.3.1 西方现代企业管理理论的发展

西方发达国家企业管理大体上经历了传统经验管理、科学管理、行为科学理论和现代管理四个阶段。

一、传统经验管理阶段

这个阶段从18世纪后期到19世纪末，即从资本主义工厂制度出现起，到资本主义自由竞争阶段结束为止，经历了100多年。

资本主义工厂制度主要应用机器体系进行生产。资本家是生产的组织领导者，着力于解决如何分工协作，以保证生产的正常进行，以及如何减少资本的消耗，赚取更多的利润等问题。因此生产管理、工资管理和成本管理，就成为当时管理的主要内容。传统管理阶段的特点主要有两点：

（1）所有权、经营权还没有分离。企业经营管理者一般就是企业资本所有者。

（2）企业管理还没有完全摆脱小生产方式的影响。传统管理主要是靠个人的经验进行生产和管理。工人凭自己的经验来操作，没有统一的操作规程；管理者主要凭自己的经验来管理，没有统一的制度和方法；工人的培养主要是采取师傅带徒弟的办法进行个人经验的传授，没有统一的规定和要求。

总之，从管理科学的角度来看，这一时期基本处于积累实践经验阶段，因此传统管理又被称为经验管理。

二、科学管理阶段

这一阶段是从19世纪末到20世纪初，经历了近半个世纪。19世纪后半期，由于科学技术的进步，电力、内燃机等新技术的应用导致第二次技术革命，促进了资本主义发展，资本主义开始由自由竞争阶段向垄断阶段过渡。随着生产力的快速发展，生产关系发生重大变化，企业规模不断扩大，生产技术更加复杂，对管理的要求越来越高，管理工作逐渐成为一种专门职业，出现了资本所有者同管理者的分离，社会上形成了单独的经营管理层。同时，随着市场竞争的加剧，资本家对工人的剥削加强，阶级矛盾也更加尖锐。在上述形势下，企业开始将过去积累的管理经验系统化和标准化，用科学管理来替代传统的经验管理。

最早提出科学管理理论和制度的代表人物是美国人泰罗（1856—1915），他在企业长期进行管理工作的试验研究，于1911年发表了《科学管理原理》一书，这是其管理思想与研究成果的集中体现。在漫长的管理理论发展史中，这本书被公认为是一个最重要的里程碑，它标志着一个全新的管理时代的来临。在企业管理史上，泰罗被称为"科学管理之父"。泰罗的科学管理大体可分为作业管理和组织管理两大方面。

（一）作业管理

主要内容包括：

（1）实行劳动方法的标准化。通过分析研究工人的操作，选用最合适的劳动工具，集中先进合理的操作动作，规定劳动的时间定额，制定出各种工作的标准。

（2）科学挑选和训练工人。即根据每个工人的性格和长处来分配他们的工作，并按照标准操作法对工人进行训练，以代替师傅带徒弟的传统办法培训工人。

（3）实行有差别的计件工资制。为了鼓励工人完成工作定额，对于完成和超额完成工作定额的工人，按较高的工资率计发工资（为正常工资率的125%），如果完不成工作定额，则按较低的工资率计发工资（为正常工资率的80%）。

小资料

泰罗在铁块搬运实验中，每个工人每天平均搬运量从16吨提高到59吨，工人每天的工资从1.15美元提高到1.85美元，而每吨生铁的运费则从7.5美分下降到3.3美分。可见，实行科学管理，不仅可以提高劳动生产率，对工人有利，而且对企业主更有利。

（二）组织管理

主要内容包括：

（1）把计划职能（即管理职能）同执行职能（即工人的实际操作）分开。计划职能人员负责研究、计划、调查、控制以及对操作者进行指导，逐步发展到管理人员专业化，并设立专门部门承担管理工作。现场工人则从事执行的职能，即按照管理部门制定的操作方法、工具和指令从事实际操作。

（2）实行职能制管理。即把管理工作加以细分，使每一个管理者只承担一两种管理职能；同时，每一个管理者对工人都有指挥权。实践证明，这种一个工人同时接受几个职能工长领导的"职能制"，容易引起混乱。但泰罗的这种职能管理思想，对以后职能部门的建立和管理人员的专业化，具有重要意义。

（3）实行例外原则。所谓"例外原则"，就是企业的高层管理型人员，把一些经常发生的一般日常管理工作规范化，然后授权给下级管理人员处理，而自己只保留对例外事项（即重要事项和新出现的问题）的决策权和对下属人员的监督权。这样，既有利于发挥下级管理人员的积极性、提高工效，又能使领导者集中精力研究和解决重大问题。

泰罗是科学管理的奠基人。在泰罗前后，还有一些人同样对科学管理做出了重要贡献。如吉尔布雷斯夫妇的动作研究，甘特的生产作业计划和控制技术（甘特图表），法约尔的14项管理原则和5项管理职能，韦伯的理想行政组织体系，等等。这些人的研究使资本主义企业管理从传统管理阶段发展到科学管理阶段。其中许多内容成为后来新的管理原理和方法发展的基础。许多理论和原则至今仍然为企业所奉行。

科学管理阶段的特点主要表现在以下两个方向。

第一，科学管理理论认为，一切管理问题都应当而且可以用科学的方法加以研究解决，并用各种标准予以保证。科学管理理论逐渐取代了传统的经验管理。这一阶段管理工作的重点是工厂内部的生产管理，以提高生产效率为中心，解决生产组织方法科学化和生产程序标准化等方面的问题。

第二，企业所有权和经营权逐步分离。它使企业管理工作逐渐成为一个专门职业，社会上开始形成单独的经营管理者阶层。

小资料

1841年10月5日，在美国马萨诸塞州至纽约的铁路上，两列火车相撞，造成近20人的伤亡。当时，美国社会舆论哗然，公众对这一事件议论纷纷，对铁路老板低劣的管理进行了严厉的抨击。为平息这种局面，这个铁路公司不得不进行改革，资本家交出了企业管理权，只拿红利，另聘有管理才能的人担任企业领导，这就是美国历史上第一家所有权与经营权分离的企业。

三、行为科学理论阶段

行为科学理论产生于20世纪20年代末、30年代初的美国。在当时的美国，企业的规模逐步扩大，科学技术以前所未有的速度向前发展，新兴工业不断出现，使得生产过程更加复杂。在这种情况下，科学管理把工人视为"活的机器"，用"胡萝卜加大棒"的管理方式管理工人，忽视人的因素的状况激起工人的反抗；与此同时，从1929年开始的经济危机，使资本主义国家固有的矛盾更加尖锐，工人阶级的觉悟日益提高。在这样的背景下，企业家感到单纯用科学管理理论和方法已不能有效地控制工人来达到提高劳动生产率和获取利润的目的，认识到社会化大生产的发展需要一种与之相适应的重视人的行为的新的管理理论，这样，以新的"社会人"假设理论为依据的行为科学理论便应运而生。

行为科学理论的产生与发展分为两个阶段：第一阶段，称为早期行为科学理论，即以梅奥（1880—1949）为代表的通过著名的霍桑试验和《工业文明的社会问题》等著作而创立的人际关系理论。其人际关系理论的主要观点有：工人是"社会人"，是复杂的社会系统的成员，不是经济人；管理者应重视协调人际关系，提高工人"士气"，从而达到提高生产率的目的；企业除正式组织之外，还存在着"非正式组织"，其是影响生产率的一个重要因素。第二阶段，行为科学理论获得全面发展，它主要包括三部分内容：个体行为理论、团体行为理论和组织行为理论。其典型人物和代表理论有：马斯洛的需求层次理论、赫茨伯格的双因素理论、麦格雷戈的"X—Y"理论等。

由于行为科学理论在企业管理的应用中取得明显效果，因此，它被认定是科学管理理论以后企业管理理论和实践的一个新的发展阶段。行为科学理论阶段的特点是：这一理论将社会学、心理学等理论引入企业管理研究领域，强调在管理实践中注重人的本性和需要以及行为动机，特别是生产中的人际关系。这对现代企业管理产生了深远的影响，成为西方管理理论的主流学派之一。

四、现代管理阶段

这一阶段大体是从20世纪40年代开始，直至现在。第二次世界大战后，西方发达国家在经济发展中出现了许多新变化：科学技术迅速发展，技术更新和产品更新周期大大缩短；产品日新月异，工业生产迅速发展；企业规模不断扩大，生产自动化和连续程度空前提高；企业内外部分工更加精细，生产的社会化程度更高；国内外市场形势瞬息万变，竞争异常激烈。所有这些都对企业管理提出了许多新的要求，促使企业管理向现代管理过渡。

现代管理阶段理论丛生，学派林立。比如，社会系统学派、决策理论学派、系统管理学派、数学管理学派、管理过程学派、组织行为学派、企业文化学派，等等。但就基本理论分类来说，可归为两大学派：一类是"管理科学学派"，它实际上是泰罗科学管理理论的延伸和发展。它把动作研究、时间研究发展为工业工程学和功效学，同时吸取了现代自然科学和技术科学的新成就，采用运筹学及系统工程、电子计算机等科学技术手段，形成一系列现代化的管理科学方法。另一类是"行为科学学派"，它强调从人的需要、动机、相互关系及生产环境等方面，以社会学、心理学及实证研究的角度研究对企业生产经营活动及其效果的影响，探讨如何激励人的主动性和创造性，提高生产率。它是在以梅奥为代表的以人为中心的管理理论基础上发展起来的。上述两大类管理学派研究的问题各有侧重。由于企业管理既有生产力的组织问题，又有生产关系的调节问题，所以两者正好相互补充。企业管理的发展也证实了两者的互补性和趋同性。因此可以说，所谓现代管理，实际上就是管理科学和行为科学相结合的管理。

同过去的管理相比，现代管理具有如下重要特点：

（1）突出经营决策和经营战略。在现代市场经济条件下，企业管理的中心是经营，经营的重点是决策，决策的关键是战略决策。企业经营战略决策正确与否，将直接关系到企业的生存和发展。因此，现代企业管理不仅重视企业内部的管理，更加注重企业外部环境和市场变化对企业生产经营的影响；突出经营决策，不仅着眼于企业的"今天"，更着眼于企业的"明天"；强调企业未来发展的战略决策，不仅着眼于国内市场，也着眼于国际市场，积极参与国际竞争，等等。

（2）广泛应用现代科学技术新成就。主要是将一些数学方法（如概率论、排队论、线性规划等）、信息技术（CAD、ERP等），以及准时生产制（JIT）、价值工程等应用于企业的生产经营管理，大大提高了管理水平和工作效率。

（3）实行以人为中心的管理。同科学管理相比，现代企业管理更重视人的作用，强调从人的本性中去激发动力。把创立企业文化纳入企业管理的内容之中，开展多种多样的民主管理运动，以满足职工自我实现的需要。为了更好地发挥人的作用，现代企业管理还十分重视人力资源的开发，强调对职工实行终身教育，努力将企业办成"学习型组织"。

（4）实行系统管理。即把系统论的观念引入现代企业管理，将企业视为人造开放系统。它是整个社会系统的一部分，受外部整个社会系统的政治、经济等因素所制约，内部又分为若干个子系统，它要求根据系统理论，从企业整个系统的最优化出发，把系统工程、系统分析、系统方法应用于企业管理。

进入21世纪以来，企业管理理论在经历了如上介绍的四个阶段的发展之后，仍在继续发展。其中比较管理理论、战略管理理论、流程再造理论、人本管理理论、知识管理理论、核心能力理论、供应链管理理论、战略联盟理论、电子商务、学习型组织、绿色管理、危机管理和跨文化管理等新理论不断涌现，标志新的管理理论的丛林时代到来。所有这些新理论都反映了对现代企业管理理论的不断探索，这些探索是与当今经济全球化、经济信息化的发展趋势相适应的。本书在以后各章节中，将结合相关内容对一些新理论进行阐述。

小资料

近年来，随着社会经济形势的发展和一系列新兴科学技术的出现及其在管理中的应用，企业管理理论又出现了一些创新。

"人本管理"理论，是指以人为根本的管理思想，即把人作为管理的核心，对人的管理作为整个管理工作的重心。其核心内容就是对组织系统中所有涉及人的领域进行研究，包括运用行为科学，重新塑造人际关系；增加人力成本，提高劳动质量；改善劳动管理，充分利用劳动资源；推行民主管理，提高劳动者的管理意识；建设企业文化，培养企业精神等。

"流程再造"理论，是指将组织的作业流程进行根本的重新考虑和彻底翻新，以便在成本、品质、服务与速度上获得戏剧化的改善。其中心思想是强调企业必须采取激烈的手段，彻底改变工作方法；强调企业流程要"一切重新开始"，摆脱以往陈旧的流程框架。

研讨与思考：西方现代企业管理理论的发展经历了哪几个阶段？各有何特点？

1.3.2 中国现代企业管理思想发展的新趋势

中国是一个文明古国，有悠久的文化历史和管理实践经验，其中给后人留下的丰富的管理思想，备受今天中外企业管理研究人员的重视，对今天现代企业管理仍具有重要的参考价值。

小资料

汉高祖刘邦在分析自己为什么能得天下而项羽为什么会失天下时说："运筹帷幄之中，决胜千里之外，我不如张良；治理国家，安抚百姓，调集军粮，使运输军粮的道路畅通无阻，我不如萧何；联络百万人军，战必胜、攻必克，我不如韩信。此三人皆人杰也，我能用之，这是我能得天下的原因。"

美国"钢铁大王"卡内基曾经说："如果把我企业中的所有财产都拿走，只把我的人留下，四年以后，我还会是'钢铁大王'。"

这里仅就我国改革开放以来，以及进入 21 世纪后，现代企业管理的发展、变化和新趋势做简要阐述。

一、改革开放以来企业管理的发展和变化

改革开放以来，我国企业管理的面貌发生了重大变化，集中起来主要有以下几点：

（1）经营思想发生了根本转变。以"转轨变型"为契机，我国企业管理开始由封闭式转向开放式，从被动执行型转向主动开拓型，从过去生产什么就销售什么变为以市场需求为导向。用户意识、市场意识、竞争意识和效益意识构成了企业经营思想的主体。

（2）从转换企业经营机制到建立现代企业制度。伴随着经济体制改革，企业经历了从放权让利到利改税、从承包制到股份制等转变，建立社会主义市场经济体制向传统的中国工厂制企业制度提出挑战，现代企业正朝着建立"产权清晰、权明确、政企分开、管理科学"的现代企业制度目标迈进。

(3) 管理人员由行政型领导向职业企业家转变。改革前，我国政企不分，企业的厂长（经理）上级任命，待遇随行政级别而异。因此，企业一切服从行政安排，从而扼杀了企业的效率和效益。纵观国内外任何一个成功的企业，都在很大程度上依靠优秀的企业家。如海尔和联想的成功得益于张瑞敏和柳传志，他们在市场经济大潮中，敢于竞争、善于竞争，带领企业取得了辉煌的业绩。

(4) 企业管理的重点由以物为中心向以人为中心转变。改革使越来越多的企业经营者认识到，一流的企业要有一流的产品，一流的产品要靠一流的人才去开发、制造，因此，企业的竞争最终还是人才的竞争，如何吸引人才、培养人才、使用人才已成为企业能否在竞争中获胜的决定性因素。

(5) 由对生产过程的管理转向对企业经营全过程的管理。计划经济体制下的企业管理，常常局限于生产过程的管理。但在市场经济条件下，一切影响企业效益的环节都被纳入企业管理范畴，其内容已延伸到产、供、销全过程。其中产品创新和市场开发已成为企业管理的关键。

二、进入 21 世纪后我国现代企业管理思想发展的新趋势

2002 年 11 月党的十六大提出：21 世纪头二十年经济建设和改革的主要任务是，完善社会主义市场经济体制，推动经济结构战略性调整，基本实现工业化，大力推进信息化，加快建设现代化，保持国民经济持续快速健康发展，不断提高人民生活水平。进入 21 世纪，在贯彻落实我国 21 世纪头二十年经济建设和改革的主要任务的进程中，我国现代企业管理的思想也发生了极为深刻的变化。

（一）由国内管理向国际化管理转化

进入 21 世纪，中国加入了 WTO，企业管理环境发生了根本变化，经济全球化势不可当，席卷中国大地，许多外国企业纷纷抢滩中国。面对"狼来了"，中国有实力的企业也以"狼"的姿态针锋相对，如海尔、联想、中兴通讯、华为、宝钢等家电、电子、信息、钢铁、纺织、服装、玩具、农业企业，也都把目光转向世界，迈出国门投资办厂。中国经济正在走向国际化，中国企业管理由长期囿于本国或本地区，变为结合本国实际，吸取国外先进现代管理方法为我所用，与国际接轨，向国际化管理转化。

（二）由科学管理向信息化管理转变

科学管理的任务在我国一些企业尚未完成，而信息化管理已成为当代许多企业的迫切要求。中国企业利用后发优势，在信息产业和产业信息化方面正在实现跳跃式发展。互联网和现代通信工具已十分普及，现代信息技术广泛应用于现代企业管理中，如计算机辅助产品设计（CAD）和计算机辅助工艺过程设计（CAPP），将产品设计和工艺过程设计计算机化，既可以求得适应需要的产品设计结果和图纸，以及科学、合理、高效、适用的产品生产工艺规程，又可以缩短生产技术准备的时间；又如企业资源计划（ERP）等新型生产方式的应用，使基本生产过程走向高效低耗化，供应链管理的应用提高了生产制造商的效率和竞争力。

信息化管理并不是简单地用计算机自动程序代替原有的手工程序，而是先要对原有的工作流程进行分析、改造，重新组织、调整，使整个工作程序更加合理化，再实行信息化管理，如此才可以取得良好效果。

（三）由专制首长管理向人本化管理转变

进入 21 世纪，随着知识经济的发展，具有创新知识的人已不再是机器或资本的附庸，

而是现代企业创新的源泉，是现代企业能否持续发展的决定性因素。"一个企业搞得好不好，关键在领导"的专制首长式管理难以适应知识经济时代的发展，向人本化管理转变已是必然。

人本化管理要求管理者为企业的所有相关利益者（投资者、经营者、员工、顾客等）服务，在具体管理工作中应更加真诚地尊重人才、尊重知识、尊重创造。在实际管理行为中，真正把员工和顾客都看作和自己一样，具有人权尊严的平等伙伴和朋友。现在已经有越来越多的企业重视和加强顾客关系管理（CRM）。目前，在我国一些企业和组织中，某些员工的基本人权还得不到应有的保障，在绩效考核和薪酬管理中缺乏沟通和公平，造成管理者和基层员工的对立。尤其是一些外企和民企的劳资矛盾激化，如在中国大陆拥有80余万员工的某台资企业，在不到半年的时间里发生了九起员工跳楼自杀事件，其主要原因是现代化的密集化工作压抑人的心理，年轻员工抗压能力差，企业管理缺乏心灵关怀。实行人本化管理显得更加迫切而又任重道远。

人本化管理还要求管理者重视企业人力资源、人力资本的培养和使用，真正倡导学习型的组织文化，允许尝试和失败，鼓励创新和超越，促进人的全面发展和人的有效技能的最大限度发挥。对具有创新知识的人才实行人本化管理，充分估计他们对组织的作用，切实保障他们在组织中的地位和权益，并从管理制度和人际关系上确保他们对组织的忠诚。

（四）由封闭式实体管理向开放式虚拟管理转变

封闭式实体管理是指对围绕某种或多种产品进行研发、设计、试制、采购、加工、制造、装配、销售的综合性"大而全"或"小而全"的传统实体企业的管理。这种综合性"大而全"或"小而全"的传统实体企业大多已消失。而现代企业是一个高度市场化、全球化、虚拟网络化的组织，企业的边界越来越模糊，也越来越扩大，而企业越来越走向专业化，又使企业的边界越来越清晰。在市场经济发达的今天，现代企业唯一的理性选择就是把一切可以外包的业务统统外包给专业企业做，这样会使企业效率更高、成本更低，社会资源会得到更有效的利用。

现在，生产某种材料、零部件或仅提供产品设计、服务的专业组织像雨后春笋一样，应运而生，遍及全球。无论是提供最终产品（或服务）的企业，还是提供中间产品（或服务）的企业，它们的性质已发生了根本性变化。它们已不再是独立生产或提供某种产品和服务的场所或组织，它们只是全球采购、制造、供应、服务网络中的一个节点企业。各个节点企业之间相互依存，并通过互联网等现代通信技术及现代物流系统而相互联结。在这个网络组织中，每个节点企业都必须具有某种独特的资源或独特的核心竞争能力，否则它就会因无人问津而失去存在的价值，被网络核心企业动态更新。可见每个节点企业的存在都依赖为其他节点企业提供服务和创造价值。而每个节点企业都可以把与自己相关的节点企业视同本组织的一部分，因为它们在本组织的产品生产供应链中所起的作用，如同本组织的一部分一样，甚至还要更好、更省，但实际上这些节点企业又都是独立的，并不是本组织的一部分。这样的组织就是虚拟企业。它是为了实现某种市场机会，依靠信息技术和网络技术，将拥有实现该机会所需资源的若干企业集结在一起的网络化的动态合作经济虚拟组织。随着科学技术的进步，这样的虚拟企业会越来越多。例如耐克公司只有自己的研发设计中心和采购营销系统，却没有自己的生产工厂，但全世界尤其是中国都有为它生产耐克鞋的生产基地，耐克鞋风靡全球，经久不衰。可以预言在未来发展中，组织虚拟化是一种必然趋势，如何管理好这种开放式的虚拟企业,将是21世纪现代企业管理的重大课题。

研讨与思考:进入21世纪后,我国现代企业管理思想出现了哪些新趋势?对你有何启示?

经典案例

美国和全球第一大零售商沃尔玛2001年业绩喜人,非常有可能超过美国石油巨擘埃克森石油公司,荣登世界第一大公司的宝座(世界500强企业第一名)。据法新社报道,拥有45年历史的沃尔玛如今在全球拥有4 150家连锁店,其2001财政年度的收入超过了2 200亿美元。在过去的20年中,沃尔玛以每年20%的增长速度膨胀,业务迅速扩张。

沃尔玛的创始人山姆·沃尔顿于1945年在小镇本顿威尔开始经营零售业,经过几十年的奋斗,终于建立起全球最大的零售业王国。山姆·沃尔顿曾经被《财富》杂志评为全美第一富豪,因其卓越的企业家精神而于1992年被布什总统授予"总统自由勋章",这是美国公民的最高荣誉。沃尔玛是全美投资回报率最高的企业之一,其投资回报率为46%,即使在1991年不景气时期也达32%。虽然其历史并没有美国零售业百年老店西尔斯那么久远,但在短短的40多年时间里,它就发展壮大成为全美乃至全世界最大的零售企业。

1991年,沃尔玛年销售额突破400亿美元,成为全球大型零售企业之一。据1994年5月美国《财富》杂志公布的全美服务行业分类排行榜,沃尔玛1993年销售额高达673.4亿美元,比上一年增长118亿多,超过了1992年排名第一位的西尔斯,雄踞全美零售业榜首。1995年沃尔玛销售额持续增长,并创造了零售业的一项世界纪录,实现年销售额936亿美元,在《财富》杂志公布的1995美国最大企业排行榜上名列第四。2001年,沃尔玛一跃而成为《财富》500强排名的第二名。事实上,沃尔玛的年销售额相当于全美所有百货公司的总和,而且至今仍保持着强劲的发展势头。相比之下,我国北京、上海和广州的一些大型百货公司年销售额只有几十亿人民币,与沃尔玛相差之大,令人咂舌。如今沃尔玛店遍布美国、墨西哥、加拿大、波多黎各、巴西、阿根廷、南非、中国、印尼等国。它在短短几十年中有如此迅猛的发展,不得不说是零售业的一个奇迹。

沃尔玛公司最基本的特点是:①由友善的员工以较低的价格、独到的顾客服务向消费者提供种类齐全的优质商品,其经营的核心是:天天平价,物超所值,服务卓越。②使用领先的信息技术和后勤系统不断地大幅降低其运营成本。③迫使其供应商进行流程改造,使它们同沃尔玛一样致力于降低成本的运作,如对供应商的劳动力成本、生产场所、存货进行控制,对其管理工作进行质询等。

沃尔玛的经验是以顾客为导向。

1. 顾客第一。沃尔玛坚信,"顾客第一"是其成功的精髓。沃尔玛的创始人山姆·沃尔顿曾说过:"我们的老板只有一个,那就是我们的顾客。是他付给我们每月的薪水,只有他有权解雇上至董事长的每一个人。道理很简单,只要他改变一下购物习惯,换到别家商店买东西就是了。"沃尔玛的营业场所总是醒目地写着其经营信条:"第一条:顾客永远是对的;第二条:如有疑问,请参照第一条。"

沃尔玛这种服务顾客的观念并非只停留在标记和口号上,它是深入经营服务行动中的。沃尔玛店铺内的通道、灯光设计都是为了令顾客更加舒适;店门口的欢迎者较其他同行更主动热情;收银员一律站立工作以示对顾客的尊敬;当任何一位顾客距营业员3米的时候,营业员都必须面向顾客，面露微笑，主动打招呼，并问"有什么需要我效劳的吗?"沃尔玛力图让顾客在每一家连锁店都感到"这是我们的商店"，都会得到"殷勤、诚恳的接待"，以确保"不打折扣地满足顾客需要"。正是"事事以顾客为先"的点点滴滴为沃尔玛赢得了顾客的好感和信赖。

另外，沃尔玛还从顾客需求出发提供多项特殊的服务，以方便顾客购物。

2. 免费停车。例如深圳的沃尔玛店营业面积 12 000 多平方米，有近 400 个免费停车位，而另一家营业面积达 17 800 多平方米的沃尔玛店也设有 150 个停车位。

3. 沃尔玛将糕点房搬进了商场，设有"山姆休闲廊"，所有的风味美食、新鲜糕点都给顾客在购物劳顿之余以休闲的享受。

4. 免费咨询。店内聘有专业人士为顾客免费咨询电脑、照相机、录像机及其相关用品的有关情况，有助于减少盲目购买带来的风险。

5. 商务中心。店内设有文件处理商务中心，可为顾客提供包括彩色文件制作、复印、工程图纸放大缩小、高速文印在内的多项服务。

讨论：
1. 沃尔玛获得骄人业绩的秘诀体现了现代企业管理的哪些基本原理？
2. 沃尔玛运用了哪些现代企业管理理论？

技能训练

调查某企业的发展

1. 实训内容：在学校周边找一家民营企业的老职工，调查该企业发展壮大过程中经营者管理思想的变化，参观该企业管理基础工作的现状。

2. 实训目的：
（1）通过了解企业创建壮大过程中经营者思想的变化，认识企业管理演变的内在动因。
（2）培养学生初步参与企业管理基础工作的能力。

3. 实训组织：
（1）调查前，先通过网络搜集我国有关民营企业发展过程的资料，设计调查问卷。由老师组织学生参观该企业管理基础工作的现状。
（2）以 6~8 人为一组，组织学生分组调查与讨论。

4. 实训考核：
（1）以小组为单位通过讨论撰写实训报告。内容包括：该企业的管理基础工作现状；该企业创建壮大过程中经营者思想的变化；该企业的经济发展现状。
（2）老师组织全班同学分组宣讲实训报告，当场评价打分。

任务二

企业战略管理

任务解读

本章主要介绍企业战略分析的内容和具体方法。

知识要点

1. 了解战略的基本内涵及构成要素。
2. 认识战略管理对企业生存发展的重要意义。
3. 了解企业战略管理的基本框架。
4. 掌握战略分析的基本内容及主要方法。

技能要求

1. 能够区分战略类型及构成要素。
2. 能够利用战略分析的基本内容及方法去解决企业经营中的问题。

任务实施

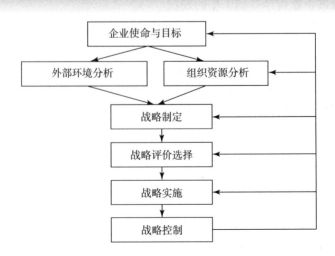

1. 提出公司的战略展望，指明公司的未来业务和公司前进的目标，从而为公司提出一个长期的发展方向，清晰地描绘公司将竭尽全力所要进入的事业，使整个组织对一切行动有一种目标感。

2. 建立目标体系，将公司的战略展望转换成公司要达到的具体业绩标准。

3. 制定战略所期望达到的效果。

4. 高效地实施公司战略。

5. 评价公司的经营业绩，采取完整的措施，参照实际的经营情况、变化的经营环境、新的思维和新的机会，调整公司的战略展望、公司的长期发展方向、公司的目标体系、公司的战略以及公司战略的执行。

2.1 企业战略与战略管理

2.1.1 企业战略的概念

一、企业战略的提出与发展

随着生产社会化和市场经济的发展以及信息技术的推广应用，战略思想逐步进入企业经济领域。作为社会系统学派代表人物的美国经济学家巴纳德（C. I. Barnard）最早将战略思想引入企业经济，他在1938年出版的名著《经理的职能》中，认为企业是由相互进行协作的个人组成的综合系统，经理在这个综合系统中扮演着联系中心的角色，他运用战略因素分析了企业组织的决策机制以及有关目标的诸因素和它们之间的相互影响。1965年，美国管理学者安索夫出版了《企业战略论》一书，系统地论述了企业经营战略的思想。按照安索夫的话来说，企业经营战略就是"企业为了适应外部环境，对目前从事的和将来从事的经营活动所进行的战略决策"。进入20世纪70年代，随着战略理论的研究和管理实践的发展，美国的霍福尔与舒恩德尔两人率先提出了战略管理的概念，并建立了战略管理模式，这一战略管理模式，将战略管理看成由六大要素构成，这六大要素是：战略制定、预选战略、战略评估、战略选择、战略实施和战略控制。因此，它是一个战略管理的过程模式。这一模式奠定了战略管理理论的基础。

二、企业战略的概念

（1）广义的企业战略。广义的企业战略包括企业的宗旨、企业的目标、企业的战略和企业的政策。广义的企业战略强调企业战略一方面的属性——计划性、全局性和整体性，所以也被称为战略的传统概念。

（2）狭义的企业战略。从狭义的角度看，企业战略仅仅是指企业实现其宗旨和一系列长期目标的基本方法和具体计划。企业战略的这一概念更强调企业对环境的适应性，突出了企业战略另一方面的属性——应变性、竞争性和风险性。所以，狭义的企业战略又被称为战略的现代概念。

我们认为：企业战略是指企业在确保实现企业使命的前提下，在充分地分析各种环境机会和威胁的基础上，进一步规定企业拟从事的经营范围、成长方向和竞争对策，并据此合理地配置企业资源，从而使企业获得某种竞争优势的一种长远性发展谋划。企业战略策划在程序上有五个步骤：战略机会、战略手段、战略阶段、战略目标、战略目的。

2.1.2　企业战略的特性与构成要素

一、企业战略的特性

（1）全局性。企业战略是在研究与把握企业生存与发展的全局性指导规律的基础上，对企业的总体发展及其相应的目标与对策进行的谋划，这属于企业总体战略；或者在照顾各个方面的全局观点的指导下，对企业的某个方面的发展及其相应的目标与对策进行谋划，这相当于企业的分战略。

（2）长远性。企业战略是企业谋取长远发展要求的反映，是关系企业今后一个较长时期的奋斗目标和前进方向的通盘筹划，注重的是企业的长远的根本利益，而不是暂时的眼前利益。鼠目寸光，急功近利，短期行为，都是与企业战略的要求相违背的。

（3）抗争性。企业战略是企业为在市场经济环境下日益激烈的竞争中求得生存与发展而制定的。进入20世纪90年代以来，市场竞争国际化，优胜劣汰，"战略制胜"，企业战略的正确与否，成为企业胜败兴衰的关键。战略正确，就能取得优势地位，战胜对手，使企业不断兴旺发达；战略错误，会使企业受损，严重的甚至破产。

（4）稳定性。企业战略一经制定，必须保持相对的稳定性，不能朝令夕改。这就要求企业在制定战略时，必须准确把握外部环境和内部条件，正确决策。

二、企业战略的构成要素

（1）产品与市场领域。这是指企业战略首先应使企业明确目前的产品与市场范围和未来有可能发展的产品和市场范围。

（2）成长方向。指企业战略应包括对企业发展方向的选择。

（3）竞争优势。即企业提供的产品和服务以及市场领域具有超过竞争对手的优势。

（4）协同效应。指企业现有产品与市场，同未来的产品与市场能相互补充、互相作用，以获得更大的经济效益。包括投资协同、生产协同、销售协同和管理协同等方面。

2.1.3　企业战略的层次

企业战略的层次从一般意义上讲，可以划分为三个。

一、企业总体战略

总体战略主要是决定企业应该选择哪类经营业务，进入哪些领域，主要包括经营范围和资源配置两个构成要素。

二、企业基本战略

基本战略主要涉及如何在所选定的领域内与对手展开有效的竞争。因此，它所研究的主要内容是应开发哪些产品或服务，这些产品将提供给哪些市场等。它所涉及的是构成企业战略的另一个要素：竞争优势。

三、职能部门战略

职能部门战略主要研究企业的营销、财务、人力资源、生产等不同的职能部门，如何更好地为各级战略服务，以提高组织效率的问题。它的构成主要源于企业战略构成要素中的协同作用。

2.1.4 企业战略管理

一、企业战略管理的概念

企业战略管理，是指对企业战略的设计、选择、控制和实施，直至达到企业战略总目标的全过程。战略管理涉及企业发展的全局性、长远性的重大问题，诸如企业的经营方向、市场开拓、产品开发、科技发展、机制改革、组织机构改组、重大技术改造、筹资融资，等等。战略管理的决定权通常由总经理、厂长直接掌握。企业经营管理是在战略管理的指导下，有效利用企业资源，组织企业全体成员努力实现战略目标的全过程。经营管理的决定权一般由副总经理、副厂长掌握。企业战略管理体系的构成，如图2-1所示。企业战略管理与经营管理的比较，如表2-1所示。

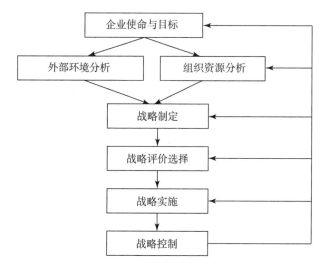

图2-1 企业战略管理体系

表2-1 经营管理与战略管理的区别

经营管理	战略管理
关心已建立的企业管理目标	关心新目标和战略的识别与评价
经营的目标通常为大量过去的经验所证明是有效的	新的目标值得争论，对其实施企业几乎没有什么经验
经营的目标可以分解为企业各执行部门的具体子目标	战略目标通常着重考虑的是企业的生存和发展
最高领导人较多关注的是企业经营手段的应用	最高领导人较多考虑的是影响企业生存和发展的外部环境的变化
最高领导人能较迅速地了解经营目标的执行情况	几年以后，最高领导人才能知道战略目标的执行情况
为了完成经营目标，企业将规定一系列奖励的办法，刺激企业员工的积极性	企业战略计划中，一般没有用物质手段刺激员工积极性以完成战略目标的内容

续表

经营管理	战略管理
企业与竞争对手之间存在的"比赛规则",对于有经验的领导来说是熟悉的,能把握局势的变化,也能胜任自己的工作	企业家要探索和思考许多新的领域,过去的经验已不可能适用,也不可能把握新的竞争
经营中存在的问题很快就能反映出来,这些问题比较具体,对于有经验的管理者来说也较熟悉	在一定意义上说,战略中的问题是抽象的,要延续一段时间后才能知道,并且可能是不熟悉的

二、企业战略管理的任务

企业战略管理过程,主要是指战略制定和战略实施的过程,它包括五项相互联系的管理任务:

(1) 提出公司的战略展望,指明公司的未来业务和公司前进的目标,从而为公司提出一个长期的发展方向,清晰地描绘公司将竭尽全力所要进入的事业,使整个组织对一切行动有一种目标感。

(2) 建立目标体系,将公司的战略展望转换成公司要达到的具体业绩标准。

(3) 制定战略所期望达到的效果。

(4) 高效地实施公司的战略。

(5) 评价公司的经营业绩,采取完整性措施,参照实际的经营状况、变化的经营环境、新的思维和新的机会,调整公司的战略展望、公司的长期发展方向、公司的目标体系、公司的战略以及公司战略的执行。

2.2 企业战略管理理论的演进与创新

企业总体战略是对企业的总体发展及其相应的目标与对策进行谋划,决定企业应该选择哪类经营业务,进入哪些领域。主要包括经营范围和资源配置两个构成要素,是处于支配地位的战略,决定企业的兴衰成败。依据企业在市场竞争中所处的地位与态势可以划分为增长型战略、稳定型战略、紧缩型战略等类型。

2.2.1 增长型战略

增长型战略又称攻势战略或发展型战略。它的特点是不断开发新市场,扩大投资规模,掌握市场竞争的主动权,在现有基础水平上向更高的目标发展。它包括技术发展、产品发展、市场发展、生产发展等方面的战略。这种战略要求有雄厚的资源及优良的素质作为后盾。

一、多样化战略

(1) 横向多样化。横向多样化是以现有的产品市场为中心,向水平方向扩展事业领域,也称水平多样化或专业多样化。横向多样化有三种类型:市场开发型、产品开发型、产品—市场开发型。这种战略由于是在原有市场、产品基础上进行变革,因而产品内聚力强,开发、生产、销售技术关联度大,管理变化不大,比较适合原有产品信誉高、市场广且发展潜力还很大的大型企业。

（2）多向多样化。这是指虽然与现有的产品、市场领域有些关系，但是通过开发完全异质的产品、市场来使事业领域多样化。这种多向多样化包括三种类型：技术关系多样化、市场营销关系多样化和资源多样化。

（3）复合多样化。这是从与现有的事业领域没有明显关系的产品、市场中寻求成长机会的策略，即企业所开拓的新事业与原有的产品、市场毫无相关之处，所需要的技术、经营方法、销售渠道等必须重新取得。复合多样化可以划分为四种类型：资金关系多样化、人才关系多样化、信用关系多样化和联合多样化。

二、一体化战略

（1）后向一体化。它是指企业产品在市场上拥有明显的优势，可以继续扩大生产，打开销售，但是由于协作企业供应的材料不能满足需要或成本过高，影响企业的进一步发展。在这种情况下，企业可以依靠自己的力量，扩大经营规模，由自己来生产材料或配套零部件，也可以向后兼并供应商或与供应商合资兴办企业，组合联合体，统一规划和发展。

（2）前向一体化。从物资的移动角度看，就是朝与后向一体化相反的方向发展。一般是指生产原材料或半成品的企业，根据市场需要和生产技术可能的条件，充分利用自己在原材料、半成品上的优势和潜力，决定由企业自己制造成品或与成品企业合并组建经济联合体，以促进企业的不断成长和发展。

（3）水平一体化。它是指企业以兼并处于同一生产经营阶段的企业为其长期活动方向，以促进企业实现更高程度的规模经济和迅速发展的一种战略。

三、集中型战略

集中型战略是将企业的资源集中在一个产品或服务市场上经营的战略类型。集中于单一产品或服务的增长战略风险较大，因为一旦企业的产品或服务的市场萎缩，企业就会面临困境。因此，企业在使用单一产品或服务的集中增长战略时要谨慎。

2.2.2 稳定型战略

稳定型战略，是指在内外环境的约束下，企业准备在战略规划期使企业的资源分配和经营状况基本保持在目前状态和水平上的战略。按照稳定型战略，企业目前所遵循的经营方向及其正在从事经营的产品和面向的市场领域，在其经营领域内所达到的产销规模和市场地位都大致不变或以较小的幅度增长或减少。

从企业经营风险的角度来说，稳定型战略的风险是相对较小的，对于那些曾经成功地在一个处于上升趋势的行业和一个不大变化的环境中活动的企业会很有效。稳定型战略主要依据前期战略，它坚持前期战略对产品和市场领域的选择，它以前期战略所达到的目标作为本期希望达到的目标，因而实行稳定型战略的前提条件是企业过去的战略是成功的。对于大多数企业来说，稳定型增长战略也许是最有效的战略。其基本类型有：无增战略、维持利润战略、暂停战略和谨慎实施战略。

2.2.3 紧缩型战略

所谓紧缩型战略，是指企业从目前的战略经营领域和基础水平上收缩和撤退，且偏离起点战略较大的一种经营战略。与稳定型战略和增长型战略相比，紧缩型战略是一种消极的发展战略。一般企业实施紧缩型战略只是短期的，其根本目的是使企业渡过困难后转向其他的战略选择。有时，只有采取收缩和撤退的措施，才能抵御竞争对手的进攻，避开环境的威胁和迅速地实行自身资源的最优配置。可以说，紧缩型战略是一种以退为进的战略。其主要类型有：抽资转向战略、放弃战略、清算战略。

2.2.4 经营单位基本竞争战略

基本竞争战略，是指无论在什么行业或什么企业都可以采用的战略。著名战略管理学家波特在《竞争战略》一书中曾经提出过三种基本战略，即成本领先战略、差异化战略、集中专业化战略。他认为，企业要获得竞争优势，一般只有两种途径：一是在行业中成为成本最低的生产者；二是在企业的产品和服务上形成与众不同的特色，企业可以在或宽或窄的经营目标内形成这种战略。

这些战略是根据产品、市场以及特殊竞争力的不同组合而形成的，企业可以根据生产经营的情况采用自己所需要的战略。

一、成本领先战略

成本领先战略，是指企业通过在内部加强成本控制，在研究开发、生产、销售、服务和广告等领域把成本降到最低限度，成为行业中成本领先者的战略。企业凭借其成本优势，可以在激烈的市场竞争中获得有利的竞争优势。

（一）企业采用成本领先战略的主要动因

（1）形成进入障碍。企业的生产经营成本低，便为行业的潜在进入者设置了较高的进入障碍。那些在生产技术上尚不成熟、经营上缺乏规模经济的企业一般很难进入此行业。

（2）增强企业讨价还价的能力。企业的成本低，可以使自己应付投入费用的增长，提高企业与供应者讨价还价的能力，降低投入因素变化所产生的影响。同时，企业成本低可以提高自己对购买者讨价还价的能力，以对抗强有力的购买者。

（3）降低替代品的威胁。企业的成本低，在有竞争者竞争时，仍可以凭借其低成本的产品和服务吸引大量的顾客，降低或缓解替代品的威胁，使自己处于有利的竞争地位。

（4）保持领先的竞争地位。当企业与行业内的竞争对手进行价格战时，由于企业的成本低，可以在竞争对手毫无利润的水平上保持盈利，从而扩大市场份额，保持绝对竞争优势的地位。

总之，企业采用成本领先战略可以使企业有效地面对行业中的各种竞争力量，以其低成本的优势获得高于行业平均水平的利润。

（二）实施成本领先战略需注意的问题

（1）企业在考虑实施条件时，一般要考虑两个方面：一是考虑实施战略所需要的资源和技能，二是组织落实的必要条件。在成本战略领先方面，企业所需要的资源是持续投资和增加资本，以提高科研与开发能力，改善市场营销的手段，提高内部管理水平。在组织落实方面，企业要考虑严格的成本控制、详尽的控制报告、合理的组织结构和责任制，以及完善的激励管理机制。

（2）在实践中，成本领先战略要想取得好的效果，还要考虑企业所在市场是否是完全竞争的市场，该行业的产品是否是标准化的产品，大多数购买者是否以同样的方式使用产品，产品是否具有较高的价格弹性，价格竞争是否是市场竞争的主要手段等。如果企业的外部环境和内部条件不具备这些因素，企业便难以实施成本领先战略。

（3）企业在选择成本领先战略时还要看到这一战略的弱点。如果竞争对手的竞争能力过强，采用成本领先的战略就有可能处于不利的地位。例如：竞争对手开发出更低成本的生产方法，竞争对手采用模仿的办法，顾客需求的改变等。企业在采用成本领先战略时，应及早注意这些问题，采取防范措施。

二、差异化战略

差异化战略，是提供与众不同的产品或服务，满足顾客特殊的需求，形成竞争优势的战略。企业形成这种战略主要是依靠产品或服务的特色，而不是产品或服务的成本。但是应该注意，差异化战略不是说企业可以忽略成本，只是强调这时的战略目标不是成本问题。

三、重点集中战略

重点集中战略，是指把经营战略的重点放在一个特定的目标市场上，为特定的地区或特定的购买者集团提供特殊的产品或服务。重点集中战略与其他两个基本的竞争战略不同。成本领先战略与差异化战略面向全行业，在整个行业的范围内进行活动；而重点集中战略则是围绕一个特定的目标进行密集型的生产经营活动，要求能够比竞争对手提供更为有效的服务。企业一旦选择了目标市场，便可以通过产品差异化或成本领先的方法，形成重点集中战略。就是说，采用重点集中战略的企业基本上就是特殊的差异化或特殊的成本领先企业。由于这类企业的规模较小，采用重点集中战略往往不能同时进行差异化或成本领先的方法。如果采用重点集中战略的企业要想实现成本领先，则可以在专用品或复杂产品上建立自己的成本优势，这类产品难以进行标准化生产，也难以形成生产上的规模经济效益，因此也难以具有经验曲线的优势。如果采用重点集中战略的企业要实现差异化，则可以运用所有差异化的方法去达到预期的目的。与差异化战略不同的是，采用重点集中战略的企业是在特定的目标市场中与实行差异化战略的企业进行竞争，而不在其他细分市场上与其竞争对手竞争。在这方面，重点集中的企业由于其市场面狭小，可以更好地了解市场和顾客，提供更好的产品与服务。

2.2.5 企业进入战略

企业的进入战略，是指企业以一定方式进入新经营领域进行经营的战略。主要包括购并战略、内部创业战略、合资战略和战略联盟等类型。

一、购并战略

企业购并，是指一个企业购买另一个企业的全部或部分资产或产权，从而影响、控制被收购的企业，以增强企业的竞争优势，实现企业经营目标的行为。企业的购并有多种类型，从不同的角度有不同的购并方法。

（1）从购并双方所处的行业状况看，企业购并可以分为横向购并、纵向购并和混合购并。

（2）从是否通过中介机构来看，企业并购可以分直接收购和间接收购。

（3）按支付方式不同，可以分为现金收购、股票收购和综合证券收购。

二、内部创业战略

内部创业战略，是指企业通过内部创新，以开发新产品进入新市场或者重新塑造新的市场，从而进入一个新的行业。内部创新并不一定是最先进的创新，往往模仿者也采用这种战略。企业选择内部创业战略进入新的经营领域，需要考虑以下几个适用条件：

(1) 行业处于不平衡的状态，竞争结构还没有完全建立起来，这时候进入容易取得成功。

(2) 行业中原有企业所采取的报复性措施的成本超过了由此所获得的收益，这时企业不应急于采取相应的报复性措施，避免采取后效果不佳。

(3) 企业的现有技术、生产设备和新经营项目有一定的联系，导致进入该行业的成本较低。

(4) 企业进入该经营领域以后，有独特的能力影响其行业结构，使之为自己服务。

(5) 企业进入该领域，有利于发展企业现有的经营内容，如提高企业形象、改进分销渠道等。

三、合资战略

合资战略，是指两个以上的公司共同出资创建一个新公司以利于出资各方的发展需要。合资战略的优点是：有利于改进企业与外部的交流并扩大经营网络，有利于实现全球化经营，有利于降低经营风险。

四、战略联盟

战略联盟，是指两个或两个以上的企业为了一定的目的，通过一定的方式组成网络式的联合体。战略联盟是现代企业组织制度的一种创新，随着经济的发展，企业作为组织社会资源的最基本的单位，其边界越来越模糊。目前，网络式组织已经成为企业组织发展的一种趋势，战略联盟也具备边界模糊、关系松散、机动灵活、运作高效等网络组织的这些特点。

2.3 企业战略管理的过程

2.3.1 企业战略的选择

影响企业战略选择的因素主要有：企业过去的战略；管理者对风险的态度；企业对外部环境的依赖性；企业文化和内部权势关系；时期性；竞争者的反应。

战略选择矩阵是一种指导企业进行战略管理的模型。企业应结合自身的优劣势和内外部资源的运用状况，选择合适的战略。该战略矩阵，如图2-2所示。

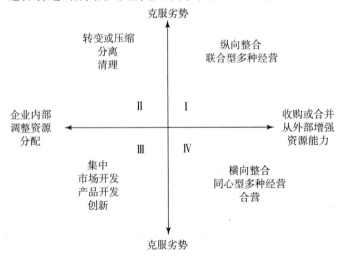

图 2-2 战略选择矩阵

在象限Ⅰ中，企业会认为自己当前生产经营业务的增长机会有限或风险太大，可以采用纵向整合战略来减少原材料或顾客渠道方面的不确定性所带来的风险。企业也可以采用联合型多种经营战略，既能投资获利，又不用转移对原有经营业务的注意力。

在象限Ⅱ中，企业常采用较为保守的克服劣势的办法。在保持基本使命不变的情况下，企业在内部将一种经营业务转向另一种经营业务，加强有竞争优势的经营业务的发展。企业可以采用压缩战略，精减现有业务。实际上，压缩也是起着一种转变战略的作用，即从提高工作效率、消除浪费中获得新的优势。如果某种业务已经是成功的重大障碍，或者克服劣势所费巨大，或者成本效益太低，就必须考虑采取分离战略，把这种业务分离出去，同时获得补偿。当经营业务有导致破产的危险时，就可以采取考虑清算战略。

在象限Ⅲ中，企业如果认为能利用这四种战略，建立获利能力并希望从内部增强竞争优势，就可以进行选择。集中即市场渗透，全力倾注于现有的产品和市场，力求通过再投入资源，增强优势以巩固自己的地位。市场开发和产品开发都是要扩展业务，前者适用于预先有产品并拥有新顾客群的情况，后者适用于现有顾客对企业现有相关产品感兴趣的情况。产品开发也适用于拥有专门技术或其他竞争优势的条件。

在象限Ⅳ中，企业通过积极扩大业务范围来增强竞争优势，需要选用一种注重外部的战略。横向整合可以使企业迅速增加产出能力。同心型多种经营业务与新业务密切相关，可以使企业平稳而协调地发展。合资经营也是从外部增加资源能力的战略，可以使企业将优势拓展到原来不敢独自进入的竞争领域。合作者的生产、技术、资金或营销能力可以大大减少金融投资，并增加企业获利的可能性。

2.3.2 战略实施

企业战略的实施是战略管理过程的行动阶段。在企业的战略管理实践中，战略实施出现过五种不同的模式。具体为：

一、指挥型

这种模式的特点是，企业总经理考虑的是如何制定一个最佳战略的问题。在实践中，计划人员要向总经理提交企业战略的报告，总经理阅后做出结论，确定了战略后，向企业高层管理人员宣布企业战略，然后强制下层管理人员执行。

二、变革型

与指挥型模式相反，在变革型模式中企业总经理考虑的主要是如何实施企业战略。他的角色是为有效地实施战略而设计适当的行政管理系统。为此，总经理本人或在其他人员的帮助下对企业进行一系列变革，如建立新的组织机构、新的信息系统、合并经营范围，增加战略成功的机会。

三、合作型

在这种模式中，企业总经理考虑的是如何让其他高层管理人员同他一起共同实施战略。企业总经理和其他企业高层管理人员一起对企业战略问题进行充分讨论，形成较为一致的意见，制定出战略，再进一步落实和贯彻，使每个高层管理者都能在战略的制定及实施过程中做出各自的贡献。

四、文化型

这种模式的特点是，企业总经理考虑的是如何动员全体员工都参与战略实施活动，即企业总经理运用企业文化的手段,不断向企业全体成员灌输这一战略思想,建立共同的价值观和行为准则,使所有成员在共同的文化基础上参与战略的实施活动。

五、增长型

在这种模式中,为了使企业获得更快的增长,企业总经理鼓励中下层管理制定与实施自己的战略。这种模式与其他模式的区别之处在于它不是自上而下地灌输企业战略,而是自下而上地提出战略。这种战略集中了来自实践第一线的管理人员的经验与智慧,而高层管理人员只是在这些战略中做出自己的判断,并不将自己的意见强加在下级的身上。在大型的多元化企业里,这种模式比较适用。

上述几种模式出现于战略管理的不同发展时期,反映着战略实施从以高层领导为主导到全员参与的发展过程。

2.3.3 战略控制

一、战略控制的概念

企业战略实施的结果并不一定与预定的战略目标相一致。产生这种偏差的原因主要有三个方面:一是制定企业战略的内外环境发生了新的变化;二是企业战略本身有重大的缺陷或者比较笼统,在实施过程中难以贯彻,企业需要修正、补充和完善;三是在战略实施的过程中,受企业内部某些主客观因素变化的影响,偏离了战略计划的预期目标,如某些企业领导采取了错误的措施,致使战略实施结果与战略计划目标产生偏差等。

对上述企业活动与预定的战略目标偏离的情况,如果不及时采取措施加以纠正,企业的战略目标就无法顺利实现。要使企业战略能够不断顺应变化着的内外环境,除了使战略决策具有应变性外,还必须加强对战略实施的控制。

战略控制,主要是指在企业经营战略的实施过程中,检查企业为达到目标所进行的各项活动的进展情况,评价实施企业战略后的企业绩效,把它与既定的战略目标与绩效标准相比较,发现战略差距,分析产生偏差的原因并加以纠正,使企业战略的实施更好地与企业当前所处的内外环境、企业目标协调一致,使企业战略得以实现。

战略实施的控制与战略实施的评价,既有区别又有联系。要进行战略实施的控制就必须进行战略实施的评价,只有通过评价才能实现控制,评价本身是手段而不是目的,发现问题实现控制才是目的。战略控制着重于战略实施的过程,战略评价着重于对战略实施过程结果的评价。

二、战略控制的主要类型

从控制时间来看,企业的战略控制可以分为事前控制、事后控制、随时控制即过程控制。以上三种控制方式所起的作用不同,因此在企业经营当中它们是被随时采用的。

从控制的切入点来看,企业的战略控制可以分为财务控制、生产控制、销售规模控制、质量控制、成本控制五种。

三、战略实施控制的主要程序和内容

(1) 设定绩效标准。根据企业战略目标,结合企业内部人力、物力、财力及信息等具体条件,确定企业绩效标准,作为战略控制的参照系。

(2) 绩效监控与偏差评估。通过一定的测量方式、手段、方法,监测企业的实际绩效,

并将企业的实际绩效与标准绩效对比,进行偏差分析与评估。

(3)设计并采取纠正偏差的措施,以顺应变化着的条件,保证企业战略的圆满实施。

(4)监控外部环境的关键因素。外部环境的关键因素是企业战略赖以存在的基础,这些外部环境关键因素的变化意味着战略前提条件的变动,必须给予充分的注意。

(5)激励战略控制的执行主体,以调动其自控制与自评价的积极性,以保证企业战略实施的切实有效。

经典案例

产品老化　双汇发展前景引担忧

猪肉制品企业河南双汇投资发展股份有限公司(以下简称"双汇")公布了公司2014年三季报,公司第三季度营业收入和净利润同比双双下滑。公司营业收入121.11亿元,同比下降0.69%;净利润9.65亿元,同比下降15.68%。利润下滑如此严重,这是双汇自2011年"瘦肉精"事件以来的首次。

中投顾问食品行业研究员向健军接受《中国经营报》记者采访时表示,2014年双汇第三季度利润下降由多个因素造成,需求不振、行业竞争加剧、双汇明星产品遭遇发展瓶颈、低利润水平的业务占比加大、新产能投放而销量未能匹配,因此双汇需要在多个方面进行调整以改善业绩。不然,未来的日子将更为艰难。

产品老化转型不力

双汇在公布三季报的当天,就已出现股价大幅下跌的迹象,当日跌幅达到4.99%,两个交易日累计跌幅接近15%。如果按照22亿股的总股本计算,两个交易日市值蒸发超百亿元,达到107亿元。

对于净利的大幅下降,双汇副总裁刘松涛接受本报记者采访时表示,目前国家经济增长放缓,造成各方面的消费下降,所以在9月份传统消费的旺季,销售同比下降。肉制品产销量下降和成本上升等造成双汇肉制品业务利润大幅下降。

与此同时他也表示,双汇产品结构的调整和老产品的淘汰在一定程度上影响了整体的销售业绩。"公司内部近两年新产品开发、市场推广进度慢,部分产品老化,产品转型没有完全跟上时代发展的步伐。"记者了解到,第三季度双汇肉制品销售46万吨,同比下降5%。可以发现,双汇销量大幅下降主要在于部分高中温肉制品出现老化,新品及纯低温产品销量不大。

在向健军看来,双汇发展的业务构成主要包括生鲜冻品、高温和低温肉制品,主要业务的不达预期势必会影响企业的最终业绩。而公司传统肉制产品老化,也导致经销商利润空间下降,反过来促使新品推广进展缓慢。

"就生鲜冻品而言,第三季度公司屠宰量仅增加7%,更为重要的是第三季度生猪价格同比下降5%,量和价两方面导致该业务收入增速不达预期。"向健军分析认为,业绩下滑后,双汇的改变势在必行。第三季度可谓是警示了双汇管理层,作为上市公司,挽救股价最直接的办法就是业绩的改善。向健军说:"双汇需要更加迫切地加强生鲜品网络建设,利用母公司的全球资源引进更多进口生猪肉,以提升生鲜冻品业务的利润水平。此外,双汇需要推出新产品并大力营销,由于食品领域产品同质化现象严重,推出新品是一个不错的竞争办法,双汇可以利用多个平台进行强势营销,以增加潜在消费群体。"

据刘松涛介绍，在产品结构上，双汇将与史密斯·菲尔德合作推广美国工艺、美国原料、美国品牌的肉制品。目前双汇也在从口味、包装等方面改良老产品。而双汇已经培育好并已经上市的次新产品包括：椰果烤香肠、脆骨多香肠等，此外还将推出包装、口味差异化的新产品。但是，双汇的新产品能否获得大众的青睐目前尚未可知。

营销创新待发力

双汇季报发布以来，近10家券商发布研报，绝大多数对双汇的三季度业绩表示了失望，其中有券商还因此下调了双汇的评级和预测。双汇负责人在电话会议中称，投资者对双汇的业绩预期、要求"让公司感到很有压力"。

多位业内人士表示："单季营收同比微降，也与猪肉价格正相关，猪肉价格去年同期较高，造成今年三季度营收不理想，并且毛利率也受到了影响。"

记者了解到，双汇2014年第一季度高达38.5%的屠宰量增速透支了全年增长，第三季度公司屠宰生猪355万头，同比仅增6.3%，而第四季度猪价或将进一步上涨，预计第四季度销量亦将表现平淡。

"双汇毛利率回落，说明市场需求疲软。"刘松涛如是说。其实，双汇屠宰量和肉制品销量预计同比已难有增长。而双汇年初以来不断开拓网点，说明单点销量有所回落，导致管理费用率增长。

"总体而言，肉制品行业在瘦肉精事件后确实面临着消费整体疲软、消费者更加关注健康以及减少对加工肉制品的消费等多个压力。"向健军分析道。券商国泰君安也指出，双汇的屠宰、肉制品量低于预期，全年目标将难以完成，而开工率降低影响了公司盈利水平，2014年第四季度和2015年双汇的肉制品或将继续承压。双汇发展总裁张太喜也预计，四季度不会像三季度一样逊于去年同期，但也难以有明显的反弹好转。

目前对于双汇而言，最重要的还是保住市场份额。刘松涛透露，双汇已经在传统的快消渠道（商超、批发等）发展较成熟，下一步将与互联网平台企业合作，进入电商流通渠道符合消费发展趋势；在营销推广方面，要将消费者需求进一步细分，细化子品牌，将高档、中档产品按照高温、低温甚至不同的渠道来分别运作，同时，借助于外部专业团队的力量来提高营销的效果。

在刘松涛看来，"下一步双汇集中精力在新品推广、网络、渠道、营销方面创新以及在产品转型方面发力，也是为了做大销量，产生规模效益"。只是这也必然会加大成本。对于双汇而言，利润下降已经摆在纸面上。如今经济持续不景气对肉制品行业冲击较为明显，低温肉制品在我国尚未到快速发展之时，业绩惨遭滑铁卢的背后，双汇已经没有多少老本可吃，公司的利润平滑能力也大幅下降，第四季度业绩堪忧。

讨论：
1. 双汇的多元化经营战略是否正确？
2. 双汇在以后的发展中应该采取怎样的发展战略？

技能训练

分析某企业的战略管理

1. 实训内容：在学校周边找一家民营企业的老职工，调查该企业发展壮大过程中经营者管理思想的变化，参观该企业管理基础工作的现状。

2. 实训目的：

（1）通过了解企业创建壮大过程中经营者思想的变化，认识企业管理演变的内在动因。

（2）培养学生初步参与企业管理基础工作的能力。

3. 实训组织：

（1）调查前，先通过网络搜集我国有关民营企业发展过程的资料，设计调查问卷。由老师组织学生参观该企业管理基础工作的现状。

（2）以6~8人为一组，组织学生分组调查与讨论。

4. 实训考核：

（1）以小组为单位通过讨论撰写实训报告。内容包括：该企业的管理基础工作现状；该企业创建壮大过程中经营者思想的变化；该企业的经济发展现状。

（2）老师组织全班同学分组宣讲实训报告，当场评价打分。

任务三

企业财务管理

任务解读

本章主要介绍企业财务管理的内容和目标，介绍企业筹资及资金运用管理，介绍如何进行企业财务分析。

知识要点

1. 了解企业财务管理的内容。
2. 认识企业财务管理的任务和目标。
3. 掌握企业筹资及资金运用方法。
4. 掌握企业财务分析的主要方法。

技能要求

1. 能够对于企业财务状况进行分析。
2. 能够利用企业筹资等行为解决企业经营中的问题。

3.1 财务管理的概念和目标

3.1.1 财务管理的概念

一、企业财务的概念

财务一般是指与钱物有关的事务。企业财务，是指企业在生产经营过程中的财务活动及其与有关各方发生的财务关系。包括：企业财务活动，即企业的资金运动，企业资金从货币资金形态开始，顺序通过供应、生产、销售三个阶段，分别表现为货币资金、生产储备资金、在产品资金、产成品资金等各种不同形态，然后又回到货币资金的运动；企业财务关系，即在企业财务活动中，与有关各方发生一定的经济关系，如企业与投资者、企业与债权人、企业与债务人、企业与税务机关、企业与被投资单位、企业内部各部门之间,以及企业与员工之间的经济关系。

二、财务管理的概念

财务管理,是组织企业财务活动,处理企业财务关系的经济管理工作。具体来说,财务管理是以价值形式对企业的生产经营活动进行综合管理,它利用资金、成本费用、收入利润等价值形式来反映企业经济活动中的劳动占用量、劳动消耗量和劳动成果,进而反映出企业经济效益的好坏。

财务管理的意义在于,利用财务管理中的各项价值指标,为企业提供全面、系统的经济信息,它是企业经营决策的重要依据;通过加强企业财务管理工作,可以做到合理筹集资金,有效使用资金,以尽可能少的占用、消耗取得尽可能多的生产经营成果,以实现资产所有者的财富最大化这一财务管理的目标。

3.1.2 财务管理的内容

从资金运动角度来看,企业的财务管理内容包括如下几个方面:

一、资金的筹集

资金筹集是企业财务管理的起点。企业作为从事生产经营的经济组织,必须拥有一定数量的资金。这些资金的来源主要包括两部分:一是企业投资者投入的实收资本以及资本公积金和留存收益;二是企业的负债,包括长期负债和流动负债。

二、资金的运用

企业资金的运用,包括资金的投放、占用和耗费。企业用筹集来的资金建设生产经营所需的房屋、建筑物,购买设备、材料,进行技术投资,同时支付生产经营中的各种费用。企业资金经过投放和占用,形成了企业的各项资产。如企业的流动资产、企业的长期投资、企业的固定资产、企业的无形资产,以及企业递延资产和其他资产等。资金耗费是指企业在生产经营过程中所发生的以价值形式表现的消费。具体表现为:产品的制造成本、企业的销售费用、管理费用和财务费用等。

三、资金的回收与分配

企业筹集和运用资金的目的,是为了取得理想的营业收入,即所取得的收入不仅能补偿生产经营中资金的耗费,而且还能带来营业利润。

营业收入是指企业将生产的产品或购入的商品进行销售、移交已完工程或提供劳务等收回的货币。企业取得营业收入,使资金完成了从货币形态开始,经过形态变化,又回到货币形态这一资金循环。这一循环过程,称为资金周转。资金回收就是资金运动的重要环节。

营业利润是企业的营业收入扣除营业成本、经营费用和各种流转税及附加税费后的数额,包括产品(商品)销售利润和其他业务利润。企业的营业利润加上投资净收益,再加(减)营业外收支净额,就是企业的利润总额。企业的利润要按有关规定在国家、企业、投资者之间进行合理的分配。

3.1.3 财务管理的原则和任务

在市场经济条件下,工商企业面临着日益广泛的资金运动和复杂的财务关系,这就需要企业财务管理人员正确地、科学地加以组织和处理。财务管理原则就是组织调节资金运动和协调处理财务关系的基本准则。一般来讲，在企业财务管理工作中应遵循以下原则：

一、实收资本保全原则

实收资本保全原则是指企业要确保投资者投入企业资本金的完整，确保所有者的权益。企业实收资本是企业进行生产经营活动的本钱，是所有者权益的基本部分。企业的经营者可以自主使用投资者依法投资的任何财产，有责任使这些财产在生产经营中充分得到利用，实现其保值和增值。投资者在生产经营期间，除在相应条件和程序下依法转让实收资本外，一般不得抽回投资。

二、价值最大化原则

企业财务管理的目标是使资产所有者的财富最大化。在企业财务管理中价值最大化原则应贯彻到财务管理工作的各个环节中。在筹资决策阶段，要根据这一原则，对各种筹资渠道进行分析、比较，选择资金成本最低、风险最小的筹资方案。在进行投资决策时，也要贯彻这一原则，在长期投资和短期投资之间进行选择。短期投资有利于提高企业的变现能力和偿债能力，能减少风险；长期投资会给企业带来高于短期投资的回报，但风险较大。通过对不同投资项目进行可行性研究，选择一个收益最大的方案。

三、风险与收益均衡原则

在市场经济条件下，企业的生产经营活动具有不确定性，企业的生产量、销售量都将随着市场需求的变化而变化。因此，企业生产经营的风险是不可避免的，其资金的筹措、运用和分配的风险也是客观存在的。所以，企业财务管理人员应意识到风险，并通过科学的方法预测各种生产经营活动及资金筹集、运用和分配方案风险的大小。风险越大，其预期收益越高；风险越小，其预期收益越低。因此，企业财务人员应做到风险与收益的平衡。

四、资金合理配置原则

资金的合理配置是由企业资源的有限性和追求价值最大化所决定的。在企业财务管理中贯彻这一原则，就体现在合理配置资金上。即在筹集资金时，要考虑资产负债的比例（负债总额比全部资产总额），做到既能举债经营，提高资金利润率；又能防止举债过多，加大企业财务风险。在资金运用时，要考虑资产结构，即各类资产在全部资产总额中所占比重，防止出现某类资产占用过多，而另一类资产却占用不足的情况。企业要把有限的资金用在刀刃上，并经常考核其资金配置结构的合理性和有效性。

五、成本—效益原则

企业在生产经营过程中，为了取得收入，必然会发生相应的成本费用。如筹资会发生资金成本；生产产品会有直接材料、直接人工、制造费用的支出；销售商品会有商品购进成本和经营费用支出；从事生产经营管理工作，会发生管理费用，等等。在收入一定的情况下，成本费用越多，企业利润越少。因此，降低成本费用是企业提高经济效益、增加利润的有效途径。但是，企业的收入随着成本的增大而增大，随着成本的减少而减少。此时按成本—效益原则，在充分考核成本的基础上，如果收入的增量大于成本的增量，则提高企业的效益，反之则使企业的效益下降。

企业财务管理的基本任务，是做好各项财务收支的计划、控制、核算、分析和考核工作，依法合理筹集资金，有效利用企业各项资产，努力提高经济效益。

3.2 企业资金筹措、流动管理

3.2.1 资金的筹集

企业资金的筹集是资金循环周转的起点，也是企业财务管理的首要问题。在企业整个资金筹集过程中，首先要预测、衡量企业各项资金的需要量，然后就要确定相应的筹资渠道和方式。

企业资金来源从大类上可以分为所有者权益和负债两大类，包括实收资本、资本公积金、留存收益、企业负债四个方面。

一、实收资本

企业实收资本是指企业在工商行政管理机关登记的注册资金，即企业开办时，投资人作为资本投入企业中的各种资产的价值。对股份制企业而言，实收资本就是股本。实收资本按照投资主体分为国家资本、法人资本、个人资本及外商资本。企业筹集实收资本的方式可以是多种多样的，既可以吸收货币资金的投资，又可以吸收实物、无形资产等形式的投资，企业还可以发行股票来筹集实收资本（股本）。

发行股票筹集实收资本是股份公司最常用的一种融资手段。股票是股份公司为筹集股本而发行的。股票是持股人拥有公司股份的入股凭证，它代表股份企业的所有权，股票持有者即为股东。股份公司发行股票筹资是一种很有弹性的筹资方式，股票无到期日，公司无须为偿还资金担心，而且当公司经营不佳或资金短缺时，可以不发股息和红利。因此，发行股票筹资风险低。但是，由于投资者承担的风险较大，他们只有在股票的报酬高于债券的利息收入时，才愿意投资于股票，加之股息和红利要在税后利润中支付，使股票的筹资成本大大高于债券成本。另外，增发普通股会降低原有股东的控制权。

二、资本公积金

资本公积金是一种资本储备形式，或者说是一种准资本，可以按照法定程序转化为实收资本，它是所有者权益的构成之一。其主要来源包括以下几个方面：

（1）股票溢价。股份公司以发行股票的方式筹集资本金，其股票发行价格与股票面值可能一致，也可能不一致。按超出股票面值的价格发行为溢价发行；按低于股票面值的价格发行，为折价发行；按与股票面值相同的价格发行，为面值发行。企业如果采用溢价发行股票，其取得的收入，相当于股票面值的部分作为实收资本；超出面值的部分，在扣除发行股票所支付的佣金、手续费等支出后，即股票溢价净收入作为资本公积金。

（2）法定资产重估增值。按照国家法律、法规进行资产重估，其重估价值大于账面净值的差额，作为资本公积金。

（3）企业接受捐赠的财产。企业接受捐赠，是指赠与方给企业的一种无偿赠予，不同于接受投资，应作为资本公积金。

三、留存收益

留存收益是企业生产经营活动所取得的净收益的积累。它是所有者权益的一个组成部分，也是企业的一个重要资金来源。它一般包括以下几个方面：

（1）盈余公积金。它是企业按规定从税后利润中提取的积累资金。盈余公积金可以按照法定程序转增实收资本，可以用于弥补企业以前年度亏损，还可按规定用于分配股利。

（2）公益金。它是企业按规定从税后利润中提取的专门用于企业职工集体福利设施的准备金。

（3）未分配利润。它是企业实际利润和已分配利润的差额，在分配前形成企业资金的一项来源。

四、企业负债

企业负债是指企业承担的能够以货币计量，并需要以资产或劳务偿付的债务。在市场经济条件下，企业借入资金是企业筹集资金的重要方式。企业负债一般按其偿还期限的长短分为流动负债和长期负债。流动负债，是指可在一年或超过一年的一个营业周期内偿还的债务，包括短期借款、应付票据、应付账款、预收货款、应付工资、应交税金、应付利润、其他应付款、预提费用等；长期负债，是指偿还期限在一年或超过一年的一个营业周期以上的债务，包括长期借款、应付债券、长期应付款等。

3.2.2 资金运用管理

企业资金从占用形态上看，可以分为流动资金和固定资金两种基本形态。为了使企业的资金发挥最大的效力，应针对流动资金和固定资金的不同特点实施有效管理。

一、流动资金管理

（一）流动资金的概念

流动资金是流动资产的货币表现，又称营运资金。具体地说，流动资金就是垫支在材料、能源、备品备件和低值易耗品，并准备用于支付工资和其他方面费用的资金。

（二）流动资金的形态

流动资金在周转中表现为储备资金、生产资金、成品资金、货币资金、结算资金等占用形态。它的价值周转是一次全部地进行的，经过一个生产周期就完成一次循环。资金的瞬间占用与周而复始的循环相结合是流动资金的主要特点。

（三）流动资金管理

流动资金管理的基本任务，就是保证生产经营所需资金得到正常供给，并在此基础上减少资金占用，加速资金周转。其主要内容有：

（1）货币资金管理。货币资金包括库存现金和银行存款，控制流动资金首先要从货币资金开始。货币资金管理的目的就是有效地保证企业能够随时有资金可以利用，并从闲置的资金中得到最大的利息收入。货币资金管理的内容主要有：编制现金预算或现金收支计划，以便合理地估计未来的资金需求；对日常的现金收支进行控制，力求加速收款，延缓付款；用特定的方法确定理想的现金余额。当企业实际现金余额与理想余额不一致时，采用短期融资策略或采用归还借款和投资于有价证券等策略达到理想状况。

（2）应收账款管理。应收账款是指企业因销售产品、材料和供应劳务等，应向购货单位收取的账款。随着市场经济发展和商业信用的推行，企业应收账款数额明显增多。因此应收账款已成为流动资金管理中一个日益重要的问题。企业进行应收账款管理的基本目标，就是在充分发挥应收账款增加销售、减少存货功能的基础上，降低应收账款投资的成本，使提供商业信用、扩大销售所增加的收益大于有关的各项费用。

（3）存货管理。存货是指企业在生产经营过程中为销售或者耗用而储备的物资。存货管理的目的是以最低的存货成本提供维持企业生产经营所需的物资。加强存货管理，一要建立、健全存货的检验、收发、领退、保管的清查盘点制度，保证存货的安全完整；二要合理确定存货量，节约使用资金；三要提高存货的利用效果，加速存货周转。

二、固定资金管理

（一）固定资产的概念

固定资金是固定资产的货币表现。固定资产是指使用期限超过一年、单位价值在规定标准以上，并在使用过程中保持原有物质形态的资产。它包括：机器设备、厂房建筑物、运输工具等。

（二）固定资产的分类

（1）按固定资产经济用途分：生产用固定资产和非生产用固定资产；

（2）按使用情况分：使用中固定资产、未使用固定资产和不需用固定资产；

（3）按所属关系分：企业自有固定资产和租入固定资产。

（三）固定资产管理

（1）应根据企业生产任务、经营规模、生产经营发展方向，正确测定固定资产需要量，合理配置固定资产。

（2）正确计提折旧，及时补偿固定资产损耗价值。固定资产的损耗包括有形损耗和无形损耗两种类型。有形损耗提取的折旧是在物质寿命期限内的直线折旧，其特点是折旧时间长，在折旧年限内平均计提。无形损耗是由于劳动生产率提高或技术进步，固定资产被更先进、更便宜的设备所取代而引起的价值磨损，提取的折旧是在技术寿命期限内的快速折旧。

（3）做好固定资产投资（包括基本建设投资和更新改造投资）预测与决策，提高投资效益。与流动资产相比，固定资产具有投资数量大、投资回收期长、投资影响大等特点。为了获得固定资产投资的最佳经济效果，要在投资项目落实之前，论证投资项目技术上的可行性、先进性和经济上的合理性、效益性，通过比较，选择最佳方案。

（4）加强固定资产综合管理，提高固定资产的利用效果。在进行固定资产价值核算的同时，还要进行固定资产的实物管理。企业财务部门应与固定资产管理部门和使用部门相配合，严密组织固定资产的收发、保管工作，正确、及时、全面地反映各项固定资产的增减变化，定期进行实物清查，以保证固定资产完整无缺；加强固定资产的维护、修理工作，使之处于良好的技术状态并在使用中充分发挥作用，从而提高固定资产的利用效果。

此外，无形资产也是企业的一项重要经济资源。所谓无形资产又称无形固定资产，它是指企业长期使用的，具有一定价值，但不具有实物形态的资产。它一般包括：专利权、商标权、著作权、非专利技术、土地使用权、商誉等。

3.2.3 成本和利润管理

一、成本的概念

产品成本是指企业在一定时期内为生产和销售一定的产品而发生的全部费用的总和。从财务管理与分析的角度讲，产品成本也是企业在一定时期内为生产和销售一定的产品所发生的资金耗费量。企业生产经营中发生的全部费用可分为制造成本和期间费用两大类。广义的产品成本包括制造成本和期间费用,狭义的产品成本则是指制造成本。

（一）产品制造成本

制造成本是工业企业生产过程中实际消耗的直接材料、直接工资、其他直接支出和制造费用。包括：

（1）直接材料,包括企业生产经营过程中实际消耗的原材料、辅助材料、备品配件、外购半成品、燃料、动力、包装物以及其他直接材料等。

（2）直接工资,包括企业直接从事产品生产人员的工资、奖金、津贴和补贴等。

（3）其他直接支出,它是指直接从事产品生产人员的职工福利费等。

（4）制造费用,它是企业在生产车间范围内为生产产品和提供劳务而发生的各项间接费用,包括车间管理人员工资和福利费、折旧费、修理费、办公费、水电费、物资消耗、劳动保护费、季节性及修理期间的停工损失等。

直接费用直接计入制造成本,间接费用则需要按一定的标准分配计入制造成本。

（二）期间费用

期间费用是企业为组织生产经营活动发生的、不能直接归属于某种产品的费用。包括管理费用、财务费用和销售费用。

（1）管理费用,指企业行政管理部门为组织和管理生产经营活动而发生的各项费用,包括工资和福利费、工会经费、职工教育经费、劳动保险费、各种保险费、研究开发费、业务招待费、房产税、土地使用税、技术转让费、技术开发费、无形资产摊销、坏账损失等。

（2）财务费用,是指企业为筹集资金而发生的各项费用,包括利息支出、汇兑净损失、金融机构手续费以及为筹资发生的其他费用。

（3）销售费用,是指企业在销售产品、自制半成品和提供劳务等过程中发生的各项费用以及专设销售机构的各项经费,包括应由企业负担的运输费、装卸费、包装费、保险费、展览费、广告费、销售服务费用、销售部门人员工资、职工福利费和其他经费等。

期间费用直接计入当期损益,从当期收入中抵销。

二、成本管理

成本管理就是对企业的成本费用进行预测、计划、控制、核算、分析与考核,并采取降低成本费用措施等管理工作。

成本预测是成本管理的起点。成本预测,就是通过对企业成本的形成进行事先的估计和预测,并与国内外、行业内外、企业内外进行对比分析,从而确定出企业的成本目标、成本降低目标以及相关的保证条件。成本预测既是成本控制的目标,又是成本分析与考核的依据。

成本控制,是从技术、生产、经营各个角度对产品成本的形成过程,采用一定的标准进行经常的监督,发现问题,及时采取措施,对产品成本进行全面管理,以达到降低成本、求得最佳经济效益的目的。首先,对材料成本进行控制,应严格执行材料消耗定额,实行限额领料制度,降低采购成本并做好修旧利废工作；其次,对工资成本进行控制,应充分利用工时,控制工作时间,提高劳动生产率；再次,对制造费用进行控制,应编制弹性预算,采取费用包干,归口负责；最后,对期间费用进行控制,企业应根据《企业财务通则》和行业财务制度的要求,正确确定费用开支范围以及各项目的开支标准,对实际支出和耗费的各项费用进行计量、监督和限制，使其数额与预定的经营目标相一致。

成本分析，是根据成本核算资料及其他有关资料，全面分析了解成本费用变动情况，系统研究影响成本费用升降的各种因素及其形成原因，挖掘企业内部潜力，寻找降低成本费用的途径。

三、利润管理

利润是企业在一定时期内生产经营活动的最终财务成果，是企业生产经营活动的效率和效益的最终体现。企业的利润主要是指利润总额和净利润。

（一）利润总额的构成

企业的利润总额包括营业利润、投资净收益、补贴收入和营业外收支净额四大部分。其计算公式为：

$$利润总额 = 营业利润 + 投资净收益 + 补贴收入 + 营业外收支净额$$

式中：

$$营业利润 = 主营业务利润 + 其他业务利润 - 营业费用 - 管理费用 - 财务费用$$

$$主营业务利润 = 主营业务收入 - 主营业务成本 - 主营业务税金及附加$$

这里，其他业务利润，是指企业从事基本生产经营活动以外的其他经营活动所取得的利润，包括材料出售、固定资产出租、包装物出租、外购商品销售、无形资产转让、提供非工业性劳务等取得的利润。由其他销售收入扣除其他销售成本、其他销售税金及附加后形成。

投资净收益，是指企业对外投资取得的收益减去对外投资损失后的余额。

补贴收入，是指企业收到的各种补贴收入，包括国家拨入的亏损补贴、减免增值税转入等。

营业外收入，即固定资产盘盈净收入、出售固定资产净收益、对方违约的罚款收入、教育费附加返还款，以及因债权人原因确实无法支付的应付款项等。

营业外支出，包括固定资产盘亏、报废、毁损和出售的净损失、非季节性的非大修理期间的停工损失、非常损失、公益救济性捐赠、赔偿金、违约金等。

（二）净利润的形成

净利润又称税后利润，是指企业缴纳所得税后形成的利润，是企业进行利润分配的依据。其计算公式为：

$$净利润 = 利润总额 - 应交所得税$$

（三）利润分配

企业实现的利润总额要在国家、企业所有者和企业法人之间分配，形成国家的所得税收入、分给投资者的利润和企业的留用利润（包括盈余公积金、公益金和未分配利润）等不同项目。企业所得税后利润分配顺序为：

（1）用于抵补被没收的财产损失，支付各项税收的滞纳金和罚款。

（2）弥补以前年度亏损。

（3）按税后利润扣除前两项后的10%提取法定盈余公积金。

（4）提取公益金。

（5）向投资者分配利润。以前年度未分配利润可以并入本年度分配。

3.3 财务效果分析

3.3.1 经济效益的内涵

经济效益就是经济活动中产出与投入之间的比例关系。换句话说，经济效益就是要以尽量少的劳动消耗和资源占用，取得更多的符合社会需要的有用成果。其中：

劳动消耗：包括物化劳动消耗和活劳动消耗。物化劳动消耗是指经济活动中实际消耗的燃料、原材料、机器设备的磨损，等等。活劳动消耗是指在劳动力使用过程中，脑力劳动和体力劳动消耗的总和。

资源占用：是指生产过程中所占用的各种人力、物力、财力等各种资源，主要是物化劳动的占用，如使用的房屋、机器设备以及为保证劳动正常进行所需要的其他劳动条件和必要的物资储备。资源占用还包括占用的人力、占用的土地和自然资源等。

有用成果：在物质生产部门，表现为符合社会需求的各种产品和劳务。

经济效益的一般概念，可以用简单的公式表示如下：

$$经济效益 = \frac{有用成果}{劳动消耗 + 资源占用}$$

3.3.2 企业经济效益评价的标准

评价企业经济效益的标准有质和量的规定性。所谓质的规定性，是指企业生产的产品要适销对路，满足社会需要。所谓量的规定性，有以下五种评价标准：

（1）企业现实指标与上一年同期实际水平相比较。
（2）与本企业历史最高水平相比较。
（3）与同行业的平均水平相比较。
（4）与同行业的先进水平相比较。
（5）与国际同行业先进水平相比较。

上述五种评价标准由低到高一共五个档次，在实际工作中应结合起来进行评价。

3.3.3 企业经济效益评价的指标

企业经济效益的评价指标有三类，即生产经营成果指标、消耗及消耗效果指标、资金占用及占用效果指标。每一类指标又包括若干具体的绝对指标与相对指标。

一、生产经营成果指标

包括：资产报酬率、所有者权益报酬率、销售利税率、销售收入及其增长率、税前利润及其增长率、税金及其增长率、人均销售收入及其增长率、人均税前利润及其增长率、人均税金及其增长率。

二、消耗及消耗效果指标

包括：销售利税率、成本利润率、单位产品成本、单位产品人工成本率、单位产品材料成本率、单位产品费用成本率等。

三、资金占用及占用效果指标

包括：总资产周转率、固定资产周转率、流动资产周转率、资产报酬率、存货周转率和应收账款周转率等。

3.3.4 企业经济效益综合分析

分析企业经济效益的程序是：掌握资料、对比找差、分析原因和采取措施。常用的方法有：比较分析法、比率分析法（有相关比率分析法、结构比率分析法、趋势比率分析法等）、因素分析法（亦称连环替代法）、差额分析法和平衡分析法等。一般可以从企业收益性、流动性、安全性、成长性及生产性等五个方面进行分析。

一、收益性比率

收益性指标主要是反映企业的获利状况和获利能力的指标，它也是一个全面反映与评价企业经营状况的综合性指标。其主要指标有以下几个：

（1）销售利税率。它是用来衡量企业销售收入的收益水平的。其计算公式为：

$$销售利税率 = \frac{利润总额}{销售净收入} \times 100\%$$

（2）资产报酬率。又称资产收益率或投资报酬率，它是指企业运用全部资产的收益率，它反映企业对所有经济资源的运用效率。其计算公式为：

$$资产报酬率 = \frac{净利润}{资产总额} \times 100\%$$

在市场经济比较发达、各行业间竞争比较充分的情况下，各行业的资产报酬率将趋于一致。如果某些企业资产报酬率偏低，说明该企业资产利用效率较低，经营管理存在问题，应调整经营方针，加强经营管理。

（3）所有者权益报酬率。简称权益报酬率。该指标用来反映企业投入资本每1元所赚取的净收益。其计算公式为：

$$所有者权益报酬率 = \frac{净利润}{所有者权益} \times 100\%$$

（4）毛利率。它是企业的毛利与净销售收入的比率，其计算公式为：

$$毛利率 = \frac{毛利}{销售净收入} \times 100\%$$

式中：毛利就是企业的主营业务收入。毛利率越大，说明在销售净收入中销售成本所占比重越小，企业通过销售获取利润的能力越强。

（5）净利润率。也称销售利润率或销售净利率，是净利润与净销售收入的比率，其计算公式为：

$$净利润率 = \frac{净利润}{销售净收入} \times 100\%$$

净利润率表明企业每1元销售收入可实现的净利润是多少。净利润率越高，说明企业的获利能力越强。

（6）成本费用利润率。它是企业利润总额与成本费用总额的比率。其计算公式为：

$$成本费用利润率 = \frac{利润总额}{成本费用总额} \times 100\%$$

成本费用是企业为了取得利润而付出的代价。成本费用利润率越高，说明企业为获取收益而付出的代价越小，企业的获利能力越强。因此，通过这个比率不仅可以评价企业获利能力的高低，也可以评价企业对成本费用的控制能力和经营管理水平。

（7）每股利润。也称每股收益，主要是针对普通股股东而言的。每股利润是指股份公司发行在外的普通股每股所取得的利润，它可以反映股份公司获利能力的大小，其计算公式为：

$$普通股每股利润 = \frac{净利润 - 优先股股利}{普通股发行在外股数}$$

（8）每股股利。又称每股股息，是指普通股每股获得的现金股利。其计算公式为：

$$每股股利 = \frac{支付普通股的现金股利}{普通股发行在外股数}$$

（9）股利发放率。它是每股股利与每股利润的比率。它表明股份公司在净收益中有多少用于股利的分派。其计算公式为：

$$股利发放率 = \frac{每股股利}{每股利润} \times 100\%$$

（10）股利报酬率。它是普通股每股股利与每股市价的比率。它可以反映股票投资在股利方面所获得的报酬。其计算公式为：

$$股利报酬率 = \frac{每股股利}{每股市价} \times 100\%$$

（11）市盈率。又称价格盈余率或价格与收益比率。是指普通股每股市价与每股利润的比率。其计算公式为：

$$市盈率 = \frac{普通股每股市场价格}{普通股每股利润}$$

市盈率是反映股份公司获利情况的一个重要财务比率，无论是企业管理当局还是投资者，对此比率都十分关心。

二、流动性比率

分析企业流动性指标的目的在于观察企业在一定时期内资金周转状况，是对企业资金活动的效率分析，为此要计算出各种资产的周转率或周转期，分别讨论其运用效率。这是企业资金的动态分析，其主要指标如表3-1所示。

表3-1 企业流动性指标

流动性比率	计算公式
存货周转率	商品销售成本/平均存货成本
应收账款周转率	赊销收入净额/应收账款平均余额
流动资产周转率	商品销售收入/流动资产平均余额
固定资产周转率	商品销售收入/固定资产平均总额
总资产周转率	商品销售收入/平均资产总额

三、安全性比率

安全性指的是企业经营的安全程度，或者说是资金调度的安全性。分析企业安全性指标的目的在于观察企业在一定时期内的偿债能力状况。企业收益性好，安全性也高，但在有的情况下,收益性高,资金调度却不顺利。其主要指标如表3-2所示。

表3-2 企业安全性指标

安全性比率	计算公式
流动比率	流动资产/流动负债
速动比率	(流动资产 - 存货)/流动负债 = 速动资产/流动负债
资产负债率	负债总额/资产总额
权益乘数	资产总额/股东权益总额
负债与股东权益比率	负债总额/股东权益总额
利息保障倍数	(税前利润 + 利息费用)/利息费用

四、成长性比率

分析企业成长性指标的目的,在于观察企业在一定时期内的经营能力发展的状况。一个企业即使收益性高,但如果成长性不好,也不能做出很高的评价。成长性分析就是从量和质的角度评价企业发展情况及将来的发展趋势。其指标是将前期指标作分母,本期指标作分子,求得增长率。具体指标如表3-3所示。

表3-3 企业成长性指标

成长性比率	计算公式
销售收入增长率	本期销售收入/上期销售收入
税前利润增长率	本期税前利润/上期税前利润
固定资产增长率	本期固定资产平均总值/上期固定资产平均总值
人员增长率	本期企业员工总数/上期企业员工总数
产品成本降低率	本期产品单位成本/上期产品单位成本

五、生产性比率

分析企业生产性指标的目的,在于要查明企业在一定时期内企业人均生产经营能力、生产经营水平和生产成果的分配问题。其主要指标如表3-4所示。

表3-4 企业生产性指标

生产性比率	计算公式
人均销售收入	销售收入/员工平均人数
人均净利润	净利润/员工平均人数
人均资产总额	资产总额/员工平均人数
人均工资	工资总额/员工平均人数

我国财政部于1995年公布了一套企业经济效益评价体系。该指标体系分为:获利能力指标、偿债能力指标、营运能力指标和社会贡献能力指标等四个方面共十项指标(如表3-5所示)。

表 3-5　企业经济效益评价体系

指标大类	指标名称	计算公式
获利能力指标	销售利润率	利润总额/产品销售净额
	总资产报酬率	（利润总额＋利息支出）/平均资产总额
	资本收益率	净利润/实收资本
	资本保值增值率	期末所有者权益总额/期初所有者权益总额
偿债能力指标	资产负债率	负债总额/资产总额
	流动比率	流动资产/流动负债
	速动比率	（流动资产－存货）/流动负债＝速动资产/流动负债
营运能力指标	应收账款周转率	赊销收入净额/应收账款平均余额
	存货周转率	商品销售成本/平均存货成本
社会贡献能力指标	社会贡献率	企业社会贡献总额*/平均资产总额
	社会积累率	上交国家财政总额*/企业社会贡献总额

* 企业社会贡献总额包括：工资（含奖金、津贴等工资性收入）、劳保退休统筹及其他社会福利支出、利息支出净额、应交增值税、应交产品销售税金及附加、应交所得税及其他税收、净利润等。

* 上交国家财政总额包括：应交增值税、应交产品销售税金及附加、应交所得税及其他税款等。

按照该体系的规定，这十项指标的标准值为行业平均值。标准评分合计为 100 分，其中销售利润率 15 分、总资产报酬率 15 分、资本收益率 15 分、资本保值增值率 10 分、资产负债率 5 分、流动比率（或速动比率）5 分、应收账款周转率 5 分、存货周转率 5 分、社会贡献率 10 分、社会积累率 15 分。

在进行分析评价时，首先根据企业财务报表中的数值，分项计算十项指标的实际值；其次计算实际值与标准值的相对比率；最后按规定权数进行加权平均求出综合评分。其计算公式如下：

$$综合评分 = \Sigma 权数比分 \times （实际值/标准值）$$

一般来说，综合评分越大越好，大于 100 分，企业经营状况良好，否则反之。综合评分表的表式，如表 3-6 所示。

表 3-6　企业经济效益综合评分表

指标名称	标准分 ①	标准比率/% ②	实际比率 ③	相对比率 ④＝③/②	评分 ⑤＝①×④
销售利润率	15	10			
总资产报酬率	15	4			
资本收益率	15	16			
资本保值增值率	10	8			
资产负债率	5	40			
流动比率	5	2			
应收账款周转率	5	3			
存货周转率	5	6			
社会贡献率	10	12			
社会积累率	15	5			
评分合计	100				

使用这种方法对企业经济效益进行综合评价时，有几项例外修正，需加以注意：

（1）亏损企业没有盈利，前4项指标的实际比率为负值，相对比率一律取0，而不给负数评分。

（2）资产负债率超过标准比率时，并非好现象，不能因此多给分。为此，需根据"标准比率/实际比率"来确定相对比率，使实际评分低于标准分数。

（3）有些企业的个别财务比率会由于特殊原因发生异常，为避免对综合评分发生不合理的过分影响，该体系规定资产负债率、流动比率、应收账款周转率、存货周转率这四项指标的最高得分，为基本权数比分的2倍（即最高的0分）。

经典案例

财务预算管理案例分析

呼和浩特中燃城市燃气发展有限公司成立于2007年3月，是由呼和浩特市煤气有限责任公司通过增资扩股，吸纳香港联交所上市公司——中国燃气控股有限公司的全资子公司中燃投资有限公司（以下简称"中燃"）的投资后成立的，属于与香港的合资企业，总资产为189 675.80万元，注册资本77 427.2万元，呼和浩特煤气有限责任公司持股49%，中燃持股51%，是内蒙古自治区目前规模最大、实力最强的燃气企业。

什么是财务预算管理呢？简单地说，就是为实现公司既定的经济目标，通过编制预算、内部控制、业绩考核所进行的一系列财务管理活动，它贯穿于公司财务预算编制和执行的全过程，通过财年、季度、月度财务预算的编制、执行和考核，逐步完成公司总体目标。全面而科学的财务预算管理既可以使有限的财力资源得到合理配置及有效利用，又有助于对经营者业绩的考核，促进公司各项管理制度的健全和落实以及管理水平的不断提高。

从公司的财务管理来看，合资前与合资经营后的现行财务管理制度和各项财务制度比较相差甚远，之前有些基层管理人员财务管理观念淡薄，对财务预算管理不精，致使财务管理软弱无力、力不从心，失去了财务的有效监控及管理。

为使公司内部管理适应合资企业的发展步伐，新公司在挂牌后即首先修订了财务管理制度，吸取了中燃的经营理念，在原有年度预算基础上重新制定了2007财年度的经营目标。根据中燃总部项目公司预算模型主要采取以下几个步骤：

1. 将预算计划及执行情况的表格下达公司各部室、各生产单位。

2. 各部室、各生产单位根据生产、销售预测，结合下达的预算表格要求和本部门、本单位的需求，填报各项预算数上报财务部门。

3. 财务部门根据各部室、各生产单位上报的资料进行分析、汇总，并对需修改的数据与该部室或生产单位进行协调，将最终预算结果上报公司经理办公会议审议，通过后报中燃总部批准，然后分解下达。

在编制预算过程中，本着以收定支、留有余地的原则，对在燃气供应、焦化生产经营中突发不可预计的开支也应临时追补报计划。

其实财务预算的编制仅是预算管理的第一步，财务预算的执行、调控、考核则是预算管理的重头戏，说到底就是有效控制经营的全过程。这就需要各职能部门的密切配合，利用财务核算和统计核算，对各供气、生产单位预算与实际发生的数据进行分析，及时发现问题，及时采取解决办法，发挥预算的指导和约束作用。在一个月、一个季度期间预算结束后，需对预算执行情况和预算目标之间所存在的差异进行预算考评，通过分析评价，掌握预算运行状况、存在问题，查明问题产生的原因，从而为堵塞漏洞、降低成本、纠正偏差提供有效途径，也是在对责任人进行评价和业绩考核，并为下一财年确定预算目标提供重要依据和经验。

加强财务预算管理，关键是管理者思想观念的更新和基础工作的落实，对公司各项管理工作提出更高的要求和规范。所以公司加强对全体财务人员和中层以上管理人员的培训，使他们思想观念首先得到更新，又组织上述人员参加公司召开的财务工作专题会议，会上总经理、财务总监、财务经理等对修订的公司财务管理制度进行宣讲，通过培训、宣讲，使制度中要求的各项财务基础工作逐一得到落实。

紧接着公司对总部批准的财务预算、成本费用以目标责任书的形式逐级分解到部室、车间、班组，分管副总与总经理签订责任书，部门经理再与分管副总签订责任书，车间、站、所、中心又与部门经理签责任书，层层分解逐一落实，做到每个岗位有指标，每个员工有责任。这样的管理有效地控制了经营的全过程，使财年经营收入、成本费用都能按照财年预算运行。

公司在签订责任书的基础上，加大考核力度，每月、每季、年度考核小组都要深入各部室、车间、站、所对照目标责任书进行考核，其结果与职工岗位工资挂钩，奖罚明确，取到了较好效果。

通过合资合作经营一年的实践，公司预算管理的运行，各部室、各生产单位都能按照财务预算管理程序操作，使公司财务预算管理得到了加强。2007财年公司主营业务收入预算54 533.08万元，决算为59 623.35万元，主营业务收入超过财年预算目标5 090.27万元，完成预算目标109.33%；从财年运营成本费用的执行情况看，财年计划15 048.65万元，实际执行为14 385.77万元，比计划节支662.88万元。随着公司各项管理工作的不断完善和加强，合资一年来公司经营业绩喜人，不但确保了合资合作后公司经营业绩稳步上升，并且出色地完成了年度经营目标责任书确定的各项任务。2007财年总资产报酬率实际达到6.15%，比目标4.44%高出1.71个百分点，净资产报酬率达11.63%，比目标8.41%高出3.22个百分数，这是该财年公司经营业绩的集中体现。该财年公司人均利润额达44 516元，较计划年人均29 520元，纯增人均利润14 996元，年增幅达50.80%。2007财年公司经营结果实现利润7 768.03万元，比目标利润5 151.41万元纯增2 616.62万元，增幅达50.79%，是合资合作经营前（2004年利润最好水平）的15.51倍。这是公司一年来加强财务预算管理，有效控制经营全过程，取得的可喜成果。

讨论：
1. 你认为公司有没有必要对于财务进行管理？
2. 公司采取了怎样的财务管理措施实现了经营的好转？

技能训练

分析某企业的财务管理

1. 实训内容：在学校周边找一家企业的财务管理人员，调查该企业发展壮大过程中公司经营财务方面的变动，深入了解该公司的财务工作现状。

2. 实训目的：

（1）通过了解企业创建壮大过程中经营者思想的变化，认识企业管理演变的内在动因。

（2）培养学生初步参与企业管理基础工作的能力。

3. 实训组织：

（1）调查前，先通过网络搜集我国有关企业财务方面的资料，设计调查问卷。由老师组织学生参观和深入了解该企业财务管理基础工作的现状。

（2）以6~8人为一组，组织学生分组调查与讨论。

4. 实训考核：

（1）以小组为单位通过讨论撰写实训报告。内容包括：企业发展壮大过程中公司经营财务方面的变动，深入了解该公司的财务工作现状；该企业的经济发展现状。

（2）老师组织全班同学分组宣讲实训报告，当场评价打分。

任务四

企业生产管理

任务解读

本章要求学生对企业生产过程有一个基本的了解和正确的认识,初步具备编制生产作业计划、物料需求计划的能力,同时培养学生在企业生产过程组织中的逻辑思维能力。

知识要点

1. 了解生产系统的构成要素及设计流程。
2. 认识企业生产系统的运行过程。
3. 描述影响生产的主要因素及合理组织生产的基本要求。
4. 掌握 MRP/MRP Ⅱ/ERP 在企业生产中的应用原理。

技能要求

1. 能运用基本原理分析企业生产组织的要点。
2. 具有分析不同类型企业生产特征的能力。

4.1 生产过程的组织

现代企业的核心价值链是制造生产过程,而认识和研究现代企业生产过程,有利于企业生产过程的优化,企业核心竞争能力的提高。

4.1.1 企业生产过程

任何产品的生产都必须经过一定的生产过程。

一、生产过程的概念

生产过程有广义和狭义之分:

狭义的产品生产过程是指从原材料投入生产开始,一直到成品制造完毕出产为止的全部过程。

广义的产品生产过程是指从产品设计、选择并准备生产（生产技术准备）开始，到把该产品最终制造出来为止的全部过程。

二、产品生产过程的基本内容

（1）劳动过程：劳动者、劳动对象和劳动手段结合的过程。

（2）自然过程：借助于自然力产生某种变化的过程，如铸件的自然时效、油漆的自然干燥等。

三、对生产过程的理解

（1）劳动过程和自然过程的结合过程。

（2）劳动过程和价值形成过程的结合过程。

4.1.2 制造企业生产过程的组成

一、横向展开

（1）生产技术准备过程。是指产品在投入生产前所进行的一系列技术准备工作。

（2）基本生产过程。是指直接把劳动对象变为企业基本产品（是指以销售为目的，满足社会或市场需要而生产的产品）的过程。

（3）辅助生产过程。是指为保证基本生产过程正常进行而从事的各种辅助产品的生产及劳务过程。

（4）生产服务过程。是指为基本生产和辅助生产所进行的各种生产服务活动的过程。如原材料、半成品和工具的保管、运输、供应，以及试验与理化检验等。

（5）附属生产过程。是利用企业的边角余料或废料进行生产的过程。

企业生产过程的核心是基本生产过程，其他部分根据企业的生产规模、管理模式、专业化程度等具体情况，包括在企业生产过程之中，或由专门的单位来完成。

二、纵向展开

（1）工艺过程。工艺过程是指直接改变劳动对象的性质、形状、大小等的过程。

（2）工序（工艺工序非工艺工序）。是指一个（或一组）工人在一台机床上（或一个工作地点），对同一个（或同时对几个）工件所连续完成的那一部分工艺过程。

（3）工步。是在加工表面不变、加工工具不变、切削用量不变的条件下所连续完成的那一部分工序。

4.1.3 合理组织企业生产过程的基本要求

企业生产与企业生产过程的组织密切相关。如果生产组织水平低，达不到生产要求，即使生产条件、设备条件再好，也不可能顺利完成生产过程，更谈不上取得较高的经济效益。因此只有合理组织生产过程，才有可能使生产过程处于最佳的状态。

合理组织生产过程的目标：

一是提供畅通无阻的物料流转，以保证生产过程顺利、高效地进行。

二是减少物料搬运的数量、频率和距离，减少搬运费用，降低成本。

三是防止物料损坏、丢失，防止人身设备事故。

通过合理组织生产，使产品在生产过程中尽可能行程短、时间省、耗费小、效益高。为此，生产过程组织必须实现以下基本要求。

一、生产过程的流畅性、连续性

企业生产是一道一道工序连续进行的，为提高其连续性，首先应合理布局企业的各生产单位，使物料流程合理；其次应组织好生产的各个环节，包括投料、搬运、准备工具、机器维修等，使物料不发生停歇。因此，要求物料能最快、最省地走完各个工序，直至产品形成。

二、生产过程的平行性

一个企业通常生产多种产品，每种产品又需要多种原材料和零部件。在组织生产时，将各种原材料、零部件分配到各个车间的各个工序上进行生产，而有些工序是可以同时进行的。因此，要求各个生产支流交叉作业，这样可大大缩短产品的生产周期。

三、生产过程的节奏性、均衡性

生产过程的节奏性是指产品从投料到最后完工入库，都能保证按预定计划有节奏、均衡地进行，要求在相同的时间间隔内生产数量大致相同，均衡地完成生产任务，尽量减少时紧时松、突击加班的现象。

小资料

以多品种、小批量混流生产为特性的均衡化生产具有一个重要的优点，这就是各工序无须改变其生产批量，仅需用看板逐渐地调整取料的频率或生产的频率，就能顺利地适应市场需求的变化。生产工序的合理设计和生产设备的合理布置是实现小批量频繁运输和单件生产、单件传送的一个重要基础。

四、生产过程的协调性、比例性

它是指生产过程的各个工艺阶段之间、各工序之间在生产能力上存在一定的比例关系，以适应产品制造过程中的生产要求。生产过程的比例关系表现在各生产环节的人工数、设备数、开启台班数、车间面积及生产速率等因素之间相互协调和适应。它是生产顺利进行的重要条件。

五、生产过程的柔性、适应性

它是指加工制造过程的灵活性（弹性）、可变性、可调节性，即在短时间内以最少的资源消耗从一种产品的生产转换为另一种产品的生产，要求生产过程具有较强的应变及适应能力，从而适应市场的多样化、个性化的需求。

六、生产过程的准时性

它是指生产过程的各阶段、各工序都应按后续阶段和工序的需要生产，即在需要的时候，按需要的数量生产所需要的产品或零部件。

研讨与思考：企业应如何组织生产，使产品在生产过程中尽可能行程短、时间省、耗费小、效益高？

4.1.4 企业生产类型

企业生产类型是生产系统结构类型的简称，是指企业生产产品的品种、产量和生产专业化程度在企业生产系统的技术、组织和经济效果综合反映的不同类别。它在很大程度上决定着企业及车间的生产结构布局、工艺流程和工艺配备装备的特点，生产过程的组织形式及生产管理的方法。

一般情况下，企业生产的产品产量越大，产品的品种则越少，生产专业化程度也越高，而生产过程的稳定性和重复性也就越大。相反，企业生产的产品产量越小，产品的品种则越多，生产的专业化程度也越低，而生产过程的稳定性和重复性也就越小。由此可见，产品品种、产品产量和生产专业化程度有着内在的联系，同时对生产组织也有不同的要求。

一般按产品或服务的专业化程度分类，该分类方法根据产品在工作地生产的重复程度，将生产过程分为：单件、大量、成批及大规模定制生产四种类型。

（1）单件小批量生产（项目型）。生产品种多，但每一品种仅生产一件或几件，生产的重复度低。

（2）大量流水生产（连续或离散型）。生产品种单一，产量大，生产重复度高。

（3）成批轮番生产（连续或离散型）。介于上述两者之间，即品种不单一，每种都有一定批量，生产有一定的重复性。通常划分为大批生产、中批生产、小批生产。

（4）大规模定制生产（连续或离散型）。生产品种单一或多品种，产量大，生产重复度高，是产需双方以合同等契约形式订立的。

四种生产类型的特点如表 4-1 所示。

表 4-1 四种生产类型的特点

生产类型特点	单件小批生产	大量流水生产	成批生产	大规模定制生产
产品品种	单一或很少	很多	较多	单一或很多
产品产量	单个或很少	很大	较大	很大
采用设备与工装	通用	专用	专用与通用并有	专用
设备布置	工艺专业化	对象专业化	对象、工艺专业化	对象专业化
工人技术水平	低	较高	一般	较高
生产周期	长	短	较长	短
劳动生产率	低	高	较高	高
单位产量成本	高	低	较高	低
计划管理工作	复杂多变	较简单	较复杂	简单
控制管理工作	复杂	简单	较简单	简单
适应性	强	差	较差	差

4.1.5 企业生产过程的组织要素

企业从物料投入到产品产出的生产过程，通常包括生产工艺过程、搬运过程、运输过程、检验过程、包装过程、等待停歇过程等。为了提高生产效率，企业可从空间、时间、人员三个要素来组织产品生产。

一、生产的空间组织要素

生产的空间组织是相对于企业生产区域而言，目标是如何缩短物料在工艺流程中的移动距离。一般有四种专业化组织形式，即产品专业化、加工工艺专业化、成组技术及定位形式。

（一）按产品专业化形式组织生产

产品专业化（装配线）形式是指将加工同一产品所需的生产设备、辅助设备按制造步骤或加工过程，布局在一个生产单位内，按单一加工对象完成其全部制造过程。

优点：减少运输次数，缩短运输路线，每种产品的加工路径最短；协作关系简单从而简化了生产管理；在制品少，生产周期短。

缺点：对品种的变化适应能力差；生产系统的可靠性较低；工艺及设备管理较困难。

适用条件：适合在企业专业方向已经确定，产品品种比较稳定，生产类型属于大量、大批生产，设备比较齐全配套的情况下采用。

（二）按加工工艺专业化形式组织生产

加工工艺专业化形式是指生产车间设备采用"机群式"布置方式，即把功能相同或相似功能的机器、设备集中布置在一起，如车床群、铣床群、磨床群、钻床群等，布局在一间厂房或区域内，在该厂房或区域内只完成产品生产过程的部分加工任务。即加工对象多样化，但加工工艺、方法却雷同。

优点：产品加工顺序有弹性，对产品品种的变化适应能力强；生产系统的专业化程度高；工艺及设备管理较方便。

缺点：物料在加工过程中搬运次数多、流经路线长、流动速度慢，不便于小批量运输；协作关系复杂，难以协调；使用的是通用设备，生产效率较低；在制品多，用人多。

适用条件：适合在企业的专业方向未确定，生产专业化程度低，产品品种不稳定，生产类型属于单件小批生产的情况下采用。

（三）按成组技术（单元式）形式组织生产

成组技术形式是将上述两种形式相结合的一种形式，即将不同的机器组成加工中心（工作单元）来对形状和工艺相似的零件进行加工。在一个企业（车间）中，有按加工对象布置的车间（班组），也有按加工工艺布置的车间（班组）。其布局一般以产品专业化形式为主，而对特殊的车间可采用加工工艺专业化形式。

小资料

丰田公司改变了传统的设备布置方式，即按零件的加工工艺要求，把功能不同的机器设备集中布置在一起，组成一个一个小的加工单元。显然，合理布置设备，特别是U形单元联结而成的"组合U形生产线"，可以大大简化运输作业，使得单位时间内零件制品运输次数增加，但运输费用并不增加或增加很少，为小批量频繁运输和单件生产、单件传送提供了基础。

研讨与思考：公司在任何条件下采用U形单元式布置方式都能提高效率吗？

优点：可以大大地简化零件的加工流程，即简化物流路线，加快物流速度，减少工序之间不必要的在制品储量。

缺点：企业（车间）设备的布置比较乱。

适用条件：适合在企业生产多种系列产品，产品品种有一定调整变化的批量生产的情况下采用。

（四）按定位形式组织生产

定位形式是指产品由于体积或重量大而停留在一个固定的地方，生产设备移动到要加工的产品处，而不是产品移动到设备处。

优点：物流量相对小，可灵活操作、调用设备。

缺点：加工过程中设备移动频繁，设备管理较难。

适用条件：适合在产品庞大的企业或需利用的资源是不可移动的，产品品种不稳定，生产类型属于单件生产的情况下采用。如建筑工地、造船厂、电影外景制片场。

生产的空间组织应从企业的全局出发，在编制产品生产工艺流程时，充分考虑到产品的可加工性和企业内部设备等的工艺布局，将相关技术应用于企业的生产工艺流程中。

二、生产的时间组织要素

生产的时间组织是指一批物料在生产过程中各生产单位、各道工序之间在时间上的衔接和结合方式。合理组织生产物流，不仅可以加快物料流转的速度，减少物料的等待，缩短物料流转的距离，而且可以缩短生产周期。

通常情况下，一批物料在生产加工中可以采用三种典型的移动方式，即顺序移动、平行移动、平行顺序移动。

（1）顺序移动方式是指一批物料在上道工序全部加工完毕后，才整批地转移到下道工序继续加工。

采用顺序移动方式，一批物料的加工周期为：

$$T_{顺} = n \sum_{i=1}^{m} t_i$$

式中，$T_{顺}$——顺序移动方式下一批物料的生产周期；n——物料批量；m——物料的工序数；T_i——每道工序的单件时间。

优点：设备不停顿，工效高；物料加工连续，无等待时间，便于组织生产。

缺点：生产周期较长。

适用条件：适合工序的单件加工时间短、产品生产批量不大的情况。

（2）平行移动方式是指一批物料在前道工序加工完毕之后，立即移送到后道工序继续加工，产品在各道工序上成平行作业状态，多道工序间总体形成前后交叉作业。

采用平行移动方式，一批物料的加工周期为：

$$T_{平} = \sum_{i=1}^{m} t_i + (n-1) t_L$$

式中，$T_{平}$——平行移动方式下一批物料的生产周期；n——物料批量；m——物料的工序数；t_L——物料中最长的单工序时间。

优点：无物料成批等待现象；整批物料的生产周期最短。

缺点：当各道工序加工时间分配相等时，各工作地可能连续、满负荷进行生产，而当物料在各道工序间时间分配不相等时，则出现设备与人员的停歇现象；物料移动频繁，厂区（车间）间的重复搬运将加大物流工作量。

适用条件：适合流水生产。

（3）平行顺序移动方式是指每批物料在每一道工序上，连续加工，没有停顿，并且物料在各道工序的加工尽可能做到平行进行。这种方式既考虑了相邻工序间加工时间尽量重合,又保持了该批物料在工序上的顺序加工。

采用平行顺序移动方式,一批物料的加工周期为:

$$T_{平顺} = n\sum_{i=1}^{m} t_i - (n-1)\sum_{j=1}^{m-1} \min(t_j, t_{j+1})$$

式中,$T_{平顺}$——平行顺序移动方式下一批物料的生产周期;n——物料批量;m——物料的工序数;t_i——每道工序的单件时间;t_j 和 t_{j+1} 代表相邻的两个工序。

优点:提高了工时与设备的利用率,生产周期介于前两者之间。

缺点:组织管理作业复杂,要求高。

适用条件:适合工序的单件加工时间不协调的情况。

三、生产的人员组织要素

生产的人员组织主要体现在岗位设计与人员的需求方面。要实现生产在空间、时间两方面的组织形式,必须对生产岗位进行合理设计,以保证生产的通畅与优化。

根据人力资源管理理论,倡导岗位设计将生产技术因素与人的行为、心理因素相结合进行考虑。

(一) 岗位设计原则

根据生产的特点,岗位设计的基本原则应是"因物料流设岗"而不是"因组织、因人、因设备设岗位",所以应从以下几方面考虑。

(1) 岗位设置数量是否符合最短物流路径原则?(目标是以尽可能少的岗位设置,获得、完成尽可能多的工作任务)

(2) 岗位之间是否实现了各工序之间的有效衔接与配合?(目标是为了保证生产总目标、总任务的实现)

(3) 设置的每一个岗位是否在生产过程中发挥了积极的作用?(目标是岗位之间做到协调统一)

(4) 生产过程中的每一岗位是否体现了科学、合理、经济的系统原则?(目标是物流得到优化)

(二) 岗位设计内容

根据人的行为、心理特征,岗位设计还应符合员工个人的工作动机需要。可从以下三方面入手。

(1) 工作满负荷。目的在于制定合理的生产定额标准,从而确定岗位数目和人员需求数量。

(2) 合理安排工作任务。目的在于丰富工作内容,使岗位工作范围及责任增加,改变员工对工作的单调感和乏味感,获得身心成熟发展,从而有利于提高生产效率,促进岗位工作任务的完成。可以从横向和纵向两条途径扩大工作范围。

横向途径:将分工很细的作业单位合并,由一个人负责一道工序改为几个人轮流或共同负责几道工序的操作;尽量使员工可进行不同工序、设备的操作,即多项操作代替单项操作;采取责任制,由一个人或一个小组负责一项完整的工作,使其看到工作的意义。

纵向途径:生产人员可承担一部分管理人员的职能,如参与生产计划、生产目标、作业程序、操作方法的制定与调整,检验衡量工作质量和数量;不但承担一部分生产任务,而且还可参与产品试验、工艺设计、生产管理等技术工作。

（3）优化生产环境。目的在于改善生产环境中的各种不利于提高生产效率的因素，建立"人—机—环境"的优化系统。

（三）岗位设计要求

岗位设计体现在生产的四种空间组织形式上，对人员又有不同的要求。

（1）按产品专业化形式组织生产，要求员工在工作中具有较强的"工作流程协调"能力，能自主平衡各工序之间的"瓶颈"，保证生产的均衡性、比例性、实时性要求。

（2）按加工工艺专业化形式组织生产，要求员工不仅专业化水平高，而且具有较多的技能与技艺，即一专多能，一人可满足多个岗位要求。

（3）按成组技术形式组织生产，要求向员工授权，即从管理和技术两个方面来保证给每位员工都配备适当的技术资料和工具，落实工作职责与权力，以改变不利于合理化的工作习惯与动作。

（4）按定位形式组织生产，要求员工专业化水平很高，操作熟练，服从统一调配，保证工作流程的连续性。

4.2 生产计划

4.2.1 生产计划

对于制造企业来说，生产控制主要包括生产计划与生产进度控制；生产与物料控制，即物料计划、请购、调度，物料收、发、退、借、备等控制方式。

一、生产计划的概念

生产计划又称生产大纲，它是根据销售计划所确定的销售量，在充分利用生产能力和综合平衡的基础上，对企业所生产的产品品种、数量、质量和生产进度等方面所做的统筹安排，是企业生产管理的依据。

为了保证能按计划规定的时间和数量出产各种产品，要研究物料在生产过程中的运动规律，以及在各工艺阶段的生产周期，以此来安排经过各工艺阶段的时间和数量，并使系统内各生产环节的在制品的结构、数量和时间相协调。总之，通过生产计划中的物流平衡以及计划执行过程中的调度、统计工作，来保证计划的完成。

二、生产作业计划的概念

生产作业计划是生产计划的具体执行计划。它是将企业全年的生产任务具体地分配到各车间、工段、班组，以至每个工作地和工人，规定其在月、旬、周、日以至台班和小时内的具体生产任务，从而保证按品种、质量、数量、期限和成本完成企业的生产任务。

生产作业计划是生产计划的核心。即企业根据计划期内规定的出产产品的品种、数量、期限，以及客观实际，具体安排产品及其零部件在各工艺阶段的生产进度。与此同时，为企业内部各生产环节安排短期的生产任务，协调前后衔接关系。

制造企业的资源获取、转换和分配是通过它的计划与控制来完成的，因而制造企业的管理信息化和现代化应该从企业核心业务的计划与控制着手。现代制造企业的核心就在于编制满足需求数量和交付期的计划，监督和控制该计划的实现，以便在满足需求的前提下，最合理地分配资源，最经济地生产。然而目前制造企业面临的问题是同时满足不断变化的用户需求与生产过程资源消耗最少之间的矛盾。解决这一对矛盾的理论和方法成为现代化制造管理研究的焦点和进步的动力。随着企业在社会中的作用范围的扩大和企业对资源理解的深化，制造计划与控制理论及应用也得以不断地发展和深化。

在企业管理信息系统中，强调的是计划控制下的物流管理，具体内容是：在物流管理的联系下，根据独立需求计划计算形成物料的需求计划，进而根据物料的属性计算产生生产计划或采购计划，通过实施物流管理，以计划为控制核心，可以在"最需要的时候提供最适量的物料"，这样使库存成本＋采购成本，即物料的总成本最低。

研讨与思考：生产计划为何重要？它与FPO、生产物流计划间有怎样的联系？

4.2.2 FPO与生产计划

FPO是指确定的计划订单，即Firm Planned Order的缩写。

使用一系列每日或每周车间订单以保持持续的生产效率，但在重复性的需求拉动制造过程中，MRP/JIT用户已认识到：无用的车间订单导致的成本是明显的，所以它们都避免使用计划收据并用FPO来代替它，当MRP系统没有用订单号来分配和控制FPO时，尤其可行。

在这种情况下，最终分配订单和生产计划都被作为是一系列的FPO（每日或每周），由于FPO的这种扩展，组件的需求就产生了。以生产率将FPO与制造过程联系起来，生产率与每个工作中心的能力需求和最后一个工作中心的产出率联系起来。最后一个工作中心通过需求拉动方法反过来设置生产过程的生产步调。在最后一个工作中心输出产品，收到事务就传送给FPO（这是一个特别的生成事务，在标准的MRP系统中没有）以减少FPO上的数量，增加制造项目的现有库存数量；同时，这个事务反冲（back-flush）或减少最终制造项目所用到的所有组件的现有库存数量，车间订单是不会做这些工作的。首先，反冲时就已没有车间订单了。其次，需求拉动方法是用于物料运送控制和车间队列控制。

FPO的使用在理论上和实践上把MRP和需求拉动联系起来了。一些使用这种方法的实践人员建议用一个产率生成器来增强功能（并不是必需的），产率生成器其实就是一个软件，将每日生产数量转化为一系列每日的FPO，并根据比期望产率高或低的实际产率来调整设定的产率。

小案例

2002年，法国达能集团入主乐百氏后，对乐百氏的物流管理进行了优化，将物流部门由原有的成本中心转变为利润中心。主要的变动是将周计划体系优化——现行架构的周计划体系改为双周计划滚动。

周计划为什么不准确？

乐百氏计划运行不畅，问题主要存在于周计划中。原因分析如下：

假设分公司的期初库存为零，客户周一向分公司提报下周货源计划，绝大部分货物实际在下周五甚至下下周一才能到货，因此分公司计划员往往提前两周预测客户的货源计划，提前备货，周一客户向分公司报下周货源计划时，该批货实际上已经在途中。因此，周计划是否准确，关键在于计划员的预测、生产的准时性，采购准时性和长途发货的一致性，但这几个因素都是后勤体系中最无法确定的因素，一旦预测不准、生产不准时（更为经常的是一个计划中某一种类的延迟，导致整批货无法装运）、长途发运延迟，即使客户所报的周计划修改概率为零,周计划的准确率,更应该说是执行率,也很难保证达到70%。

以上内容说明乐百氏是通过优化现行架构的周计划体系来完善其物流管理,从而保障生产过程顺利进行的。

4.2.3 生产作业控制

生产系统由于受系统内部和外部各种因素的影响,计划与实际之间会产生偏差,为了保证计划的完成,必须对企业生产活动进行有效的控制。

一、生产作业控制的内容

(1) 进度控制。生产控制的核心是进度控制,即物料在生产过程中的流入、流出控制,以及物流量的控制。

(2) 在制品管理。在生产过程中对在制品进行静态、动态控制以及占有量的控制。在制品控制包括在制品实物控制和信息控制。有效地控制在制品,对及时完成作业计划和减少在制品积压均有重要意义。

(3) 偏差的测定和处理。在进行作业过程中,按预定时间及顺序检测执行计划的结果,掌握计划量与实际量的差距,根据发生差距的原因、差距的内容及严重程度,采取不同的处理方法。首先,要预测差距的发生,事先规划好消除差距的措施,如动用库存、组织外协等;其次,为了及时调整产生偏差的生产计划,要及时将差距的信息向生产计划部门反馈;再次,为了使本期计划不做或少做修改,将差距的信息向计划部门反馈,作为下期调整的依据。

二、生产作业控制的程序

对不同类型的生产方式来说,生产控制的程序基本上是一致的。与控制的内容相适应,物料控制的程序一般包括以下几个步骤:

(1) 制定期量标准。物料控制从制定期量标准开始,所制定的标准要保持先进与合理的水平,随着生产条件的变化,标准应定期和不定期地进行修订。

(2) 制订计划。依据生产计划制订相应的物料计划,并保持生产系统能够正常运转。

(3) 物料信息的收集、传送、处理。

(4) 短期调整。为了保证生产的正常进行,及时调整偏差,保证计划顺利完成。

(5) 长期调整及其有效性的评估。为了企业长远的发展及主导产品的生产。

由此可见,制造企业生产作业控制与生产计划及生产控制系统模式有必然的联系。

4.3 现代生产管理模式

随着 MRP Ⅱ、DRP、ERP、JIT、TOC、LP、CIMS、AM 等先进的管理技术产生并得到不断的完善,形成了制造业先进管理模式,并在生产调度、存量控制、订单处理等一系列活动中得到应用。

4.3.1 准时制拉动式管理模式

在一些发达国家,许多企业看到了准时制(Just-in-Time,JIT)的好处。有一项对欧洲200家企业进行的研究表明,JIT管理对企业能力的改善包括库存平均减少50%、产品生产周期缩短 50%~70%、供货时间缩短 50%、生产效率提高 20%~50%。

准时制拉动式物流管理已在我国制造企业全面推行，尤其是汽车制造行业逐渐形成了以市场需求为中心、以主机总装配线的要求为导向的物流过程控制，逐步建立了一套适合自身发展的物流管理系统，并有足够的柔性去满足企业生产提出的各项要求，适应多变的市场环境。

一、JIT 生产管理的特点

（1）在必要的时候生产必要的产品，不过量生产，因为企业没有必要再投入原材料、精力和时间，在 JIT 情况下理想的批量规模是 1。

（2）JIT 思想与那种依靠额外库存以防止出现工作失误的做法形成了鲜明的对比。当所有的等待数量变为零时，库存投资实现最小化，提前期大大缩短，企业对需求变化快速反应，质量问题得以迅速曝光。

（3）JIT 物流的实施与传统的生产物料管理不同。JIT 物流完善了企业管理，为企业节省了大量的物流成本，产生了巨大的经济效益和社会效益。

二、准时制生产管理形式

我国制造业大致有三种准时制生产管理形式，即计划管理、看板式管理、同步管理。

（一）计划管理

计划管理就是按生产计划组织生产供货，它实际是以计划消耗来计算的一种要货方式。遵循的原则是：在第 M 天的需求基础上进行预测，并计算出 $M+N$ 天的供应量，依次循环滚动。它实际比较接近传统的计划供应方式，之所以也被列入及时制物流管理范围，是因为其预测和计划周期较短。计划管理模式适用于零件品种需求变化较小，且消耗连续的汽车零部件生产。但计划管理的不足在于：当生产计划调整时，不能做出快速反应，易造成产品库存过多。

（二）看板式管理

看板式管理主要运用于生产加工过程管理中。

看板式管理是电子技术与现代物流的完美结合，同时也是一种需求拉动型的管理模式。它采用条形码技术、网络技术进行生产物流管理，是一种反应速度较快、信息较为准确的新型管理模式。信息的主要载体是看板，在看板上记录着零件号、要货时间、零件名称、零件的储存地点、零件数量、所用工位器具的型号等，以此作为各工序进货、出库、运输、生产、验收的凭证。在看板式管理模式下，每一次物料的供应都是对实际消耗的合理补充，充分体现了及时制物流的原则。

下面通过例子说明看板式管理在生产中的应用。（图 4-1~图 4-3 包含两个工作中心和三个看板，小人图像代表了每个工作中心，方块代表看板。每个看板被分成三部分来代表看板的授权存储水平，圆圈是一个工作部件，工作流向从左到右。）

在一个工厂及供应商、顾客之间，看板是物料运送和队列控制的高度可视化方法。所有物料通过看板方块从一个工作中心移动到下一个工作中心，每个看板方块分配一定数量的单元格（或容器）授权存储在里面，看板方块的工作数量是同它的授权级别有关系的，而授权级别又会影响它上游和下游工作中心的运作。需求拉动对应于其实践有两个原则：

①除非你的下游看板低于它的授权水平，否则，你这个工作中心就不要进行工作。

②进行生产以保持你的下游看板是满的。

在图 4-1 中,每个工作中心被授权执行它们的分配任务。工作向下游传送,工作中心供应的看板方块都低于它们的授权水平,注意到每个工作中心都在工作并执行必需的操作,当每个工作中心完成了其任务时,产品就向下游看板传送。

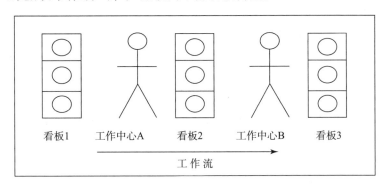

图 4-1 看板式管理示意图(一)

这时,如果从看板 3 不拉出物料,那两个工作中心都停止工作。所有的下游看板都保持了它们的授权水平。按规则 1,没有工作中心被授权开始任何工作,仅当下游看板方块打开(看板低于其授权水平)时,上游工作中心才被授权从其上游看板中拉出一个工作部件,开始执行它的任务。在图 4-2 中,所有的工作都是停止的,在制品库存达到最大。

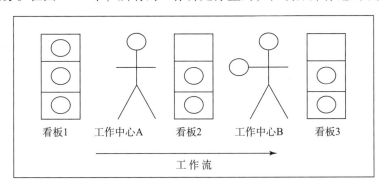

图 4-2 看板式管理示意图(二)

如图 4-3 所示,从看板 3 中拉出了一个部件,工作中心 B 马上被授权开始生产,从看板 2 中拉出物料以进行生产另一个工作部件,这就使得看板 2 低于其授权水平,从而工作中心 A 开始从看板 1 中拉出物料,生产另一个工作部件。再回到图 4-1 所示状态,之后不断循环。

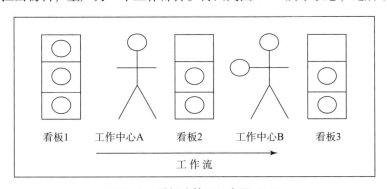

图 4-3 看板式管理示意图(三)

(三) 同步管理

同步管理是 JIT 管理的高级方式，适合于单位价值较高、变化形式多样的零部件制造企业。以汽车制造厂为例说明：供应商与主机厂共享同一软件平台，单一零件按照明确的方式备货，通过取样点对整车数据下载分析，按照装配车间装配工位上零件的准确要求实现供货。信息共享是实现同步管理的前提条件，同步管理需要根据生产线运行情况进行同步供应，以满足工艺需要，减少库存费用和对生产面积的占用。如在流水线上，当车身通过某一工序时，它立即向下游工序发出所需装配某种零件的需求信息。同样，当生产商收到要货信息后，就会根据要货指令将所需的品种、数量按要求的时间准时地送达，不会产生多余库存。同步管理在企业的应用，标志着及时制拉动式生产方式已经进入了较高级阶段。

现代及时制物流的发展目标是，将电子信息通信技术广泛应用于物流领域，用信息系统整合生产商、经销商、物流公司、供应商之间的管理。

4.3.2 精益生产管理模式

企业在产品开发、生产制造、管理及服务顾客的整个流程中实施精益生产所产生的巨大优势，已通过 20 世纪 80 年代的丰田汽车公司、90 年代的戴尔公司以及其他一些企业的巨大成功，为世界企业界所公认。

基于 JIT 的精益生产现场的五项活动：
(1) 整理——对现场物品进行分类清理，区分有用无用。
(2) 整顿——对整理后的有用物品进行合理定置存放。
(3) 清扫——将生产现场打扫干净。
(4) 清洁——对清扫后的现场加以巩固。
(5) 素养——生产现场每个人的良好风气和习惯。

精益生产理念对于汽车乃至一切制造业起到了基石的作用。

1990 年，麻省理工学院的国际汽车计划 (IMVP) 拉开了美国人对丰田研究的大幕，来自通用与丰田新联合汽车公司的约翰·克拉夫奇克 (John Krafcik) 将此命名为"精益生产理念"。精益生产 (Lean Production, LP) 是日本丰田汽车公司 JIT 的延续，它是以产供销三方紧密协作的一种相对固定的关系为实施背景的，是供应链条上最基本、最简单的设置。

一、基本原理

精益生产是一个基本理念，但已不是一种简单的生产理念、一种文化，而是一种思想。精益无处不在，精益改变世界。精益生产指在工作中彻底消除无效劳动。精益生产源自日本丰田汽车公司的 TPS (Toyota Production System)。TPS 的核心是追求消灭一切"浪费"，以客户拉动和 JIT 方式组织企业的生产和经营活动，形成一个对市场变化快速反应的独具特色的生产经营管理体系。

实施精益生产就是决心追求完美的过程，也是追求卓越的过程，它是支撑个人与企业生命的一种精神力量，也是在永无止境的学习过程中获得自我满足的一种境界。其目标是精益求精，尽善尽美，永无止境地追求七个零的终极目标。精益生产最大的好处之一，在于其对成本降低的显著功效，要想达到精益生产的成本控制，首先要知道什么是浪费。因为"消灭浪费、创造价值"是精益生产方式核心思想的精髓。

生产现场的七种主要浪费：

(1) 等待的浪费。精益思想认为非增值作业就是无形成本的增加。出现等待的原因有哪些呢?生产线上产品种类的切换、工序间的不平衡、机器设备的故障造成的等待,缺料、生产计划安排不均衡使得机器设备闲置。这种对应的差异成本主要体现在整体上,造成的是生产能力浪费,使工人的工资、设备的空转等无形成本增加。

(2) 搬运的浪费。包含放置、堆积、移动、整理等动作的浪费。在不可能完全消除搬运的情况下,应重新调整生产布局,尽量减少搬运的距离。

(3) 不良品的浪费。指的是由于工厂内出现不良品,需要进行处置的时间、人力、物力上的浪费,以及由此造成的相关损失。这类浪费具体包括:材料的损失、不良品变成废品;设备、人员和工时的损失;额外的修复、鉴别、追加检查的损失;有时需要降价处理产品,或者由于耽误出货而导致工厂信誉的下降。

(4) 动作的浪费。重复动作和不必要的动作等将会造成时间和体力上的不必要消耗。

(5) 加工的浪费。加工的浪费也叫过分加工的浪费,主要包括两层含义:第一是多余的加工和过分精确的加工,例如实际加工精度过高造成资源浪费;第二是需要多余的作业时间和辅助设备,还要增加生产用电、气、油等能源的浪费,另外还增加了管理的工时。

(6) 库存的浪费。库存是没有必要的,甚至认为库存是万恶之源。

(7) 制造过多、过早的浪费。精益生产方式所强调的是"适时生产",也就是在必要的时候,做出必要的数量的必要的东西,此外都属于浪费。而所谓必要的东西和必要的时候,就是指顾客已决定要买的数量与时间。

现在又有人提出第八种浪费,即管理的浪费。

管理的浪费是指问题发生以后,管理人员才采取相应的对策来进行补救而产生的额外浪费。管理的浪费是由于事先管理不到位而造成的问题,科学的管理应该是具有相当的预见性,有合理的规划,并在事情的推进过程中加强管理、控制和反馈,这样就可以在很大程度上减少管理浪费现象的发生。

企业在生产过程中实施精益生产,就是要根据精益思维的原则,在组织、管理、供应链、产品开发和生产运作方面建立有效的生产方式,减少物流环节,以消除所有不增加价值的浪费为目标,逐步改善进而最大限度地谋求企业经济效益和竞争力的提高。

二、精益生产的特点

精益生产管理是一种以客户需求为拉动,以消灭浪费和不断改善为核心,使企业以最少的投入获取成本和运作效益显著改善的一种全新的生产管理模式。它的特点是强调客户对时间和价值的要求,以科学合理的制造体系来组织为客户带来增值的生产活动环节,使生产周期缩短,从而显著提高企业适应市场变化的能力。

三、精益生产在生产管理中的实施要点

(一) 合理生产布局,优化生产物流

(1) 各工序的有机结合,相关联工序集中放置原则。

(2) 最短距离原则。

(3) 流水化作业原则。

(4) 尽可能利用立体空间。

(5) 在作业的角度,安全,便于操作。

(6) 对于未来变化具有充分应变力,方案有弹性(柔性)对应产量变化、工艺变化、

设备更新等情况。

（二）合理分配资源，提高作业效率

（1）装配线的改善步骤：

①将瓶颈工序的作业内容分担给其他工序。

②通过动作分析，减少工作时间。

③工艺改善，减少工作时间。

④合并相关工序，重新排布生产工序。

⑤分解作业时间较短的工序，把该工序安排到其他工序中去。

（2）加工线的改善步骤：

①确定节拍。

②确定一个单位产品的完成时间。

③确定标准作业顺序。

④确定在制品的标准持有量。

在从传统生产企业转变为精益企业的过程中，这种思想对价值体系的指导原则是：

第一，企业要根据市场的变化和客户的需求重新定义价值；

第二，依照价值重新组织企业的生产活动；

第三，让客户的需求拉动价值链，使价值链运作起来并不断进行完善。

研讨与思考：企业应如何减少生产现场的浪费现象？

时至今日，随着制造和管理技术的不断提高，精益生产的含义已经超越了当初的 TPS。美国在研究了包括精益生产在内的各种管理模式后，又提出了 21 世纪的制造企业战略——敏捷制造（Agile Manufacturing，AM）。可以认为，精益生产是通向敏捷制造的桥梁，没有精益生产管理作为基础，企业难以实现敏捷制造。

4.3.3　敏捷制造管理模式

制造业的生产模式处于不断的变化和发展之中，20 世纪初竞争的焦点是成本，由此产生的是大批量规模化的生产方式；20 世纪 70 年代中期竞争的焦点是质量和整体效率，柔性自动化生产是主要的生产方式；而 21 世纪市场的要求是多品种、小批量，具有动态多变的特点，因此敏捷制造被认为是主要的生产模式。

一、敏捷制造的概念

敏捷制造是根据市场需求个性化发展的趋势，企业为了更有效、合理地利用外部资源，将供应及协作组织看成是虚拟企业的一部分而形成的一次性或短期的供应链关系。

敏捷企业是指那些能够充分利用网络技术优势，迅速实现自我调整以适应不断变化的竞争环境，具有敏捷的快速反应能力的企业。

二、敏捷制造的特点

提出敏捷制造的根本思想是以变应不变，其根本特点是快速响应。因此敏捷制造企业具有灵活多变、快速响应、质量好等特点。

三、敏捷制造实施的关键

敏捷制造的实现是通过利用信息时代的计算机网络和信息处理技术，将分布在不同地域的各类企业组建成动态联盟，形成虚拟公司进行优势互补而实现的。因此实施敏捷制造的关键是建立虚拟企业即动态联盟和虚拟制造（也称拟实产品开发），即建立 AMS（Agile Manufacturing System）——敏捷制造系统。

经典案例

客户导向设计——给年轻人定制的联想小新

在联想小新 Air 发布会后，联想集团的两位副总裁赵泓和柏鹏接受了部分媒体的群访。在群访中，两位联想副总裁与我们分享了关于小新品牌以及新的 Air 系列产品的一些看法，联想对新晋代言人鹿晗也有很高的评价，我们将谈话整理成为三个方向来和大家分享。

贴合年轻市场的小新品牌将更加成熟

2014 年，小新刚刚上市时主打的是超高的性价比，到今天小新 Air 正式发布，小新家族日渐壮大。赵泓介绍说，小新一直以来都是在贴合年轻人的市场，性价比只不过是一个方面，联想希望能为年轻人提供最好的产品，帮助年轻人更好地实现自我价值。

有一个细节，本次发布会在弹幕网站 Bilibili 进行了直播，当公布价格时，满屏幕都滚动着"买买买"三个字，这体现了小新 Air 两款产品在年轻人心中有很高的接受度。

这说明小新切实地满足了客户具体需求，小新以及拯救者等产品线都有着自己最直接的用户群体，未来小新也会推出更多的产品和服务。

实际上无论是在小新，还是在拯救者、ThinkPad X1 等产品系列身上，我们都能看到联想在产品设计方面加强客户导向的印记。小新 Air 的两款产品都是针对年轻人打造的笔记本，联想在这一次发布会中也第一次提出了云笔记本的概念，联想小新云笔记本创新地将设备和云服务完美地融合在一起，实现了跨设备的同步共享，充分满足用户在各场景应用的需求。但联想不会止步于此，未来还会推出更多的创新产品。

随着华为和小米高调进军笔记本市场，联想面临的挑战也越来越多，但中国的 PC 行业依然有足够大的市场，低级别市场和农村市场的笔记本渗透率很低，市场前景依然非常广阔，有更多厂商加入说明这个行业还保持着活力，有竞争才会有创新。联想希望可以和竞争对手们一起把市场做得更好。

作为联想战略品牌，小新在现有的经典版、游戏版、出色版和 Air 版的基础上，还会逐步丰富自己的产品家族，联想表示未来会持续联想小新整个产品家族的推广，让联想小新有更高的辨识度。

鹿晗很适合当小新的代言人

谈及为何找到鹿晗代言时，联想集团副总裁赵泓是这样解释的，选择代言人时，最初的构想就是要找到在年轻人里极具代表力的。鹿晗具有一种特别青春、朝气的男孩形象，这更能代表联想希望展现给年轻群体的价值观，而不是天天泡在网上、抱着手机、不善于与人面对面交流，所以联想选择鹿晗作为小新品牌的第一个代言人并不是头脑一热的决定。

问题：试分析联想电脑的定制化战略。

技能训练

调查××企业的生产过程

选定学校所在地的几个不同类型的制造企业,比较大批量生产与小批量多品种生产的不同之处,并写出比较报告。

1. 实训内容:调查××企业的生产过程。
2. 实训目的:
(1) ××企业大批量生产的生产特点与市场环境分析。
(2) ××企业小批量多品种生产的生产特点与市场环境分析。
(3) 比较大批量生产与小批量多品种生产的不同之处,并写出比较报告。
3. 实训组织:
以4人或6人为一组,组织学生分别对不同类型企业分组调查。
4. 实训考核:
(1) 以小组为单位通过讨论撰写实训报告。
(2) 全班同学分组宣讲实训报告,当场给予评价并打分。

任务五

企业质量管理

任务解读

本章要求学生对企业质量管理有一个基本的了解和正确的认识；通过2000版、2008版ISO 9000质量管理标准，了解通过ISO 9000认证的企业的产品质量控制的做法；深入理解PDCA循环的含义，并能运用PDCA循环分析企业的实际流程、工序，同时提出改进的意见，从而培养学生分析问题、解决问题的能力。

知识要点

1. 了解质量的定义及特性、质量管理的发展阶段。
2. 理解质量管理对企业的重要性。
3. 描述全面质量管理的要点。
4. 掌握PDCA循环的内容。
5. 熟悉ISO 9000质量管理体系。

技能要求

1. 能运用TQM基本原理分析企业的生产组织的合理化程度。
2. 能运用PDCA为企业的生产控制提出一些建议。

5.1 企业质量管理及常用方法

人类社会自从有了生产活动，特别是以交换为目的的商品生产活动，便产生了质量的活动。质量是构成社会财富的关键内容，是经济发展的战略问题。

5.1.1 质量的概念

一、国际标准化组织对质量的定义

ISO 9000质量标准中关于质量的定义：一组固有特性满足要求的程度。

二、美国质量管理专家对质量的定义

美国质量管理专家对质量的定义,大致分为三种类型,分别是从用户的角度、制造商的角度和从产品的角度出发。而现代质量管理理论认为,必须从用户的角度给质量下定义。美国著名的质量管理专家朱兰(J. M. Juran)认为:"质量就是适用性。"

美国著名的质量管理专家理查德·施恩伯格将上述内容扩大到服务业领域,认为还应该包括:

(1) 价值。服务是否让顾客觉得物有所值。

(2) 响应速度。有资料显示,超市出口处的顾客等待时间超过5分钟,就会显得焦躁不安,服务质量大打折扣。

(3) 人性。不仅仅对顾客笑脸相迎,还包括对顾客的谦逊、尊重、信任、理解、体谅和与顾客有效的沟通等,这个部分被认为是最难以把握的一个环节。

(4) 安全性。安全性是指产品的使用不仅要可靠、及时,更重要的是不能给顾客造成伤害和事故,因此,产品必须有保证条款,有各种安全措施。

美国另一位质量管理专家戴维·嘉文(David Gravin)将适用性的概念具体化为八个方面的内容:

(1) 性能。指产品的基本特征。如电视机的性能意味着音质、图像清晰度、颜色可视度以及收到远处电视信号的能力。

(2) 额外功能。就像附加在产品上的增值部分,如飞机上的免费饮料、洗衣机上的耐压圈等。

(3) 可靠性。指产品出现两次故障间的时间长度。

(4) 一致性。指产品或服务与其说明书的一致程度。

(5) 耐久性。是对产品使用寿命的衡量,通常是指产品已不能再修理而必须进行更新之前的持续时间长度。

(6) 维护性。这里指速度、熟练性和修理的难易,表明产品出现问题时修理的准备情况和难易程度。

(7) 美观性。用来衡量产品外观、感觉、声音、味道和气味等。这取决于主观的判断,因人而异。

(8) 可感性。产品和服务是否使人产生美好联想甚至妙不可言,如广告和商标给人的感觉。

三、我国关于质量的定义

质量可分为广义的质量和狭义的质量。

广义的质量是指"产品、体系或过程的一组固有特性满足规定要求的程度"。根据这一定义,质量可以分为产品质量、工序质量和工作质量。"产品质量"是指产品适合于规定的用途以及在使用期间满足顾客的需求。这里的"产品"包括有形的实物产品和无形的服务。"工序质量"是指工序能够稳定地生产合格产品的能力。"工作质量"是指企业管理、技术和组织工作对达到质量标准和提高产品质量的保证程度。

狭义的质量是指实物产品的质量,包括实物产品内在质量的特性,如产品的性能、精度、纯度、成分等,以及外部质量特性,如产品的外观、形状、色泽、手感、气味、光洁度等。实物产品质量特性一般可概括为产品性能、寿命、可靠性、安全性、经济性五个方面。

5.1.2 质量管理及其演变

质量管理（Quality Management，QM）的定义：在质量方面指挥和控制组织的协调的活动。质量管理早已作为企业经营管理的一部分。

一、戴明的质量理念

美国著名的质量管理专家戴明在日本推广统计质量管理理念，总结出了PDCA模式或循环，即戴明循环。

二、朱兰的质量理念

美国著名质量管理专家朱兰1951年出版过《质量控制手册》，1998年更名为《朱兰质量手册》。朱兰质量管理三部曲：质量策划、质量控制和质量改进。

三、石川馨的质量理念

日本著名质量管理专家石川馨，因果图的发明者，日本质量管理小组（QC小组）的奠基人之一。其理论包括：推行全员质量管理理念。要"始于教育、终于教育"。有六项内容：质量第一；面向消费者；下道工序是顾客；用数据、事实说话；尊重人的经营；机能管理。

随着社会生产力的发展，质量的含义和质量管理的内涵在不断丰富和扩展，大致经历了以下三个阶段：质量检验阶段、统计质量控制阶段、全面质量管理阶段。质量管理发展的三个阶段中，后一阶段并不是对前一阶段的否定与取消，而是在前一阶段基础上的带有突破性的发展。

一是质量检验阶段（从20世纪初到30年代末）。

这是质量管理的初级阶段。其主要特点是以事后检验为主。20世纪初美国的泰罗提出科学管理理论，要求按不同职能合理分工，将质量检验从生产过程分离出来，建立专职检验制度，为质量管理奠定了组织上的初步基础。同时，大量生产条件下的互换性理论和规格公差的概念也为质量检验奠定了理论基础。根据这些理论规定了产品的技术标准和适宜的加工程度，检验人员利用各种测试手段进行检查，判断零件和成品是否合格，起到了把关的作用。

二是统计质量控制阶段（20世纪40年代至50年代）。

这一阶段的主要特点是从单纯依靠质量检验事后把关发展到工序控制，突出了质量的预防性控制与事后检验相结合的管理方式。20世纪20年代以后，英国的费希尔提出方差分析和实验设计等理论，美国的休哈特提出统计过程控制理论并首创控制图，道奇和罗米格提出了抽样检验理论，他们把数理统计方法引入了质量管理。但因当时西方处于经济衰退时期，这些理论不受重视。直至"二战"开始，由于国防工业的质量要求，才使上述理论获得广泛应用，进入统计质量控制阶段。在这一阶段里，除了定性分析以外，还强调定量分析，为严格的科学管理和全面质量管理奠定了基础。

统计质量控制阶段的特点是：利用数理统计原理在生产流程的工序之间进行质量控制，使生产过程处于受控状态，从而预防不合格品的大量产生。同时在产品检验和验收检查中采用了统计抽样方案。

三是全面质量管理阶段（20世纪60年代至今）。

20世纪50年代末,科学技术突飞猛进,各种高科技产品相继问世,并出现了系统科学。同时国际贸易竞争加剧,要求进一步提高产品质量。这些都促使全面质量管理理论的诞生。

同时,质量管理也面临着许多新情况:

人们对产品质量的要求除了注重产品的一般性能外,又增加了耐用性、可靠性、安全性、经济性以及可维修性等更高、更多的要求。

系统分析的概念已得到广泛认同和应用,它要求用系统的观点分析研究质量问题,把质量管理问题看成是处于较大系统中的一个子系统。

管理理论得到新的发展,行为管理学派强调要重视人的因素,实行参与管理,要依靠全员搞好质量管理。

保护消费者利益运动的兴起。

随着市场竞争尤其是国际市场竞争的加剧,各国(地区)企业都很重视"产品责任"和质量保证问题。面对这些新情况、新要求,仅仅依赖检验和运用数理统计方法显然是很难保证与提高产品质量的。

5.1.3 企业生产质量控制

一、企业生产质量控制的概念

企业生产质量控制是企业生产质量管理的一部分,是指为了达到企业生产质量要求所采取的生产作业技术和活动。其目的在于监视生产质量活动过程,进行控制、诊断和调整,使生产质量活动过程处于受控状态。

对企业生产质量控制定义的理解需要把握好以下几个方面:

(1)企业生产质量控制是企业生产质量管理的一个组成部分,其目的是使产品、体系或过程的固有特性达到规定的要求。所以,企业生产质量控制是通过采取一系列作业技术和活动对各个过程实施控制的。诸如:企业生产质量方针控制、文件和记录控制、设计和开发控制、采购控制、生产和服务运作控制、测量和监视装置控制、不合格品控制,等等。

(2)企业生产质量控制是为了达到规定的质量要求,预防不合格产品发生的重要手段和措施。企业应对影响产品、体系或过程质量的因素予以识别和分析,找出起着主导作用的因素,实施因素控制,才能取得预期效果。

(3)企业生产质量控制应贯穿在产品形成和体系运行的全过程。每一过程都有输入、转换和输出三个环节,通过对三个环节实施有效控制,对产品质量有影响的各个过程才能处于受控状态,持续提供符合规定要求的产品才能得到保障。

(4)企业生产质量控制是一个根据质量要求设定标准、测量结果、判定是否达到了预期要求、对质量问题采取措施进行补救并防止再发生的过程,企业生产质量控制不仅是检验,而要进行质量控制,就离不开检验,所以质量检验是质量控制必不可少的重要组成部分。

应该指出,对于产品、体系或过程中的生产质量起着重要作用的关键过程或环节,要根据过程的特征采取适宜的控制方法。对于生产和服务过程的输出不能或不易由后续的测量或监控加以验证的特殊过程,则应切实做好过程、设备能力、人员资格和胜任能力等方面的鉴定,实施过程参数控制,才能有效地保证过程的输出质量。

二、企业生产质量控制的特点

任何活动都具有内在的客观规律,在企业生产质量控制方面同样反映出相应的基本特点,归纳起来主要有:

(1) 系统性。企业生产质量控制是一个系统过程,渗透在全企业的每个环节,企业生产质量控制是一个完整统一的系统,加强企业生产质量控制就必须从系统的各个环节、各种资源以及整个活动的相互配合和相互协调做起,通过强化整个企业基本质量素质来促进企业质量的系统发展。可以说,只有质量管理系统的发展才能最终实现企业生产质量控制的目标。

(2) 全员性。企业生产质量控制被认为是企业中每个人的责任。而全员性,正是由企业生产的综合性、重要性和复杂性所决定的,它反映了企业生产质量管理的客观要求。要保证企业生产质量,就涉及企业活动的相关环节、相关部门的相关人员,需要依靠各个环节、各部门的广大员工共同努力,才能保证实现全面企业生产质量控制。

(3) 目的性。企业生产质量控制应以满足顾客需要而存在,不只是企业为了占领市场或提高生产效益的需要。

(4) 先进性。企业生产质量控制与改进,要求有新的技术手段和方法,包括从质量设计到辅助的计算机改进手段。

(5) 广泛性。企业生产质量改进,必须有各阶层的人员参加,这些人员不仅包括本企业员工,也包括社会各阶层人士,没有他们的参加和帮助是不能改进质量的。

(6) 全面性。影响企业生产质量控制的因素是综合、复杂的、多变的,而且企业生产质量控制的内容也是广泛的,除了包括企业生产对象本身,还包括相关的工作质量、工程质量和服务质量,如果企业没有合理的质量管理体制,质量就没人负责。要加强企业生产质量控制就必须全面分析各种相关因素,把握内在规律,只有建立健全合理的质量管理体系,才能真正实现企业生产质量控制。

(7) 动态性。由于质量要求随着时间的进展而在不断变化,为了满足新的质量要求,对质量控制又提出了新的任务。应不断提高设计技术和工艺水平、检测水平、快速反应水平,不断进行技术改进和技术改造,研究新的控制方法,以满足不断更新的质量要求。

三、企业生产质量控制的原则

(1) 预防为主与事后把关相结合的原则。企业生产质量控制的工作内容包括了作业技术和活动,也就是包括专业技术和管理技术两个方面。由于物流生产作业是多环节作业,每一阶段的工作如何能保证做好,应对影响其工作质量的人、机、料、法、环境等因素进行控制,并对质量活动的成果进行分阶段验证,以便及时发现问题,查明原因,采取相应纠正措施,以减少经济损失。

因此,凡事要防患于未然,并要以具体措施和科学方法来保证。在设计阶段要采用可靠的方法找出产品薄弱环节,消除隐患;在制造阶段应采用统计过程控制方法对生产过程进行控制,把不合格品消灭在产生之前。所以,质量控制应贯彻预防为主与事后把关相结合的原则。

(2) 经济原则。20 世纪 80 年代以来市场竞争更趋激烈,使经济质量管理(EQC)成为发展的新方向之一,即在推行全面质量控制时追求经济上的最适宜方案,如最适宜的质量水平、最适宜的质量保证水平、控制图的最优设计、抽样检验方案的最优设计等。

(3) 协作原则。生产规模越大,分工越细,环节越多,就越要在企业生产质量控制中强调协作。协作原则反映了系统科学全面观的要求。

(4) 按 PDCA 循环组织质量活动原则。PDCA 循环在后文有详细介绍。按 PDCA 循环组织质量活动,也就是说,让质量管理与质量控制工作,不能停留在一个水平上,应不断发展、不断前进,这是永无止境的。

总之,质量管理是组织在整个生产和经营过程中,围绕着产品质量形成的全过程实施的,是组织各项管理的主线。

5.2 全面质量管理及其实施

现代企业的质量管理不仅仅是一个针对产品(或服务)质量形成过程的技术管理,而且是一个全方位的立体管理,既有产品(或服务)形成过程的技术问题,也有形成过程的要素问题,还有过程主体——人的意识形态问题。由于企业质量经营的主体是全面质量管理的输出——产品(或服务)的质量,所以最终输出控制是企业全面质量管理的落脚点。然而,这个输出并不是仅仅随企业质量管理体系组合质量的高低而变化,它还受企业文化等多因素的影响,从而引申出企业全面质量管理全方位(三维结构)立体控制的问题。

5.2.1 全面质量管理的概念

一、全面质量管理的概念

全面质量管理是指以质量为中心,以全员参与为基础,目的在于通过让顾客满意和相关方(本组织所有者、员工、供方、合作伙伴或社会)受益而达到长期成功的一种管理途径。

全面质量管理的概念最早见于美国菲根堡姆博士 1961 年发表的《全面质量管理》一书。日本从中吸取了"工人参加管理""三检制""三结合""合理化建议活动"等思想和经验并使之完善。

二、全面质量管理的思想理论观点

TQM 是以质量为中心的全面管理,近年来又有新的发展,其基本的思想理论观点和方法可简单归纳如下:

(1) 四全管理。即全面质量、全过程、全员参加、全面综合运用各种有效的现代管理方法。

全面质量管理的内容包括设计过程的质量管理、制造过程的质量管理、使用过程的质量管理、辅助过程的质量管理。

(2) 四个第一。即质量第一、用户第一、适用性第一、长远利益第一。

(3) 四种观点。即以预防、改进、管理因素为主,不排斥严格质量检验,防检结合、综合治理的观点;一切用事实和数据说话的观点;下道工序是用户,过程控制一次成功的观点;用最经济的方法为用户提供满意的产品和服务的观点。

(4) 四大支柱。即 PDCA 循环科学工作程序、QC 小组活动、标准化和质量教育培训工作。

(5) 四种方法。即数理统计分析、抓关键的少数、人机料全面控制和 QC 新老 7 种工具运用。

20世纪80年代以来，TQM与量化质量成本、全面质量控制、可靠性工程和零缺陷等方法融合，形成了较为系统的TQM体系。目前，世界各国普遍推行TQM，多数企业进入致力于各项经营活动性能持续提高的阶段，超过10%的企业进入经营组织、运营过程持续改进的阶段，仅有少数大公司进入工作程序的优化管理、"追求卓越"的TQM成熟阶段，这代表着TQM的发展方向。

世界著名质量管理专家美国的朱兰博士指出："全面质量管理就是为了达到世界级质量的领导地位，你所要做的一切事情。"可见，推行TQM就是永无止境的质量改进过程，就是不断地攀登质量经营新高峰。我国自20世纪70年代末期推广全面质量管理（TQM），30多年来的实践证明，它是一种最有效的广泛适用的管理科学。所以，我们必须自觉地广泛深入地推行TQM。

研讨与思考：经济全球化的迅猛发展，使得机遇与挑战并存。入世之后，对于作为"世界级制造中心"的中国而言，应如何不断提升产品质量呢？

三、全面质量控制

全面质量控制强调执行质量职能是公司全体人员的责任，应该使全体人员都具有质量的概念和承担质量的责任。而要解决质量问题，不能仅限于产品制造过程，在整个产品质量产生、形成、实现的全过程中都需要进行质量管理，并且解决问题的方法是多种多样的，而不仅限于检验和数理统计方法。从此，质量管理的历史掀开了新的一页——全面质量管理阶段。

虽然质量方法的应用已经延伸到运营以外，但在制造业企业和服务业企业的管理与职能部门还有进一步扩大应用的空间。质量管理教育必须贯穿于企业及其供应商的所有职能中。有些企业至今还没有在整个企业范围内推行全面质量管理的思想。因此，这些企业的质量管理工作主要集中在生产运营部门。

要系统地控制一系列影响产品质量的复杂因素，就必须广泛、灵活地运用多种多样的现代管理方法来解决质量问题，尤其要特别注重运用统计方法。在运用这些方法时，首先应尊重客观事实，用真实的数据定量地描述客观事实，更好地分析问题和解决问题。应该广泛地运用科学技术的最新成果，如先进的专业技术、检测手段、电子计算机和系统工程、价值工程、网络计划等先进的科学管理方法，不断提高企业质量控制的水平。

5.2.2 PDCA循环控制方法

20世纪20—30年代是美国统计质量控制发展的鼎盛时期，美国有名的质量专家爱德华兹·戴明博士当时作为一名统计师就职于西方电力公司。第二次世界大战期间，戴明教授质量控制课程，该课程是国防任务的一部分。虽然他是美国众多工程师的老师，但他无法接触到企业管理的高层。战后，戴明被邀请到日本讲授质量控制，其质量管理和控制的理论被日本认可并推广。1951年，日本科学家和工程师协会设立了戴明应用奖，但遗憾的是戴明在美国却没有得到足够的重视，直到1980年，美国国家广播公司广播了一份官方报告"如果日本能……我们为什么不能"，才使戴明在美国家喻户晓。

戴明将企业的每项活动都具有的一般策划、实施、检查、处置的过程的理论运用到质量管理中，总结出了PDCA模式或循环，即戴明循环。

戴明的十四条质量管理原则：

建立改进产品和服务的长期目标；
采用新观念；
停止依靠检验来保证质量；
结束仅仅依靠价格选择供应商的做法；
持续地且永无止境地改进生产和服务系统；
采用现代方法开展岗位培训；
发挥主管的指导帮助作用；
排除恐惧；
消除不同部门之间的壁垒；
取消面向一般员工的口号、标语和数字目标；
避免单纯用量化定额和指标来评价员工；
消除影响工作完美的障碍；
开展强有力的教育和自我提高活动；
使组织中的每个人都行动起来去实现转变。

一、PDCA 循环的含义

我们做事的一般规律是：先有一个计划目标——按照计划目标去执行和实施——在执行的过程中同计划不断比较和检查——根据检查结果，把成功的经验列入标准中，加以推广，将遗留问题在下一个目标中加以解决。

研讨与思考：日常生活中我们是如何应用 PDCA 循环的？

二、PDCA 循环的四个阶段八个步骤

（1）策划阶段包括四个步骤：

第一步，分析现状，找出存在的问题（排列图法、直方图法、控制图法、工序能力分析、KJ 法、矩阵图法）。

第二步，分析问题存在的原因（因果分析图法、关联图法、矩阵数据分析法、散布图法）。

第三步，找出影响质量问题的主要原因（排列图法、散布图法、关联图法、系统图法、矩阵图法、KJ 法、实验设计法）。

第四步，制订措施计划（目标管理法、关联图法、系统图法、矢线图法、过程决策程序图法）。

（2）实施阶段：第五步，按计划实施。

（3）检查阶段：第六步，调查结果。

（4）处置阶段：第七步，总结经验，巩固成绩，将工作结果标准化；第八步，提出遗留问题并处理。

在质量管理工作中，四个阶段八个步骤必须是完整的，一个也不能少地按顺序进行循环。

三、PDCA 循环的特点

（1）大环套小环。PDCA 循环作为质量管理的一种科学方法，可用于企业各个环节、各个方面的质量管理工作中。整个企业的质量管理体系构成一个大的 PDCA 循环，各事业单位

或分公司又构成各自的 PDCA 循环，每个职能部门构成自己的 PDCA 循环，各个工作环节同样还有一个完整的 PDCA 循环。企业通过大小不同的 PDCA 循环的良性循环，最终推动着企业的质量工作不断提升。

（2）螺旋上升，不断提高。PDCA 循环的每一次循环和运动，都是在原有基础上的再提高和上升，是爬楼梯的过程，正由于有前次 PDCA 循环才使得后面的循环站在了更高的层次和水平上。

（3）综合性循环。PDCA 循环的四个阶段是相对的，各个阶段之间不是截然分开的，而是紧密联系在一起的，甚至有时是边计划边执行，边执行边检查和监督。这样的循环才使得管理的质量不断提高。

（4）处置阶段是关键。在企业的质量管理中往往是计划、布置、实施多，而检查、处置和总结少，这样就不能构成质量管理中的闭合的回路。

戴明的质量管理思想集中体现在 PDCA（P—plan，计划；D—do，执行；C—check，检查；A—action，处理）循环上，如图 5 - 1 所示。

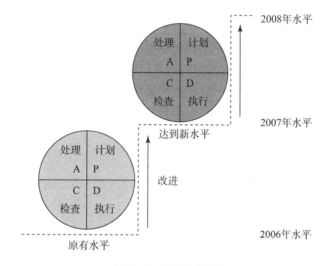

图 5 - 1　PDCA 循环

计划（策划）阶段，根据顾客的要求和组织的方针，为提供结果建立必要的目标和过程，同时看上一循环带入的哪些问题需要改进，逐项列出，找出最需要改进的问题。

执行阶段，实施改进，并收集相应的数据。

检查阶段，对改进的效果进行评价，用数据说话，看实际结果与原定目标是否吻合。

处理阶段，如果改进效果好，则加以推广；如果改进效果不好，则带入下一个循环，在制订计划时加以考虑。

PDCA 循环的特点是：大环套小环，企业总部、车间、班组、员工都可进行 PDCA 循环，找出问题以寻求改进；阶梯式上升，第一循环结束后，则进入下一个更高级的循环；循环往复，永不停止。戴明强调连续改进质量，把产品和过程的改进看作一个永不停止的、不断获得小进步的过程。

5.2.3　精益生产模式与企业全面质量管理

精益生产的基本理论思想是符合现代质量管理基本理论思想的，杜绝浪费以提高生产率正是全面质量管理所要求达到的高质量的目标。可以说，精益生产必须以全面质量管理基本思想为指导，没有全面质量管理的基本理论指导就不可能创造出真正的精益生产方式，反之，只有全面质量管理的基本理论指导，而不追求利润，那么企业就会失去发展的动力，没有发展动力的企业不可能适应瞬息万变的市场需求，也就无法实现企业的创新与发展，最终就会被市场经济所淘汰，也就是说，先进的生产管理理论必须与先进的质量管理理论相结合，只有两者密切结合，才能体现出相互的价值，共同提升企业的综合竞争力。

一、精益企业的"问题机会论"

精益企业将问题视为企业发展的机会，是一种积极进取的态度，精益企业通过反复追问为什么，来寻求问题的根源，提出根本解决问题的措施，使企业更为强大，更有参与国际竞争的能力。

二、精益生产与全面质量管理的关系

精益生产追求"七个零"目标，即：零转产工时浪费、零库存、零浪费、零不良、零故障、零停滞、零灾害。精益企业认为：不从根本上保证质量，则不可能全面地实施精益生产。精益生产方式要求进行准时制生产，以防止过量制造、提前制造，并把制品库存和由协作厂生产的库存降到最低限度。准时化生产的重要前提是具备生产没有缺陷产品的能力。精益生产的质量控制体系通过严格的工序质量控制为生产提供可靠的质量保证，通过不间断的质量改进消除生产系统中潜在和已经暴露的各种影响准时化生产的问题，使生产系统运行的可靠性和稳定性大为提高，抵消了由于库存降低给生产系统运行带来的风险，强化了人们的风险意识和质量意识，使操作者和管理人员永远忙于各种改善工作，质量管理小组始终有新的挑战。

（1）顾客为中心、以人为本。
（2）以人为本、质量第一。
（3）以"零缺陷"为目标。
（4）以"保证质量"为工作准则。
（5）卓越的现场"5S"管理。
（6）优秀的企业质量文化。

质量控制是质量管理的一部分，致力于满足质量要求。质量控制的目标就是确保产品的质量能满足顾客、法律法规等方面所提出的质量要求（如适用性、可靠性、安全性等）。质量控制的范围涉及产品质量形成全过程的各个环节。产品的质量受到质量环各阶段质量活动的直接影响，任何一个环节的工作没有做好，都会使产品质量受到损害而不能满足质量要求。质量环的各阶段是由产品的性质决定，根据产品形成的工作流程，由掌握了必需的技术和技能的人员进行一系列有计划、有组织的活动，使质量要求转化为满足质量要求的产品并完好地交付给顾客，还要进行售后服务以进一步收集意见改进产品，完成一个质量循环。为了保证产品质量，这些技术活动必须在受控状态下进行。

5.3　质量保证体系的构建

任何组织均需要管理，没有管理，一个组织就不可能运行。质量管理是在质量方面指挥和控制组织的协调活动。实现质量管理的方针目标，有效地开展各项质量管理活动，必须建

立起相应的管理体系。建立满足何种要求的质量管理体系，对质量管理目标的实现是至关重要的。

5.3.1 质量管理体系的概念和内容

一、质量管理体系的概念

质量管理体系（Quality Management System），是指在质量方面指挥和控制组织的管理体系。质量管理是在质量方面指挥和控制组织的协调活动，通常包括制定质量方针、目标以及质量策划、质量控制、质量保证和质量改进等活动。实现质量管理的方针目标，有效地开展各项质量管理活动，必须建立相应的管理体系，这个体系就叫质量管理体系。质量管理体系是组织若干管理体系中的一个组成部分，它致力于建立质量方针和质量目标，并为实现质量方针和质量目标确定相关的过程、活动和资源。组织可通过质量管理体系来实施质量管理，质量管理的中心任务是建立、实施和保持一个有效的质量管理体系，并持续改进其有效性。

二、质量管理体系的内容

企业通过产品和服务来实现顾客的满意，而产品和服务是由进行过程控制和改进来实现高质量、低成本和高的生产率，这是现代企业管理的一种最有效的途径。ISO 9000 族标准所确立的质量管理体系，便是对实现质量目标所必需的过程的规定。质量管理体系是一系列的相关过程的集合，建立和实施质量管理体系就是要通过持续不断的识别、建立、控制和改进过程，来实现质量的改进、成本的降低和生产率的提高。管理职责、资源管理、产品实现以及测量分析和改进，这四个方面便构成了质量管理体系要求的基本内容。质量管理体系的过程模式，如图5-2所示。

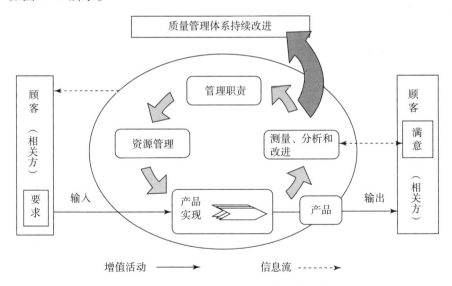

图5-2 以过程为基础的质量管理体系模式

三、质量管理体系的内涵

（1）质量管理体系应具有符合性。欲有效开展质量管理，必须设计、建立、实施和保持质量管理体系。组织的最高管理者对依据 ISO 9001 国际标准设计、建立、实施和保持质量管理体系的决策负责，对建立合理的组织结构和提供适宜的资源负责；管理者代表和质量职能部门对形成文件的程序的制定和实施、过程的建立和运行负直接责任。

（2）质量管理体系应具有唯一性。质量管理体系的设计和建立，应结合组织的质量目标、产品类别、过程特点和实践经验。因此，不同组织的质量管理体系有不同的特点。

（3）质量管理体系应具有系统性。质量管理体系是相互关联和作用的组合体，包括：①组织结构——合理的组织机构和明确的职责、权限及其协调的关系；②程序——规定到位的形成文件的程序和作业指导书，是过程运行和进行活动的依据；③过程——质量管理体系的有效实施，是通过其所需过程的有效运行来实现的；④资源——必需、充分且适宜的资源包括人员、资金、设施、设备、料件、能源、技术和方法。

（4）质量管理体系应具有全面有效性。质量管理体系的运行应是全面有效的，既能满足组织内部质量管理的要求，又能满足组织与顾客的合同要求，还能满足第二方认定、第三方认证和注册的要求。

（5）质量管理体系应具有预防性。质量管理体系应能采用适当的预防措施，有一定的防止重要质量问题发生的能力。

（6）质量管理体系应具有动态性。最高管理者定期批准进行内部质量管理体系审核，定期进行管理评审，以改进质量管理体系；还要支持质量职能部门（含车间）采用纠正措施和预防措施改进过程，从而完善体系。

（7）质量管理体系应持续受控。质量管理体系所有过程及其活动应持续受控。

（8）质量管理体系应最佳化。组织应综合考虑利益、成本和风险，通过质量管理体系持续有效运行使其最佳化。

5.3.2 建立质量管理体系的基本理论

为了实现质量目标，进行质量管理，必须建立质量管理体系。而质量管理的原则，是建立质量管理体系的基本理论。这些原则适用于所有类型的产品和组织，成为质量管理体系建立的理论基础。以顾客为关注焦点、领导作用、全员参与、过程方法、管理的系统方法、持续改进、基于事实的决策方法、与供方互利的关系，这八项质量管理原则，在质量管理体系中的应用有十二条基础，即：

（1）质量管理体系的理论说明。建立质量管理体系的目的是实现"顾客满意"，顾客的需求和期望只能通过质量管理体系来满足，质量管理体系能够帮助组织增进顾客满意的程度。

（2）质量管理体系的要求与产品要求。质量管理体系的要求是对产品要求的补充而不是取代，二者是不相同的，产品要求是最终目的，需要通过质量管理体系要求来实现。二者相互依存、相互促进。

（3）质量管理体系方法。提出建立质量管理体系应遵循的步骤、基本思路和总框架。

（4）过程方法。在建立、实施、改进质量管理体系中，鼓励采用过程方法，充分发挥系统论的思想，具有整体协调优化、高效预期结果等特点。

（5）质量方针和质量目标。质量方针为质量目标提供框架；质量目标与质量方针相一致并可测量，为组织提供关注焦点，为建立质量管理体系实现目标提供依据。

（6）最高质量管理者在质量管理体系中的作用。最高管理者的主要作用：制定质量方针、目标；创造一个员工充分参与的环境，保证质量管理体系的有效运行。

（7）文件。质量管理体系中使用的文件类型有：质量手册；质量计划；规范；指南；程序文件；作业指导书；图样；记录等。文件的要求为：组织应策划文件化体系的结构；文件的形式和详略程度不强求统一。

（8）质量管理体系评价。评价的目的是建立自我完善机制，确保质量管理体系的有效运行和持续改进。质量管理体系评价的三种方法是审核、评审和自我评定。

（9）持续改进。目的是增强顾客和其他相关方满意的可能性。

（10）统计技术的作用。应用统计技术可帮助人们了解变异，从而有助于组织解决问题并提高有效性和效率。这些技术也有助于更好地利用可获得的数据进行决策。

（11）质量管理体系与其他管理体系的关注点。一个组织内存在不同的专业管理，一个组织只能建立一个管理体系。一体化的管理体系，有利于策划、资源配置、确定互补目标、评价总体有效性。正确处理质量管理体系和其他管理体系的关系，是组织坚持、深化质量管理必须解决的问题。

（12）质量管理体系与优秀模式之间的关系。两种模式的范围不同，质量管理体系是用于评价确定其是否满足需求；而优秀模式用于质量管理体系的水平对比、好中选优。

ISO 9000 族标准是八项原则和十二条基础在质量管理体系中的具体实施。

5.3.3　建立质量管理体系的基本要求

质量管理体系的建立与运行，是贯彻 ISO 9000 族标准的基本环节，也是 ISO 9000 族标准的各项要求在一个组织中的具体落实与体现。基本要求有：

（1）结合本组织的实际情况建立和完善体系。

（2）质量管理体系的建立和完善，要紧紧围绕产品实物质量的提高和使顾客满意。贯彻 ISO 9000 族标准，建立和完善质量管理体系要紧紧围绕产品实物质量的提高，最终实现顾客满意。

（3）既要重视质量管理体系文件的完善——软件建设；又要重视人员的培训和工作环境的改善和提高——资源配置。

（4）要用管理的系统方法来完善和建设质量管理体系。

（5）突出过程控制的思想。

（6）质量管理体系的建立应具有良好的操作性。

5.3.4　质量管理体系建立的一般步骤

根据 ISO 9000 族标准的要求，建立和完善质量管理体系一般要经历质量管理体系的策划与设计、质量管理体系文件的编制、质量管理体系的试运行、质量管理体系审核和评审四个阶段，每个阶段又可分为若干具体步骤。

一、质量管理体系的策划与设计

该阶段主要是做好各种准备工作，包括教育培训，统一认识；组织落实，拟定计划；确定质量方针，制订质量目标；现状调查和分析；调整组织结构，配备资源等方面。

（一）教育培训，统一认识

质量管理体系建立和完善的过程，是始于教育、终于教育的过程，也是提高认识和统一认识的过程，教育培训要分层次，循序渐进地进行。

（二）组织落实，拟订计划

尽管质量管理体系建设涉及一个组织的所有部门和全体员工，但对多数组织来说，应成立一个专门的工作部门，这个部门应该是分层次的。

（三）确定质量方针，制定质量目标

质量方针体现了一个组织对质量的追求、对顾客的承诺，是员工质量行为的准则和质量工作的方向。制定质量方针的要求是：与总方针相协调；应包含质量目标；结合组织的特点；确保各级人员都能理解和坚持执行。

（四）现状调查和分析

现状调查和分析的目的是合理地选择体系要素，内容包括：

（1）体系情况分析。即分析本组织的质量体系情况，以便根据所处的质量管理体系情况选择质量管理体系要素的要求。

（2）产品特点分析。即分析产品的技术密集程度、使用对象、产品安全特性等，以确定要素的采用程度。

（3）组织结构分析。组织的管理机构设置是否适应质量管理体系的需要。应建立与质量管理体系相适应的组织结构并确立各机构间的隶属关系、联系方法。

（4）管理基础工作情况分析。即标准化、计量、质量责任制、质量教育和质量信息等工作的分析。

对以上内容可采取与标准中规定的质量管理体系要素要求进行对比性分析。

（五）调整组织结构，配备资源

组织机构的设置必须将活动中相应的工作职责和权限分配到各职能部门。在活动展开的过程中，必须涉及相应的硬件、软件和人员配备，根据需要应进行适当的调配和充实。

二、质量管理体系文件的编制

质量管理体系文件的编制内容和要求，应强调几个问题：

（1）体系文件一般应在第一阶段工作完成后才正式制定，必要时也可交叉进行。

（2）除质量手册需统一组织制定外，其他体系文件应按分工由归口职能部门分别制定。

（3）质量管理体系文件的编制应结合本单位的具体内容，将质量职能分配落实到各职能部门。

（4）为了使所编制的质量管理体系文件做到协调统一，在编制前应制订"质量管理体系文件明细表"，将现行的企业标准、规章制度、管理办法等收集在一起，与质量管理体系要素进行比较，从而确定新编、增编或修订质量管理体系文件的项目。

（5）为了提高质量管理体系文件的编制效率，减少返工，在文件编制过程中要加强文件的层次间、文件与文件间的协调。

（6）编制质量管理体系文件的关键是讲求实效，不走形式。既要从总体上和原则上满足 ISO 9000 族标准，又要在方法上和具体做法上符合本单位的实际。

（7）建立形成文件的质量管理体系。文件能够沟通意图，统一行动，它有助于产品质量改进的实现，文件的形成是一项增值的活动。在 ISO 9000 族标准中，对质量管理的文件提出了几种类型：

①质量手册：向组织内部和外部提供关于质量管理体系信息的文件。

②质量计划：表述质量管理体系如何应用于特定产品、项目或合同的文件。

③规范：阐明要求的文件。
⑤指南：阐明推荐的方法或建议的文件。
⑤作业文件：提供如何一致地完成活动和过程的信息的文件。
⑥记录：对所完成的活动或达到的结果提供客观依据的文件。

三、质量管理体系的试运行

质量管理体系文件编制完成后，质量管理体系将进入试运行阶段。其目的是考验质量管理体系文件的有效性和协调性，并对暴露出的问题采取改进措施和纠正措施，以进一步完善质量管理体系文件。在质量管理体系试运行过程中，要重点抓好以下工作：

（1）有针对性地贯彻质量管理体系文件。使全体职工认识到新建立或完善的质量管理体系是对过去质量管理体系的变革，是为了与国际标准接轨，要适应这种变革就必须认真学习贯彻质量管理体系文件。

（2）将体系试运行中暴露出的问题如实反映给有关部门，以便采取纠正措施进行协调、改进。

（3）加强信息管理。这不仅是体系试运行本身的需要，也是保证试运行成功的关键。所有与质量活动有关的人员都应按体系文件要求，做好质量信息的收集、分析、传递、反馈、处理和归档等工作。

四、质量管理体系的审核与评审

质量管理体系审核在体系建立的初始阶段往往更加重要。在这一阶段，质量管理体系审核的重点，主要是验证和确认体系文件的适用性和有效性。

（一）审核与评审的主要内容

（1）规定的质量方针和质量目标是否可行。

（2）体系文件是否覆盖了所有主要质量活动，各文件之间的接口是否清楚。

（3）组织结构能否满足质量管理体系运行的需要，各部门、各岗位的质量职责是否明确。

（4）质量管理体系要素的选择是否合理。

（5）规定的质量记录是否能起到见证作用。

（6）所有员工是否养成了按体系文件操作或工作的习惯，执行情况如何。

（二）该阶段体系审核的特点

（1）体系正常运行时的体系审核重点在符合性，在试运行阶段，通常是将符合性与适用性结合起来进行审核。

（2）为使问题尽可能在试运行阶段暴露无遗，除组织审核组进行正式审核外，还应有广大员工的参与，鼓励他们通过试运行的实践发现和提出问题。

（3）在试运行的每一阶段结束后，一般应正式安排一次审核，以便及时对发现的问题进行纠正，对一些重大问题也可根据需要，适时地组织审核。

（4）在内部审核的基础上，由最高管理者组织一次体系评审。

应当强调，质量管理体系是在不断改进中加以完善的，质量管理体系进入正常运行后，仍然要采取内部审核、管理评审等各种手段，以使质量管理体系能够保持和不断完善。

上述建立质量管理体系的步骤之间，没有明确的界线，常常是相互穿插、交错进行的，工作中要注意及时协调和加强衔接。

5.3.5 质量管理体系的持续改进

持续改进,是指满足要求的能力的循环活动,其目的是提高组织的有效性和效率。顾客的要求在不断变化,为了适应变化着的环境,组织需要进行一种持续的改进活动,以增强满足要求的能力。它包括改善产品的特征及特性、提高过程的有效性和效率所展开的所有活动。这种不断循环的活动就是持续改进,它是组织的一个永恒的主题。

持续改进可采用 PDCA 循环的模式方法。组织可以通过质量方针、质量目标、审核结果、数据分析、纠正与预防措施、管理评审等,实现日常持续的改进并提出改进的项目,促进质量管理体系的持续改进,特别是通过管理评审,评价改进效果,确定新的改进目标。

5.3.6 质量管理体系的审核

一、质量管理体系审核的基本概念

(1) 审核。所谓审核,是指为了确保主题事项的适宜性、充分性、有效性和效率,以达到规定的目的所进行的活动。审核是一个大范围概念,针对不同的管理体系、产品、服务、过程的准则,审核可分为管理体系审核、产品质量审核、服务质量审核和过程质量审核。

(2) 质量管理体系审核。质量管理体系审核是指依据质量管理体系标准及审核准则对组织的质量管理体系的符合性及有效性,进行客观评价的、系统的、独立的审核并形成文件的过程。质量管理体系审核对组织质量管理体系的持续改进具有重要的作用。

二、质量管理体系审核的分类

质量管理体系审核按实施者和目的的不同,通常分为内部质量管理体系审核和外部质量管理体系审核两大类(以下简称为内审和外审)。

(1) 内审。是以组织的名义,由组织内部人员或适当聘请外部专家协助参与,对组织自身的质量管理体系所进行的审核,也称第一方审核。

(2) 外审。是组织以外的人员或机构对组织的质量管理体系进行的审核,又可分为合同环境下需方对供方质量管理体系的审核(第二方审核)和独立的第三方机构实施的审核(第三方审核)。第二方审核由组织的相关方,如顾客或其他人以顾客的名义进行。第三方审核由外部独立的组织进行,由这类组织提供符合 ISO 9001 要求的认证或注册。

三、质量管理体系审核的特点

概括地说,质量管理体系审核有如下特点:

(1) 质量管理体系审核以正规化、文件化的质量管理体系为基础。

质量管理体系审核要对质量管理体系的符合性、有效性和适宜性做出判断和评价,首先要求质量管理体系必须以正规化、规范化为基础,而正规化、规范化则要求文件化。只有建立文件化的质量管理体系,才能实施运作,才有比较和评价的可能,从而具备质量管理体系审核的必要条件。

(2) 质量管理体系审核的系统性。

质量管理体系审核的系统性首先表现在审核是一种正式的活动,要求有组织、有计划、有步骤并按规定的程序进行,对样本的选定、客观证据的收集、审核结论的得出、纠正措施的跟踪等都要有一套行之有效的程序和方法。

（3）质量管理体系审核的独立性。

质量管理体系审核的独立性，是指执行审核的机构和人员具有独立性。一般来说，审核机构必须是与审核内容的质量活动无直接责任的部门，可以是专职的机构，也可以是兼职的机构。审核的独立性还要求审核人员应尊重客观事实，坚持客观公正，保持独立判断。

（4）质量管理体系审核的风险性。

质量管理体系审核是一种抽样检查的过程。质量管理体系是一个"大系统"，由于时间和人员的限制，要在较短时间内完成审核工作，只能采取抽样检查的办法。这种以少量样本的审核结果来描述一个完整质量管理体系的审核方法，必然具有风险性。

因此在审核过程中必须以科学的方法、严谨的态度，采用随机抽样，进行综合分析，以尽可能地减少审核的风险。

经典案例

丰田质量管理系统在扩张压力下变形

长期以来，丰田汽车堪称最令管理学者着迷的研究对象之一，也被视为日本管理模式的典范。然而，一个时期愈演愈烈的召回事件表明，丰田遇到的不是偶然性的质量事故，而是系统性的问题。

20世纪80年代，日本制造震惊全球，日本企业远远走在经营效率的前沿，重新定义了生产率边界，促成了全球制造业竞争的一场革命。这引发了美国人效仿日本企业管理经验的热潮，包括全面质量管理、持续改进、实时生产系统（JIT），等等。

的确，日本在人力资源、研究、技术和竞争精神上具有非凡的力量——视雇员为资产、强调团队协作和不断提升质量的努力。日本小孩子首先学会的谚语之一就是"冒头的钉子挨敲打"，严明的纪律观念深入人心，这也使得其他国家的企业很难百分之百地学到丰田模式。

但是，日本管理模式的一个特点就是注重长期目标，对市场份额有一种近乎迷恋的追求。这当然也与日本企业的终身雇用制有关，这一体制导致即使在经济低迷时期也难以解雇员工，唯有不断扩大规模以求继续获得增长。1996年，丰田汽车在日本国内市场的份额15年来首次降到40%以下时，公司进入了危机状态。总裁奥田硕说："如果市场份额持续停留在40%以下，将会对员工士气产生负面影响。"2002年，丰田汽车提出了到2010年占据全球市场15%的份额的目标。从2000年以来，丰田生产基地从58个扩张到75个。2008年，丰田如愿超越了通用汽车，市场占有率首次跃居世界第一，但快速扩张也为质量问题埋下了祸根。在美国国会的听证会上，丰田汽车总裁丰田章男就反思说，"坦率地讲，过去几年丰田可能增长太快了。以前，丰田考虑问题的顺序是安全性、质量、产量，但如今这些优先顺序模糊了，我们未能像过去一样停下来，思考和改进，我们倾听客户声音的能力也被削弱了。"

最早预言日本管理模式存在问题的学者之一是管理学大师迈克·波特教授（Michael Porter），他写过一本名为《日本还有竞争力吗？》的书，全面剖析了日本管理模式存在的重大缺陷，即战略的缺失。战略缺失导致竞争同质化，领先企业的工艺不断被对手模仿，任何经营改进的技巧都会被快速传播。波特教授告诫说：日本企业追求市场份额所要求的妥协性和不一致性会带来严重的风险，盈利将会下降，公司只好去争取更多的销售收入，从而陷入恶性循环。丰田的经历正好以一种悲剧性的方式诠释了波特教授的预见。

追求快速增长的压力导致了一系列的问题：产品开发周期过短，系统设计和测试与零部件供应商协作不到位；丰田有一个"安灯"系统，每个工位的上端垂有一根灯绳，任何工人如发现工序中存在问题都可以叫停生产，但生产扩张的压力导致"安灯"使用频率越来越低。东京大学的 Ryozo Yoshikawa 教授说："丰田汽车对自己的制造系统和'改善''实时生产'等概念如此自豪，最后演变成傲慢并忘记了最重要的事情：客户。"

激进的零部件成本削减计划也导致产品质量下降。2000 年，丰田宣布了令业界震惊的"构筑 21 世纪成本竞争力"（CCC21）的计划，目标是将 180 个核心零件的价格平均降低 30%，丰田的合作伙伴们受到空前的压力。根据《商业周刊》的报道，这一策略实施 5 年内为丰田节省了 100 亿美元的采购成本。2009 年 12 月，在亏损压力之下，丰田再次宣布未来 3 年把采购成本再降低 30%。一味地压迫供应商，难免会牺牲产品质量。

在采访柳传志时，他说过一句意味深长的话："人一旦有留名的想法，动作就会变形。"丰田汽车不幸被言中。

尽管丰田召回门事件在一定程度上冲击了消费者对"日本制造"的信心，但这并不意味着日本管理模式的终结。丰田之误，不是对日本管理模式的否定，而是暴露了日本管理模式的局限性。日本管理模式的本质是追求经营效率的最优化（operational excellence），而经营效率的最优化并不能替代战略。

思考：丰田公司质量管理体系产生变化的原因是什么？

技能训练

调查××企业质量管理方法的应用

选定几个通过 ISO 9000 族质量认证的制造企业，找出它们应用的质量管理方法，并按 PDCA 循环提炼出它的四个阶段八个步骤，重点分析计划与处理阶段。

1. 实训内容：调查××企业质量管理方法的应用。
2. 实训目的：
(1) 了解××企业的产品通过了 ISO 9000 族中的哪个认证。
(2) 进一步熟悉 PDCA 循环的内容。
(3) 学会计划的制订方法，并能对存在的问题提出处理建议。
3. 实训组织：
以 4~6 人为一组，组织学生分别对不同类型的企业分组调查。
4. 实训考核：
(1) 以小组为单位通过讨论撰写实训报告。
(2) 全班同学分组宣讲实训报告，当场给予评价并打分。

任务六

企业文化

任务解读

本章要求学生对现代企业文化有一个基本的了解和正确的认识，文化因素对组织的管理具有重要的意义和举足轻重的作用，所以对企业文化建设的了解与认识是进行现代企业管理与运行的根本。本章阐述企业文化的定义与结构、特征与类型、功能以及企业文化建设的基本内容和企业形象优化。

知识要点

1. 理解企业文化的定义及基本特征。
2. 理解企业文化的基本类型与主要内容。
3. 理解企业文化建设的层级与功能。

技能要求

1. 能针对不同的企业文化背景设计出大致的文化再造方案。
2. 掌握企业形象优化及其运行。

6.1 企业文化的内涵与功能

6.1.1 企业文化的定义与结构

企业文化无论是在国内还是国外，实际上早就存在。但作为一种概念和理论，最早是由美国管理学界在研究了日本企业成功经验的基础上提出来的。第二次世界大战后，日本经济在战争的废墟上奇迹般崛起，并迅速向欧美市场扩张，这引起了美国学者极大关注。20世纪70年代末、80年代初，美国学者通过对日、美两国经济、技术和管理的比较研究，发现日本企业成功的关键在于其出色地将现代技术和管理方法与本国的文化传统结合起来，并由此形成员工的价值观，有效地激发了人员的积极性；同时指出了美国企业也过于注重组织结构和规章制度的"理性"管理的缺陷。由此而得出结论，企业不能只重视计划、组织结构、规章制度等管理的"硬件"，还要注重员工的价值观、行为规范、工作作风等管理的"软件"。在此研究的基础上，逐步形成了企业文化的概念和系统的理论体系。20世纪80年代，美国哈佛大学教授特伦斯·狄尔和管理顾问艾伦·肯尼迪合著的《公司文化——企业生存的习俗和礼仪》一书的出版，标志着企业文化理论的正式诞生，随后很快在各国理论界和企业引起了极大反响和关注。

我国理论界和企业界对企业文化的研究和实践，是从改革开放之后引进国外的管理理论和管理思想开始的。不过，应该注意的是，改革开放以前，虽然没有企业文化这一概念，但企业文化理论所强调的以人为中心的思想和实践却早已有之，这可以追溯到20世纪50年代初期。中华人民共和国成立初期，中国工人阶级以国家主人翁的姿态投入新中国建设大潮，形成了大公无私、争做贡献的企业价值观、信念和行为准则。20世纪60年代工业战线涌现出大庆油田这一先进典型，他们的"三老四严""四个一样"的企业作风，以及以铁人王进喜"宁可少活20年，也要拿下大庆油田"为代表的企业精神，不仅是鼓舞大庆人战胜各种困难、创造辉煌业绩的巨大精神力量，而且在全国各条战线产生了深刻影响。虽然那时受极"左"思潮的影响，存在过分夸大人的主观能动作用、忽视物质激励作用的片面性，但对人的精神作用的探讨和实践，以及由此对我国经济建设所起的积极作用是应该肯定的。在知识经济已经到来的今天，企业文化越来越受到我国企业界和学术界的广泛关注和重视。人们逐渐意识到企业文化是企业生存与发展的最重要的"资源"，是构成企业核心竞争力的最重要的因素。

对于企业文化的定义，国内外学者见仁见智，提出了许多见解。各种观点的主要区别在于企业文化含义的范围上。企业文化有狭义和广义之分，广义的企业文化是企业在长期发展过程中创造并逐步形成的，能够推动本企业发展壮大的，本企业所特有的意识形态和物质财富的总和。狭义的企业文化是指企业在一定的社会经济文化环境下，为谋求自身的生存和发展，在长期生产经营活动中自觉形成的，并为绝大多数员工认同信守的共同意识、思想作风、经营宗旨、价值观念和道德行为准则。

在总结国内外学者研究成果和企业实践的基础上，本书认为，企业文化的下述定义是比较适合的：企业文化是企业员工在从事商品生产和经营中所共同持有的理想信念、价值观念和行为准则，是外显于厂风厂貌、内隐于人们心灵中的以价值观为核心的一种意识形态。企业文化的以上定义说明了企业文化是观念形态文化、制度形态文化和物质形态文化的复合体，但其核心是观念文化。

6.1.2 现代企业文化的特征

了解企业文化的特征，对于更好地指导企业文化建设的实践具有十分重要的意义。现代企业文化的特征主要表现在以下方面：

一、综合性

企业文化把企业的物质文明建设和精神文明建设有机地统一起来，综合、立体、全方位地影响、引导或制约着员工的思想和行动的各种价值观念、群体意识。在物质方面，由企业的厂容厂貌，建筑设施，机器设备，产品造型、外观、质量以及文化等硬件设施所构成，通过观察和感觉而显示出来。在精神方面则体现为创造、开拓精神，工作态度等；在意识形态方面体现为竞争意识、改革意识、危机意识等。

二、服务性

企业文化作为企业全体员工协调和适应外部环境、社会环境、社会变化与其他企业交往关系中逐步形成的企业风尚，通常体现在产品质量、售后服务、经营作风等方面，人们认识和了解企业，是通过这种文化色彩而获得印象。因而，良好的企业文化会使企业在顾客中、社会上产生良好的服务形象。

三、潜移性

企业文化作为一种意识形态、一种精神，它不能直接作用于自然物质对象。企业文化的作用对象只有一个，那就是人。企业文化对人的影响往往不是立即见效，而是潜移默化的。当一种正确的价值观逐渐被员工所理解和接受，就会激发出巨大的积极性并逐渐内化为员工自觉的行为，悄然渗透到企业经营管理的各项活动中去。

四、可塑性

企业文化虽然是在企业长期经营实践中形成的，是企业全体成员的价值观和行为准则，但它却不会自动生成。企业文化的可塑性，是指企业文化不是"天然"的，而是"人造"的，是企业领导者大力倡导、身体力行，并需企业各级管理者和各部门共同努力、积极推进，逐步塑造而成的。有时，企业在实践中，领导和员工也会自发形成一种共识，然而这种共识往往是零散的、不全面的，它们可以是企业文化的雏形，但还需企业领导者对此加以整合、提炼、丰富，形成系统的企业文化，这也正是企业文化塑造过程的重要环节。

五、继承性

企业文化的继承性可以从两个角度去理解：一是从纵向看，文化是前人留给我们的重要遗产，任何人都不可能割断历史。所以企业在企业文化塑造实践中必须对传统文化加以甄别，吸收有利于社会和企业发展的积极成分，古为今用。二是从横向看，文化虽有国别、地区、企业之别，但优秀文化毕竟是人类共同的财富，它具有强大的渗透性和扩散性。因此我们还必须大胆拿来，为我所用，积极吸收别国、别的企业文化的优点，并结合自身具体情况，形成具有自己特色的企业文化。

六、独特性

企业文化是"企业的个性"，具有企业鲜明的个性特征，企业的传统、风格、精神、理想和气质等都具有颇大的差异，因而每个企业自己独特的文化形成了特有的识别标记。具有独立、鲜明个性的企业在文化内涵上，比缺乏独立个性而表现出与合作伙伴或者竞争对手的雷同化或趋同型的企业有着更强大的生命力。

6.1.3 企业文化的类型

一、挑战型企业文化

挑战型企业文化又称强悍型企业文化，指企业成员具有风险偏好意识，决策果断，不拖泥带水。企业成员的信念是：做任何事情都追求成功，不允许失败。这种类型的企业文化存在于建筑企业、医院、科研、娱乐设施等部门，这类企业工作的特点是迅速取胜，某一行动往往决定着企业的兴衰成败，这种组织工作的信息反馈很快。

二、柔性企业文化

柔性企业文化又称工作娱乐并重企业文化，这类文化对待工作的信条是：回避风险，随机应变，善于根据企业环境的变化来调整企业内的群体意识。在企业内，不提倡做有勇无谋的冒险家，坚信企业目标的实现必须齐心协力。因此，在这类企业中更重视群体凝聚力的培养，用群体凝聚力去协调各成员的行为。其主要价值观集中体现为"寻找一种需求，然后满足它"。

三、赌注型企业文化

当企业需承担较大的风险，却因为工作屡屡受挫则而得不到迅速的信息反馈时，往往采用赌注型企业文化，如自然资源的勘探部门、高科技与开发部门等。这类企业的一个共同特征就是需要大量的投入，而将投入转化成产出的过程需要相当长的时间，如石油勘探部门，在投入大量资金后，却需要很多年的时间去开发、试验，才能知道是否会得到石油资源。因此，对于这类企业来说，高度的容忍力和耐力、坚韧不拔的毅力是企业文化中必需的要素。因为这类企业常常对企业的未来孤注一掷，要么成功，要么失败。

四、过程型企业文化

具有过程型企业文化的企业，最关心的是某项工作的具体操作程序。人们追求技术上的完美，工作态度认真，强调工作秩序井然。但这类企业在处理管理问题时容易思路狭窄，内部协调比较困难。这类企业文化适用于风险程度低而企业工作信息反馈慢的部门。

6.1.4 企业文化的功能

企业文化有着广泛的内涵，是企业在生产和管理活动中所创造的具有企业特色的精神财富及其物质形态。企业文化按其结构和具体表现形式可分为四个层次：精神文化（核心）层、行为文化层、物质文化（产品文化）层、制度文化层。企业文化在企业管理方面的功能有：

一、导向功能

企业文化能对企业整体和企业每个成员的价值取向及行为取向起引导作用，具体表现在两个方面：一是对企业成员个体的思想行为起导向作用；二是对企业整体的价值取向和行为起导向作用。这是因为一个企业的企业文化一旦形成，它就建立起了自身系统的价值和规范标准，如果企业成员在价值和行为取向上与企业文化的系统标准产生悖逆现象，企业文化会将其纠正并引导到企业的价值观和规范标准上来。

二、约束功能

企业文化对企业员工的思想、心理和行为具有约束和规范作用。企业文化的约束不是制度式的硬约束，而是一种软约束，这种约束产生于企业的企业文化氛围、群体行为准则和道德规范。群体意识、社会舆论、共同的习俗和风尚等精神文化内容，会造成强大的使个体行为从众化的群体心理压力和动力，使企业成员产生心理共鸣，继而达到行为的自我控制。

三、凝聚功能

企业文化的凝聚功能是指当一种价值观被企业员工共同认可后，它就会成为一种黏合力，从各个方面把其成员聚合起来，从而产生一种巨大的向心力和凝聚力。

四、激励功能

企业文化具有使企业成员从内心产生一种高昂情绪和奋发进取精神的效应。企业文化把尊重人作为中心内容,以人的管理为中心。企业文化给员工多重需要的满足,并能对各种不合理的需要用它的软约束来调节。所以,积极向上的思想观念及行为准则会形成强烈的使命感、持久的驱动力,成为员工自我激励的一把标尺。

五、辐射功能

企业文化一旦形成较为固定的模式,它不仅会在企业内部发挥作用,对本企业员工产生影响,而且也会通过各种渠道(宣传、交往等)对社会产生影响。企业文化的传播对树立企业在公众中的形象很有帮助,优秀的企业文化对社会文化的发展有很大的影响。

六、品牌功能

企业文化和企业经济实力是构成企业品牌形象的两大基本要素,它们是相辅相成的。企业品牌展示一个企业的形象,企业形象是企业经济实力和企业文化内涵的综合体现。评估一个企业的经济实力如何,主要看企业的规模、效益、资本积累、竞争力和市场占有率等。企业文化是企业发展过程中逐步形成和培育起来的具有本企业特色的企业精神、发展战略、经营思想和管理理念,是企业员工普遍认同的价值观、企业道德观及其行为规范。企业如果形成了一种与市场经济相适应的企业精神、发展战略、经营思想和管理理念,即企业品牌,就能产生强大的团体向心力和凝聚力,激发员工的积极性和创造精神,从而推动企业经济实力持续发展。

6.2 企业文化的结构层次分析

企业文化作为一个整体系统,是由以精神文化为核心的三个层次构成的。

6.2.1 表层的企业文化

表层的企业文化也叫企业文化的物质层或物质文化。这是企业文化的外显部分,指的是那些可以通过感觉器官就能直接体察到的视之有形、闻之有声、触之有觉得文化形象。

表层文化主要包括:①企业标志、标准色、标准字。②厂容厂貌,包括企业的自然环境、建筑风格、车间与办公室的布置、厂区绿化美化情况。③产品的特色、造型、包装、品牌设计。④厂服、厂歌、厂徽、厂旗。⑤企业的文化、体育、生活设施。⑥企业的公关礼品和纪念品。⑦企业的宣传媒体和沟通方式,如网络、广播电台、闭路电视、报纸、杂志、广告牌、宣传栏,等等。

在表层文化中,企业标志、标准色、标准字、产品品牌设计,以及厂服、厂歌、厂徽、厂旗等内容比较稳定,它们是一个企业形象的重要识别标志。如可口可乐那独特的红白两色标志、麦当劳醒目的黄色大"M",以及代表着科技、理性的"IBM",都经历几十年甚至上百年,基本上没有变过。而企业表层文化的其他部分,如厂风厂貌、文体设施、宣传媒体等则随企业的发展和技术的进步,表现出较大的灵活性。

6.2.2 中层的企业文化

中层的企业文化也叫企业文化的制度层或制度文化。它主要指企业文化中对企业职工和企业组织行为产生规范性、约束性影响的部分，具体体现在企业的组织机构、规章制度、处理企业内外人际关系的行为准则和道德规范等被一定的制度所约束和规范的内容上。中层文化的特点是，它介于深层文化和表层文化之间，既不像深层文化那样隐藏于员工思想和心灵深处，也不像表层文化那样通过直观形象表现出来，中层文化只有通过调查才能被了解。

制度文化的内容一般包括三个方面：一是一般制度，即所有企业都有的、带有普遍性的规章制度，如经理负责制、岗位责任制、职代会制、法人治理结构等。二是特殊制度，指企业所特有的、区别于其他企业的规章制度，如有的企业制定的员工民主评议干部的制度、庆功会制度、企业高层干部定期走访重要客户的制度等。一个企业的特殊制度更能反映企业的管理风格和文化特色。三是企业风俗，这是企业长期沿用、约定俗成的典礼、仪式、行为习惯、节日活动等，如企业的书画比赛、体育比赛、集体婚礼、升旗仪式、厂庆活动等。

6.2.3 深层的企业文化

深层的企业文化也叫企业文化的精神层，它不是人们能直接体察到的，而是渗透于企业全体成员思想和心灵中的意识形态。关于企业深层文化的内容，理论界的看法不尽相同，实践中企业深层文化的建设也各具特色。但一般说来，企业深层文化包括生产经营哲学、价值观念、美学意识和管理思维方式等。

一、经营哲学

经营哲学是指企业在创造物质财富和精神财富的实践活动中，从管理内在的规律出发，通过对世界观和方法论的概括性研究和总结，所揭示的企业本质和企业辩证发展的观念体系。不同的观念会产生不同的企业经营哲学。从企业管理史角度看，企业哲学经历过"以物为中心"到"以人为中心"的转变：泰勒的定额和标准化管理，确立了金钱刺激的原则；行为科学理论使理性主义企业哲学向本企业哲学转化，注重人或人的行为对企业行为的作用，形成了"科学的人道主义"企业哲学。第二次世界大战以后，理性和科学的方法再次被管理界视为根本的方法，西方现代管理学派确定了实行系统化、定量化、自动化管理的企业哲学。20世纪80年代以后，企业文化理论使企业哲学再一次发生变革，形成以人为本、以文化为手段激发员工自觉性的新的以人为本主义哲学。

二、价值观念

价值观念是指企业成员所认同和共同遵守的、对自己企业生存发展和从事生产经营活动的有效性在思想情感、信念、观念上的取向准则，是辨别好与坏，正确与错误，尊崇、效仿与鄙视、抛弃的标准。当企业提倡的价值观念灌输到每个员工的头脑中后，员工在企业中就不再是单纯的被动服从角色，而是可以根据确定的价值观念来知道自己的行为取向。价值作为企业精神的核心，反映了企业的性格，能给员工以心理上的激励、约束和行为上的规范。为了实现企业的共同目标，企业员工宁愿放弃自己的价值观而自觉遵守企业的价值观。

三、企业团队精神

企业团队精神是指通过企业进行团队精神观念的培养和教育，使企业共同价值观向个人价值观内化，从而在观念上确定一种内在的、自我控制的行为标准。它能够使企业成员自觉地约束个人的行为，使自己的思想、感情和行为与企业整体保持相同的取向，不遗余力地为实现企业目标而工作，即使个体行为融合成整个企业的统一的、规范的行为，进而最大限度地提高企业整体效率，而不仅仅是个人的效率。

四、企业道德

企业道德是指企业所形成的道德风气和信仰。"人无信则不立"，企业活动更是以信用和道德为基础的，一个优秀的企业家绝不是只知道赚钱的"经济动物"，商海无情，市场经济的激烈竞争使企业时时面临险峰恶浪，如果一个企业没有一种崇高的企业道德来支撑，就很难在市场经济的激流中永远立于不败之地。

6.3 企业文化的塑造

6.3.1 现代企业文化建设的必要性和意义

企业管理是通过计划、组织、控制、激励和领导等环节来协调人力、物力、财力和信息资源，以期更好地达到组织目标的过程。现代管理理论认为，管理的对象包括人、财、物、信息和时间五个方面，其中，人在管理中具有双重地位：既是管理者，又是被管理者。管理过程各个环节的主体都是人，人与人的行为是管理过程的核心。因此，以人为中心是现代管理发展的最重要趋势。

企业文化理论正是顺应这一趋势而诞生的一种崭新的管理理论，其中心思想就是"以人为中心"，因而，它就自然地成为现代化管理的重要组成部分。

一个企业，其物力、财力、信息资源都是有限的，而人力资源的开发却永无止境。在我国生产力水平不高，资金、原材料等资源尚为紧缺而人力资源又极丰富的情况下，开发、管理好人力资源具有特殊重要的意义。人的潜力发挥出来了，物力、财力、信息资源就可以得到更好的利用，企业的效益就能提高。所以，对我国企业而言，现代企业文化建设具有极大的现实必要性和重要意义。

一、有利于企业目标的实现

优秀的企业文化所创造出来的良好企业氛围，能够使企业员工精神振奋，充满生气，积极进取，理智奉献，追求较高的理想和目标，从而有利于企业目标的实现。

二、有利于提高企业在市场上的竞争力

在一个良好文化氛围中工作的人，心情舒畅，畅所欲言，有较高的满足感和归属感，愿意为企业献计献策，贡献自己的创造力，使企业在市场竞争中立于不败之地。

三、有利于对企业实施有效的控制

通过企业精神被个人吸收、同化来引导人们的行为，比单纯对员工说教和强行管理有效得多，正如《塑造企业文化》一书中所说："你能命令职工按时上班，然而你却不能命令职工用出色的方式工作。"

6.3.2 现代企业文化建设的内容

一、物质文化建设

物质文化建设的目的在于树立良好的企业形象。其主要内容包括：

（1）创造产品文化价值。创造产品文化价值即运用各种文化艺术和技术美学手段，进

行产品的设计和促销活动，使产品的物质功能与精神功能达到统一，使顾客满意，从而加强企业的竞争能力。

（2）美化、优化厂容厂貌。厂容厂貌要能体现企业的个性，设计上要体现合理的企业空间结构布局，工作环境要与人的劳动心理相适应，从而促进职员的归属感和自豪感的产生，有效地提高工作效率。

（3）优化企业物质技术基础。要加大智力投资和对企业物质技术基础的改造力度，以使企业技术水平不断提高。

小资料

在四川宜宾五粮液集团总部，步入大门首先映入眼帘的是做成五粮液酒瓶状的办公行政大楼，这一设计通过视觉文化艺术的角度凸显了五粮液集团鲜明的企业文化特色。

二、制度文化建设

制度文化建设的目的是使物质文化更好地体现精神文化的要求。其主要内容包括：

（1）建立和健全合理的企业结构。要明确企业内部各组成部分及其相互关系，以及企业内部人与人之间的相互协调和配合的关系，建立高效精干的结构，以利于企业目标的实现。

（2）建立和健全开展企业活动所必需的规章制度。要以明确合理的规章制度规范全体员工的行为，使全体员工的个人行动服从企业目标的要求，以提高企业系统运行的协调性和管理的有效性。

小资料

1997年美国著名营销学家菲利普·科特勒在深圳举行的"面向21世纪的企业营销战略"的讲座上提到，中国具有极大潜力的市场空间，为了进一步加强企业文化建设，当务之急是要建立起一套完善的激励机制。

三、精神文化的建设

精神文化的建设是企业文化建设的核心。其主要内容包括：

（1）明确企业奉行和追求的价值观。这种价值观应成为企业生存的思想基础和企业发展的精神指南。

（2）塑造优良的企业精神。企业要在吸收借鉴中外优秀文化成果的基础上，集中概括出自己的企业精神，并使之渗透于企业经营的各个方面，成为企业生存和发展的主体意识。

小资料

诺基亚高效的全球化运营、领先的核心技术、远见卓识以及统一的价值观是使其成为业界领先者的重要保证。诺基亚始终遵循以下价值理念：客户满意——发现客户需求，给客户带来价值，尊重和关心客户；尊重个人——公开和诚实地沟通，时刻公平对待，相互信任，相互支持，接受不同事物；成就感——共同的眼光和目标；责任感——为胜利而奋斗的决心；不断学习——创新和勇气，支持发展、容忍失败，永不自满，保持开放的思维。这不仅是每个员工的行为准则,也是大家共同信守的企业哲学。诺基亚宽松灵活、相互协作的组织结构鼓励和提倡每个员工,在不同的岗位充分发挥其潜力,共同迎接挑战并获得事业发展。

(3)通过宣传、培训促进企业精神文化的形成和优化。企业文化都要经历一个培育、完善、深化和定性的过程。在这个过程中,企业精神必须经过广泛宣传、反复培训才能逐步被员工所接受。

6.3.3 现代企业文化建设的影响因素

一、企业领导者素质

企业精神的载体是人,人的素质关系到其文化倾向性,关系到企业文化建设。而企业领导人不仅是企业文化的重要载体,还是企业文化走势、模式等的设计者和倡导者。因此,领导者素质和精神面貌对于企业兴衰成败和企业文化建设有着决定性影响。为此,企业领导者要具备以下素质:

(1)政治思想素质。政治思想素质是对企业领导者政治立场、政治方向、品德、思想作风等方面的要求。包括贯彻党的路线、方针、政策的坚定性,不谋私利、廉洁奉公的自觉性,强烈的革命事业心和高度的工作责任感,不断改革创新的进取心等。

(2)文化知识素质。领导者要有广博的自然科学和社会科学知识;要有与其职位相应的专业技术知识、管理科学知识、政策法律知识、社会生活知识;还要有强烈的求知欲望和正确的学习方法等。

(3)领导能力素质。领导能力素质一般包括统揽全局的战略思考能力,卓越的组织指挥能力,权衡利弊的果断决策能力,开拓创新的研究探索能力,通权达变的人际交往能力,知人善任的用人能力,宣传鼓动和语言表达能力等。

小案例

江南某矿务局下辖十几个矿、厂,职工及家属总数近10万人。赵局长系20世纪60年代的大学毕业生,当上局长之日,正是企业深化改革之时,厂长(经理)负责制已经成为社会潮流。赵局长潜心学习,不断深化改革,并制定了岗位责任制、奖惩制、职位分类规范,使局机关全体成员各司其职、各负其责,减少了扯皮现象,克服了官僚主义,提高了工作效率,做到优胜劣汰,奖罚分明。这样逐步建立起一支素质好,技术过硬,清正廉洁,效率高,有实绩的干部队伍。

(4)道德品格素质。道德品格素质主要体现在对人、对己和对待工作、对待事业的态度上。领导者应有大公无私的高尚情操,坚持真理的无畏勇气,任劳任怨的实干精神,谦虚容人的宽宏气度,好学上进、积极开拓的创新精神,要能严于律己,有充分的自知之明等。

(5)心理身体素质。心理身体素质是领导者做好领导工作的最基本的条件,包括健康的体魄和充沛的精力,稳定的情绪和健康的心理,顽强的意志力和丰富的想象力等。

二、领导方法和领导艺术

领导方法就是领导者为达到一定的领导目标,按照领导活动的客观规律采取的领导方式和手段。领导者必须掌握领导方法,同时也要掌握各种日常的工作方法,如制定贯彻目标规划的方法、发挥员工效能的方法、安排工作顺序和时间的方法、信息沟通和利用的方法等。

领导艺术就是指领导者在一定知识、经验和辩证思维的基础上富有创造性地运用领导原则和方法的才能,如沟通、激励和具体指导的艺术,用权、待人和理事的艺术等。

三、企业管理的个性

成功的美国企业推崇企业文化,倡导温情管理,一个相当重要的原因在于用泰罗制进行了若干年的理性主义严格管理之后,人们认识到单纯理性主义管理有明显的缺陷,开始将温情主义的管理引入企业管理,这是一种客观需要。而我国很多企业若干年来基本上没有深入扎实地进行规范的管理,因此,在进行企业文化建设时,应当注意防止片面理解企业文化,防止在管理中用温情管理代替理性管理。

四、历史文化传统

企业文化是社会文化的亚系统,与社会文化有着密切的联系。因此,作为企业文化必然要受社会大文化的影响和制约。中国传统文化思想中所体现的价值取向,如重人伦关系、重精神境界、重人道精神等方面都对当代企业文化的形成起着积极的作用。

研讨与思考:企业领导者的素质对企业文化建设的影响力体现在哪些方面?

6.3.4 现代企业文化建设的基本思路

了解企业文化的形成机制是搞好企业文化建设的前提条件。不同企业的企业文化塑造的方法和思路各具特色,但科学、系统、定型的企业文化形成的过程是大致相同的,即在一定的生产经营条件下,为适应企业的生存与发展,首先由少数人倡导和实践,经过较长时间的传播和规范管理而逐步形成的。

一、精心策划,培育企业理念

如果将企业文化的精神文化层再次细分,可分为企业精神和企业理念。企业理念是企业精神的高度概括和理性总结。它是企业的"聚光镜",照耀着企业前进的方向;它是企业的灵魂,统率着企业的整体行为;它是企业文化的"原子核",可裂变出精神文化层、制度文化层和物质文化层。因此企业是否有一个正确的理念,对于企业的成败事关重大。

二、树立顾客至上、诚信为本的观念

市场的竞争,说到底是对用户的争夺。企业兴衰的命运取决于用户的选择,只有清楚地了解顾客需求并满足顾客需求的企业才能生存和发展。为了适应竞争的需要,早在 20 世纪 80 年代,西方国家的企业就开始研究顾客满意(Customer Satisfaction,CS)的学问。20 世纪 90 年代以来,日本倡导"顾客是上帝"之说。从管理的本来意义上讲,企业不应当仅仅视用户为上帝,而应当坚持信誉至上,取信于民,视用户、社会和公众为朋友,与用户和公众建立相互依赖的朋友关系。

小资料

柯达公司从成立之日起,就将客户的信任和忠诚看作最重要的事,它始终将客户的利益放在第一位。创业开始,柯达公司就曾经毅然召回问题产品,并为客户全额退款(当时并无相关法律规定),大量现金支出虽然使羽翼未丰的公司负担沉重,但柯达认为,为维护客户信任而付出的代价远远低于失去客户所带来的损失。

三、树立以人为本的管理概念

以人为本的管理概念，就是既把人视为管理的主体，又把人和人际关系作为重要的管理内容。因为现代企业已进入大规模的自动化生产时代，产品中凝结的不仅有更高的效率，更主要的是凝结了大量的知识和技术。因此，有人认为企业已由原材料竞争时代、生产竞争时代以及销售竞争时代转向人才竞争时代。掌握住人才，便是掌握住了最佳的资源。建设企业文化一定要以人为中心，必须改变以往"见物不见人"的做法，在管理行为中，要贯彻信任人、理解人和关心人的原则。

四、树立创新观念

创新，是社会进步的动力，是企业获得超额利润的源泉。企业创新大致包括五个方面：一是引入新产品，二是采用一种新的方法，三是开辟一个新市场，四是获得一种新原料，五是采用一种新的企业组织形式。这五种形式的创新都可以产生超额利润。

企业文化是一个极其复杂的系统工程。我国企业在构建现代企业文化时必须坚持创新观念，要从国情、厂情出发，坚持实事求是，要创造个性。同时要重视对员工进行创新意识教育并激发他们创新。在日常的培训中，要结合实践对员工进行求异思维、替代思维、模仿思维、逆向思维及想象思维等创造性思维的教育。在不断进行具体生动的教育的同时，要制定有关政策鼓励员工创新。

研讨与思考：一个新创建的现代企业如何建设企业文化？

6.3.5 企业形象优化

一、企业形象的含义及表现形式

企业形象是企业通过生产经营活动向公众展示的自身本质特征和品质，并给公众留下的企业整体性和综合性的印象与评价。企业形象是企业和社会、公众相互沟通的桥梁，它分为外部形象和内部形象两部分。企业外部形象是指消费者、市场成员和社会成员对企业产品与服务形象，物质环境形象，经营人员和员工形象，品牌、商标、广告和公共关系形象，市场和社会形象的印象及评价，这种印象及评价的形成和建立，不是仅凭企业一时一地的行为表现，而是企业通过自己的各种行为对社会公众长期施加影响的结果。企业内部形象是企业员工通过对本企业的物质生产和精神生活的长期实践不断感受而形成的，是企业员工对企业的经营思想、组织结构、管理水平、办事效率、员工的精神状态等的总体评价。企业外部形象与企业内部形象是企业整体形象的两个不可分割的方面，企业内部形象是企业外部形象的基础，企业外部形象是企业内部形象的形成并能持久发展的条件。因此，树立良好的企业形象，应该着眼于内外形象的协调一致和相互促进，并重视内部形象对改善外部形象的主导作用。企业形象的表现形式有以下几种：

（1）产品和服务形象。产品和服务是连接企业与社会的纽带和桥梁，企业优秀形象的建立，在相当程度上依赖其产品形象。公众对企业的印象，往往首先通过企业产品来形成，产品形象自然成为建立良好企业形象的关键。产品形象的决定因素包括产品的客观质量和主观质量。产品的客观质量一般指产品的性能、品质、形状、尺寸等满足用户需要的属性，其满足需要的效果决定了产品形象的一个方面。产品的主观质量是指某一产品对于满足用户心理需要所具有的属性，这种属性随着产品的客观质量与用户的需要、嗜好及价值取向的相互作用而不断变化，用户在一定时期的需要和价值取向不同，产品的主观质量也会发生变化。产品的这种主观质量实际上体现了产品的文化价值。随着科技水平的飞速发展，产品质量之间的差距会越来越小，企业之间的竞争将会更多地表现为服务质量的竞争，企业为公众提供服务的质量，是公众衡量和评价该企业的依据。因此，企业应以可靠的信誉、诚实的态度、优质的服务水平，在用户的心目中树立起良好的企业形象。

（2）人员形象。人员形象主要表现为企业领导人形象、专业人才形象、员工形象。企业领导人形象是企业形象的"头脑"，直接关系到社会公众对企业形象的感受。一个企业有着具有优秀形象的领导人，这不仅是企业的宝贵财富，也是国家和民族的重要财富。专业人才形象反映了专业人员的实力，其阵容及结构也极为重要，它要求企业的管理人才、技术人才、营销人才、专业操作人才、公共关系人才等素质较高，并且结构合理。企业员工形象包括员工的思想觉悟、职业道德、技术水平、文化素质、精神风貌、服务态度、服装仪表、言谈举止以及自觉维护企业形象的行为等，员工形象是反映企业形象不可忽视的方面。

（3）物质环境形象。物质环境形象包括企业生产经营环境，技术条件，生产设备，建筑物式样及结构造型、装饰装潢、配套布局，企业内外的环境布置与绿化等方面。建筑物形象的优化要求能体现企业特色，强化人们对它的印象。

小案例

天津天士力制药股份有限公司有独特的厂区形象塑造：厂区的两个入口由相距150米的"天"字门和"力"字门组成。"天"字门为该公司三角形徽标造型，气势雄伟，高耸入云，寓示天人合一、积极上进的企业理念；"力"字门结构简练、粗犷有力，表现刚毅果敢的奋斗作风；两门之间则是展现古代医家贤士风姿的浮雕墙，即预意"士"，三者共同构成了"天士力"。

二、企业形象优化的重要意义

企业形象优化可促使企业提高整体素质和在市场中的竞争能力，实现企业发展战略。良好的企业形象能促使企业凝聚起强大的市场竞争力，战胜竞争对手，占领市场，获得长期的经济效益，从而实现企业发展战略。因此，良好的企业形象是企业的无形财富和无形的长期保险。

企业形象优化有利于扩大企业知名度，带动企业名牌战略。良好的企业形象对消费者具有强大的吸引力，凡是有该企业名称或商标的各种产品或服务，都将获得消费者和公众的信任，并使消费者产生认牌购买的行为。因此，要使企业形象获得企业内外的一致赞美，就必须注意讲究商标文化，追求名牌、名人、名厂、名店效应，从多方面创造产品的名牌形象。

企业形象优化有利于获取社会的帮助和支持，增强企业筹资能力。良好的企业形象既能受到客商的信赖和赞誉，也会赢得投资者、银行等金融机构的赞赏和支持。在企业发展顺利的情况下，用户的信赖和银行的支持会使企业的发展锦上添花；在企业遇到困难的情况下，社会各界的有力支持可以使企业从困境中挣脱出来，逐步走上昌盛道路。如当企业需要资金时，投资机构和金融机构就会乐意投资；在原材料紧张时，可获得供应商的原材料供应；在市场不景气时，会得到用户和社会公众的同情和帮助。这就是说，"具有良好的形象的企业，就像拥有众多朋友的人，无论何时何地出现何种困难，人们都愿意伸出友谊之手"。

企业形象优化有利于增强本企业员工的荣誉感、自豪感和社会责任感。良好的企业形象可以赋予企业员工一种荣誉感，使他们在社会上能够深切地感受到由于企业的地位而给他们带来的荣耀，从而获得心理上的满足；可以赋予员工一种信念，坚信企业前途一片光明；促使员工产生强烈的责任感和使命感，自觉地把自己的命运同企业的命运联系在一起；还可以为企业创造吸引人才的有利条件，真正起到"内聚外引"的作用，使企业充满生机和活力。

三、企业形象设计

企业形象设计又称企业识别，作为一个系统，叫作企业识别系统（Corporate Identity System），其英文缩写为 CIS。它有三个组成部分，即企业理念识别（mind Identity，MI），企业行为识别（Behaviors Identity，BI）和企业视觉识别（Visual Identity，VI）。企业形象设计是 1956 年由美国 IBM 公司首创，20 世纪 70 年代在发达国家中盛行的一项系统工程，其基本内容是，将企业自我认同的经营理念与精神文化，运用一定的信息传递系统，传达给企业外的组织或公众，使其产生一致的认同感和价值观，从而在企业内外展现出本企业区别于其他企业的鲜明个性，其目的是建立良好的企业形象，博取消费者的好感，使企业的产品或服务更易于为消费者认同和接受。

（1）企业理念识别（MI）。企业理念是塑造企业形象、构筑独特企业文化的灵魂和核心，包括企业的价值观念、企业文化、精神追求和经营哲学等内容的统一识别。统一就是全体员工共同信守，并以此作为规范员工行为的唯一标准。它旗帜鲜明地突出了企业的个性，在具体行为活动中，概括形成具有强大鼓动性、感染力强的诸如宗旨、口号、标语、使命等具体要素的组合。

（2）企业行为识别（BI）。企业行为识别是指以特定企业理念为基础的企业独特的行为准则，是 CIS 的动态识别形式，包括对内和对外两个部分。对内就是建立完善的组织管理、员工教育（服务态度、电话礼貌、应接技巧、服务水准、工作精神）、工作环境、生活福利、内部修缮、废弃物处理、公害对策、发展项目与策略研究；对外是指市场调查、公共关系、社会活动、公益性和文化性等方面的独特活动。

（3）企业视觉识别（VI）。企业视觉识别是指通过组织化、系统化的视觉符号来传达企业的经营特征，它分为基本系统和应用系统两个类别。基本系统包括不可随意更改的企业名称、企业品牌标志及其标准字体、标准色、辅助色、企业造型、企业形象图案、宣传标语和口号等。应用系统包括事务用品、办公器具、标志牌、制服、交通工具、产品包装、名牌、信函用品、票券及卫生用具等。视觉识别系统对独特的企业形象的传播与增强感染力最为具体，能使社会公众与消费者对企业的基本精神与经营特点一目了然。

塑造良好的企业形象是增强企业竞争力的有效途径之一，导入 CIS 是一项整体作业，而非临时、短期的企业行为。因为 MI、BI、VI 三者构成了一个有机整体，彼此相互关联，有机地统一，又各具特点，共同组成了 CIS 系统。如果把 CIS 战略比作一部性能优越的汽车，那么企业理念就是发动机，企业行为就是底盘和车轮，企业视觉便是外壳，三者相互作用、相互促进，共同构成协调统一的有机整体。成功的 CIS 导入，首先要调动 MI 的各要素去激活企业内部机制——组织管理制度等，并将它辐射到企业对社会公益活动的参与等方面。

四、企业形象优化的基本途径

企业形象的塑造和改善，既需要企业决策人员和 CIS 专业人员策划设计，又需要全体员工积极参与，进行群体创作，企业只有形成一种和谐的气氛环境，全体员工都心情舒畅地努力工作，共同为实现企业理想而团结奋斗，才能有效地塑造和改善自身形象。

（1）提供优质服务。现代企业重视服务的目的，绝不是局限于促销产品，而更多的是着眼于塑造良好的企业形象，国外许多著名公司认为，来自优质服务的声誉，其作用并不亚于产品本身的技术和质量。在酒店业，就有这样的箴言：不管硬件是几颗星，软件必须是五颗星。

小资料

泰国东方酒店被评为世界十大酒店之一，正是取胜于其优质的服务，从旅客入住起，在住宿和用餐流程的每一个环节，酒店引导员、服务员都即时了解每一个旅客的个人信息，并提供温馨的服务，营造宾至如归的氛围，并给每一个曾经入住的旅客发送生日贺卡。

（2）打造企业信誉。信誉是企业的灵魂，是开拓和占领市场的重要资本，是提高竞争力的有效手段，因为消费者不仅仅是看货买货，而且会看牌买货，哪种牌子的产品信誉好，产品就畅销。

（3）培育企业精神。塑造良好的企业形象，最根本的就在于培育企业精神，企业内部团结、和谐、融洽、宽松的环境气氛和催人奋发的群体形象是发扬企业团队精神、增强企业内驱力、塑造良好的企业形象的恒定持久的动力。

（4）在企业形象的塑造中融入美育。企业美育的提出符合世界文化发展的趋势与潮流，是时代的需要。企业美育和美学的主要特点是以人为本，根据"美的规律"，按照审美的方式陶冶人们的思想情操，构建美的企业、美的产品、美的环境，促使人们追求高尚与美好，并由此成为沟通企业目标、企业精神和全体员工的桥梁，把外在的东西变为内在的信念，提高员工队伍的素质，从而使企业处于最佳的运行状态。

（5）加强公关活动。企业公关行为是通过一些公益活动的平台回报社会、回报顾客，以实现展示企业积极形象，并进一步为公众所接受和热爱的目的，是一项着手于平时的努力，着眼于长远打算的经常性、持久性工作。

经典案例

华为的企业文化是什么？

网络上曾流传华为首席管理科学家黄卫伟的一篇文章，他开篇引用了海尔首席执行官张瑞敏在《财经》2015预测专题里讲的一段话："在当前，中国的企业还没形成自己的管理思想和管理模式，更没有特别有底蕴的、引领性的管理知识展现给世界。"

张瑞敏十分准确地概括了中国企业在管理思想上的落后，不过，黄卫伟则认为，至少华为不是这样的。但在笔者看来，在当前中国，的确没有一家企业能输出管理思想和管理模式，这不得不说是一个"伤疤"。而美国，从企业家到大学教授，都在输出管理模式或管理思想，被中国人学习和运用。

在中国企业家当中，谙熟西方管理精髓的，仅张瑞敏等少数人。张瑞敏的管理思想大抵是活学活用，提出了较有影响力的"倒三角"理论，并用这一理论指导解决海尔在发展过程中存在的"大企业病"。

张瑞敏每周阅读两本管理学著作，雷打不动。这相当了不起——在中国，坚持读书的企业家已属凤毛麟角。不过,即便是海尔,其管理思想的辐射范围也较为有限,大多在海尔的试验田中展开,并未走出国门。今天,中国人依然在学美国、日本管理学家的管理思想,如彼得·德鲁克、吉姆·柯林斯、杰克·韦尔奇、大前研一、稻盛和夫、松下幸之助等。

言归正传,回到华为身上来。华为创立初期,就注重内部管理改进。1998年,华为与IBM展开合作,完成了从产品到市场的流程管理,这是它由电信设备商向整体解决方案提供商和服务提供商转型的标志。同年8月,华为还与IBM启动了"IT策略与规划"项目,包括集成产品开发、集成供应链、IT系统重整、财务四统一等八个项目。从2007年开始,华为聘用埃森哲启动了CRM(客户关系管理),加强从"机会到订单,到现金"的流程管理。2008年,华为与埃森哲对CRM体系进行重新梳理,打通了从"机会到合同,再到现金"的全新流程,提升了公司的运作效率。

任正非1988年用2万元创办华为,到2014年公司营收超过2 870亿元,成为全球领先的信息与通信解决方案供应商。华为首席管理科学家黄卫伟认为,这得益于公司恭恭敬敬地向西方公司学管理。

华为引入西方企业的实践经验,探索现代企业制度,提升企业运营效率,但这仅局限于企业运营。在指导思想上,华为不吃西方那一套。华为也与海尔不同,海尔用管理理论指导企业运作,华为则用思想推动公司前进。今天,华为的管理思想,仍然基于任正非对中国传统文化的解读,很杂,很泛。有时候,任正非的一篇内部讲话,就是华为的指导方针。

任正非不是一个循规蹈矩的人,华为也没有高大上的系统的管理思想。但这正是华为的厉害之处——不囿于一隅,及时更新。企业在运行过程中一旦出现偏差,任正非就会及时予以纠正;管理层一旦飘飘然,任正非就会及时浇冷水,让他们冷静。

很多企业发展到一定程度,就出现各种各样的问题,是因为它们在按固定的理论行事,一旦出现新的问题,旧有理论无法解决,企业就陷入一筹莫展的困境,甚至偏离航道。华为没有条条框框的束缚,作战更灵活。

事实上,西方所推崇的一些管理思想,在今天看来,很多值得商榷,有些已经过时。曾经输出管理思想的美国企业、日本企业,它们当中不少都遇到了麻烦。日本就在自我反思,究竟问题出在哪里?索尼前常务董事天外伺郎说,正是"绩效主义毁了索尼"。

在思想上,华为一直没有脱离中国传统文化。中国传统文化对华为的影响,远胜过西方管理思想对华为的影响。比如"利出一孔"(管子:利出于一孔,其国无敌)。华为早期海外业务的开展从经济落后、环境恶劣的第三世界国家开始,慢慢向欧美发达国家渗透,有点像"农村包围城市"的战略;任正非主张"让一线直接呼唤炮火",让听得见炮声的人去决策,体现了重视实践的思想;任正非时刻警告华为人艰苦奋斗的文化不能丢,提醒大家务必保持戒骄戒躁的作风。

任正非的《华为的冬天》《一江春水向东流》《北国之春》《天道酬勤幸福不会从天降》等文章极具号召力和鼓动性,振聋发聩。看任正非的文章,很容易被他"洗脑"。今天,华为手机业务的顺利开展,在相当大的程度上受益于任正非的"洗脑"——很多"花粉",其实都是任正非的"粉丝"。

如果把华为文化比喻成"狼性文化"还是比较恰当的。任正非说,企业发展就是要发展一批狼。狼有三大特性:一是敏锐的嗅觉;二是不屈不挠、奋不顾身的进攻精神;三是群体奋斗的意识。

华为是中国企业"狼性文化"的缔造者，但华为内部很反感这个词。笔者在跟华为管理层和品牌部人士接触的过程，发现他们不喜欢"狼性文化"这个词。几年前，华为品牌部人士曾一再叮嘱笔者，不要在文章中出现"狼性文化"，否则会让他很被动。在华为看来，企业需要"狼性"，但"狼性文化"带有负面意义。

华为推崇"床垫文化"，认为"床垫文化"不能丢，要与"狼性文化"划清界限，这与华为早期"负面新闻"过多有关，比如多名年轻员工自杀或猝死，这些事件都被媒体过度解读，与华为的"狼性文化"联系在一起。媒体认为华为残酷的加班制度，让员工承受过大的精神压力，而华为又没有及时与员工沟通与疏导，最后导致员工走上极端。五六年之前，华为品牌部的工作很难做。一位品牌部人士曾告诉我，他在华为的日子诚惶诚恐，最怕周末出现意外，公司一个电话，必定寝食难安。

事实上，"狼性文化"贯穿华为成长的全过程。早期，华为生不逢时，自己的对手爱立信、诺基亚、西门子、阿尔卡特、朗讯、北电网络等百年企业，个个实力强劲，华为无法望其项背。为了生存下去，为了抢夺订单，华为通常不择手段去达成自己的目标。在与同城对手中兴通讯的竞争中，即便是赔本也要拿下项目。那时候，凡是有华为的地方，一定会是"血雨腥风"。华为这头"土狼"处处树敌，在国内国外都不受待见，华为早期进军欧洲时，曾被抵制。

今天，华为早已告别生涩，内部管理更为规范，已变身为一家技术驱动型的现代企业，其价值主张也发生了变化，开始重视产业链的构建，与人为友。任正非曾对企业业务的管理层人员说，华为要学会与人合作，学会与人分享，不要破坏行业价值。

但华为身上的狼性并没有因此退化，它已经融化在血液中，在华为的躯体里静静流淌。只是华为在行事方式上发生了变化，从早期的不择手段，到现在委婉曲折。华为内部人士说，凡是华为认定的目标，均会不惜一切代价去达成，这一点至今未变。从电信设备到终端再到企业业务，华为是靠着"狼性"走过来的。不过，"往事不要重提，人生已多风雨。"

"世界上一切资源都可能枯竭，只有一种资源可以生生不息，那就是文化。"在此，引用任正非的一句话做结语。

分析讨论：
1. 请根据本文提供的材料总结华为公司的企业文化。
2. 华为企业文化对我国民营企业建设现代企业文化有何启示？

技能训练

现代企业文化建设调查

1. 实训内容：对学院某一个校企合作的公司进行企业文化调研。
2. 实训目的：
（1）通过调研总结该公司的企业文化。
（2）总结该公司在企业文化建设中存在的问题。
（3）提出该公司企业文化建设和形象优化的建议。

3. 实训组织：
（1）调查前，充分了解该校企合作公司的综合运行情况。
（2）5~7人为一组，组织学生分别对企业文化的不同层次进行调查。
4. 实训考核：
（1）以小组为单位通过讨论撰写实训报告。
（2）老师组织全班同学分组宣讲实训报告并评价打分。

任务七

现代企业组织管理

任务解读

现代企业组织管理是企业管理的基础。通过本单元的学习，可以使学生初步认识现代企业组织设计的任务、原则、影响因素、主要类型和组织结构发展的趋势，以及运作机制和权力运行规律，进而懂得现代企业组织设计和治理结构的优化。

知识要点

1. 理解企业结构治理的概念及现代企业治理结构的特征。
2. 理解现代企业企业制度的基本类型。
3. 理解企业组织结构设计的概念及其影响权变因素。
4. 掌握现代企业结构的主要基本类型。
5. 掌握现代企业组织结构设计的基本程序。

技能要求

1. 能正确辨别企业的组织类型。
2. 能理解不同类型结构的企业组织的优缺点。
3. 对一个特定的企业能大致设计出一套合适的组织结构方案。

7.1 现代企业制度及治理结构

7.1.1 现代企业制度的概念及性质

现代企业制度从本质上看，是财产在现代市场经济中的组织和营运形式。当然，这里所说的财产是指用来进行生产经营活动的那些财产，它不包括用于个人消费的财产。

一、现代企业制度的含义

企业制度是关于用作营利活动的财产（资本）的组织和营运形式的制度。在市场经济中,人们占有一定的财产,除满足个人直接消费外,往往想把这些财产投入一定的经营活动中,以利用这些财产去获取更多的利益。企业制度规定了在一定生产力水平上,在市场经济一定的发达程度上,人们实现财产增值借以营运的形式。

现代企业制度是以法人产权为基础,以现代公司制组织机构为形式,实现经营性财产在市场经济中的组织和营运,从而达到财产增值保值的有关规定、条例和法则。

这一形式是以社会化大生产为基础的市场经济高度发达的产物。它一般以企业法人制度为主体,以有限责任制度为核心,以专家经营为特征。

所谓以企业法人制度为主体,是指经营性财产(资本)一经注册登记,合法组织成公司,就可享受法人的权利与义务,自负盈亏,自主经营,为这部分财产的增值带来可能性。此外,以企业法人制度为主体,也含有在企业法人制度之外存在"非主体"地位的企业形式。

所谓以有限责任制度为核心,是指现代企业组织设立后,对债务的偿还是以本企业的全部资本总额为限,而出资者的企业以外的其他财产,不能用来偿还"该企业的经营性债务"。这一点是和无限责任相对应的。

所谓以专家经营为特征,是指现代企业制度下的企业直接经营者已不是出资者本人,而是由出资者聘任的高级经营管理人员——职业经理人。

只有很好地理解这三点,才能真正理解现代企业制度作为财产组织和营运形式的含义。

二、现代企业制度的性质

企业制度作为一种财产的实现形式和营运形式,从实质上看并不直接涉及该财产来自何处的问题。换言之,既不涉及公有问题,也不涉及私有问题。因此,企业制度本身是一种个性的概念,本身不具有社会属性。无论采取何种形式的企业制度,并不影响组成该企业的那些财产本身的性质,只不过将这些财产组织在"企业"(或"公司")这一形式中而已。

从发达国家企业制度的演变形式上看,先后经历了"独资企业""合伙企业""股份合作企业"以及"公司制企业"等形式。这些组织和营运形式上的改变并不决定于企业资产来源的属性,也不改变资产进入企业后的性质。由此可见,企业的组成究竟采用何种形式,只取决于生产的社会化程度以及市场经济的发育情况。

7.1.2 现代公司治理结构的主要内容

公司制企业的投资者一旦将资金投入,就不能抽回,也不能支配,只能委托公司法人(董事会)支配,公司法人对投资者负责。因此,公司法人财产权是一种资产委托的代理权。投资者之所以放心委托公司法人支配公司财产,是由于公司有一个依法成立的有效的治理机构,保证投资者的利益不受侵犯。这个机构由股东大会、董事会、监事会和经理班子组成,是一组联结和规范公司所有者、支配者、管理者、使用者权力和利益关系的制度安排。

一、股东大会

股东大会又称股东会,是公司的最高权力机构,由公司全体股东组成。股东大会虽然是公司最高权力机构,但实际上它对外不能代表公司,对内也不能行使管理职权。股东作为原始投资的所有者要参与公司重大事务决策和表达自己的意志,可以通过两种方式行使自己的监管权力:一是在股东大会行使投票权,选择可依赖的董事、监事或改组董事会(用手投票)。二是在不能及时表达组织意志时,可以出让股权,通过证券市场把股票卖出去(用脚投票)。国有有限责任公司不发行股票,但也可以通过其他方式出让股权。不过,首先必须由公司里的股东认购出让的股份,内部无人认购,才可对外出让。

公司的股东大会每年举行一次。必要时可不定期召开临时会议。公司章程规定,如果有10%以上的股东申请开会,就应召开临时会议。

按《中华人民共和国公司法》(以下简称《公司法》)的规定,股东大会行使下列职权:

(1) 决定公司的经营方针和投资规划;
(2) 选举和更换董事,决定有关董事的报酬事项;
(3) 选举和更换由股东代表出任的监事,决定有关监事的报酬事项;
(4) 审议批准董事会的报告;
(5) 审议批准监事会或监事的报告;
(6) 审议批准公司的年度财务预算方案、决算方案;
(7) 审议批准公司的利润分配方案和弥补亏损方案;
(8) 对公司增加或者减少注册资本做出决议;
(9) 对发行公司债券做出决议;
(10) 对股东向股东以外的人转让出资做出决议;
(11) 对公司合并、分立、变更公司形式、解散和清算等事项做出决议;
(12) 修改公司章程。

二、董事会

董事会由股东大会选出的董事组成,是股东大会闭会期间的常设机构,也是公司经营决策机构。董事会由股东大会授权,受股东大会的管理和支配,对股东大会负责。但它一旦成立,就必须独立履行经营职能,对本公司的全部资产及其对外进行的业务活动负全部责任。同时董事会还有权任免公司日常经营的执行者——总经理。董事会成员的多少由公司的规模决定,《公司法》规定,有限责任公司的董事会成员为3~13人,股份有限公司的董事会成员为5~19人,两种公司均设董事长1人,副董事长1~2人。股东人数较少和规模较小的,可不设董事会,只设1名执行董事,执行董事可以兼任公司总经理。有两个以上的国有企业或者其他两个以上的国有投资主体投资设立的有限责任公司,其董事会成员中应当有公司职工代表。董事会中的职工代表由公司职工民主选举产生。有限责任公司的董事长、副董事长的产生办法是由公司章程确定。股份有限公司的董事长、副董事长是由董事会以全体董事的过半数选举产生,董事长是公司的法定代表人。

有限责任公司董事会行使下列职权:

(1) 负责召集股东会,并向股东会报告工作;
(2) 执行股东会的决议;
(3) 决定公司的经营计划和投资方案;
(4) 制定公司的年度财务预算方案、决算方案;
(5) 制定公司的利润分配方案和弥补亏损方案;
(6) 制定公司增加或者减少注册资本的方案;
(7) 拟定公司合并、分立、变更公司形式、解散的方案;
(8) 决定公司内部管理机构的设置;
(9) 聘任或者解聘公司经理(总经理),根据经理的提名,聘任或者解聘公司副经理(副总经理)、财务负责人,决定其报酬事项;

(10) 制定公司的基本管理制度。

股份有限公司董事会行使职权的内容与有限责任公司基本相同，只是第 6 条增加了制定"发行公司债券的方案"，在第 7 条取消了"变更公司形式"的内容。

三、监事会

监事会是依据《公司法》要求成立的常设监察机构，由股东大会选举产生。代表股东大会执行监督职能，它主要对董事长、董事会及总经理进行监督，防止其滥用职权，侵犯公司及股东利益。所以监事不得兼任董事、经理或财务负责人，以保持其独立性。

按公司法规定，监事会成员一般不少于 3 人，有限责任公司股东人数较少和规模较小的，可以设 1~2 名监事，监事会由股东代表和适当比例的公司职工代表组成，具体比例由公司章程规定。监事会中的职工代表由公司职工民主产生。

监事会或监事行使下列职权：

(1) 检查公司财务；
(2) 对董事、经理执行公司职务时违反法律、法规或者公司章程的行为进行监督；
(3) 当董事和经理的行为损害公司的利益时予以纠正；
(4) 提议召开股东大会；
(5) 公司章程规定的其他职权。

四、总经理

总经理不一定是股东，他是有专业才干的受聘人员，由董事会授权，负责公司日常经营与管理。总经理要向董事会负责，按公司法规定，行使下列职权：

(1) 主持公司的生产经营管理工作，组织实施董事会决议；
(2) 组织实施公司年度经营计划和投资方案；
(3) 拟订公司内部管理机构设置方案；
(4) 拟订公司的基本管理制度；
(5) 制定公司的具体规章；
(6) 提请聘任或者解聘公司副经理、财务负责人；
(7) 聘任或者解聘除应由董事会聘任或者解聘以外的负责管理人员；
(8) 公司章程和董事会授予的其他职权。

公司治理结构如图 7-1 所示：

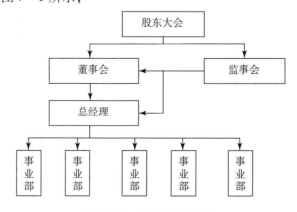

图 7-1 公司治理结构图

研讨与思考：现代公司治理结构的组成包含哪些内容？它们之间的权责关系是怎样划分的？

7.1.3 现代企业制度制衡关系和基本特征

一、公司的董事、监事和经理应当承担的责任

公司董事、监事、经理对公司的生存与发展，对于公司能否维护公众投资者利益起决定性作用，负有重要责任。因此，《公司法》明确规定了他们在法律上应该承担的责任：一是应当遵守公司章程，忠实履行职务，维护公司利益，不得利用在公司的地位和职权为自己谋取私利；不得利用职权收受贿赂或者其他非法收入，不得侵占公司财产。二是不得兼任国家公务员职务。三是不得挪用公司资金或者将公司资金借贷他人；不得将公司资产以其个人名义或以其他个人名义开立账户存储；不得以公司资产为本公司的股东或者其他个人提供担保。四是不得自营或为他人经营与所任职公司同类的营业或者从事损害本公司利益的活动；从事以上营业活动的，所得收入应当归公司所有；除公司章程或股东会同意外，不得同本公司订立合同或者进行交易。五是除法律规定或者经股东会同意外，不得泄露公司秘密。

董事、监事、经理执行公司职务时违反法律、行政法规或者公司章程的规定，给公司造成损害的，应当承担赔偿责任。

公司制企业在市场经济的发展中，已经形成一套完整的组织管理制度。最主要特征是：所有者、经营决策者、监督者之间通过公司的权力机构、决策管理机构、监督机构形成各自独立、权责分明、相互制衡的机制，并通过法律和公司章程加以确立和实现，这种组织管理制度经过上百年的实践，既能保障股东的权益，又能使经营者有充分的财产经营权；同时保障有效的监督。

二、股东、董事会和经理的制衡

由股东大会、董事会和经理人员组成的治理结构具有一定的制衡关系，可以相互制约，从而保证公司资产的完整性和体现公司法人团体的意志。"公司治理结构"是指三个独立部分：一是所有者（股东）；二是公司法定代表——董事会；三是执行管理部门——经理之间形成的一定关系。这种关系使公司权力机构责权分明，又相互制衡，形成企业发展的一种良好机制。其制衡关系如下：

（1）公司财产的原始所有者股东从维护投资者利益的角度出发，通过股权代表机构——股东大会选举董事，以对重大决策进行表决的方式反映自己的意志，制约董事会行为。股东大会与董事会之间的关系是信任托管关系。另外，股东还可以采取"用脚投票"的方式，买进或卖出公司股票对公司行为形成外部化的制约。

（2）董事会作为法人财产的代表，对公司财产的运营与增值负责，承担资产风险。它受股东利益制约，对公司重大问题进行决策，并对经理人员进行监督。董事会的核心作用是保证公司经营管理符合股东利益，使得公司法人治理结构有效运行。

（3）经理作为公司的经营者，是董事会以经营管理技能、经验和创造能力为标准挑选和聘用的，经理直接受控于董事会，对自己的经营成果负责。董事会与经理之间是委托代理关系。

研讨与思考：你对这种制衡和互助关系有何看法？说说它的优缺点？

三、现代企业制度的六大基本特征

（1）产权关系清晰。产权关系是指公司资产的所有权关系。在现代企业制度中，出资人的终极所有权一般只表现为企业股份的占有权——股权，而企业资产的现实所有权却转化为企业法人的财产权。企业作为法人，是一种形式上的产权主体，出资者作为终极权占有者，是一种实际的产权主体。现代企业制度的有关法律，对这两者在企业资产上的各自权利与义务及其责任，都做出了明确的界定。出资者无论是自然人，还是某一法人或是国家，其权利与义务只与其出资额相关，而与企业的其他资产无关。

（2）法人制度完善。公司一经依法成立，就成为法人，有关法律也就赋予它法人资格：有自己的名称和场所；有公司设立的章程；有科学的组织机构；有对本公司资产的现实占有、使用、处置权，独立承担民事责任；依法维护出资者权益；确保企业资产保值增值。

（3）有科学的组织机构。公司设有股东会、董事会、经理人员、监事会等一套科学合理的组织机构。其中，董事会、股东会能够独立地根据市场经济客观环境做出正确的经营决策，决定企业的重大方针政策，而经理人员可凭借自己的专业特长主持企业生产经营业务，监事会和企业章程对董事会决策及经理人员行为有严格的监督和控制作用。总之，现代企业制度具有一套分工明确、权责分明、各司其职、相互制约的科学组织机构，可以有效地防止各种有害行为的发生。

（4）经营目标明确。现代公司的经营目标是实现利润最大化增值。这一目标是市场经济条件下任何经济实体的基本目标，不容置疑，否则就不成为市场经济。企业在从事市场经营活动中，主观上存在不择手段谋取最大利益的愿望。对此，应通过完善市场经济法制建设，对企业经营行为予以有效约束，市场经济是法制经济指的就是这一点。现代企业以赢利为目标，这一点必须明确。

（5）产权转让灵活。在规范化的现代企业制度中，企业产权具有可转让性。股东可将所持股份进行有偿转让，企业也可将资产在市场上交易。如股份有限公司的股票只要经过法定的程序，就可在证券市场上自由买卖。企业股份的转让是产权主体的易位，并不影响资产实体在企业中的现实性和连续性，也就是说，对企业经营活动不产生什么影响。产权灵活交易而不影响公司资产营运，是现代企业的又一典型特征。

（6）政企关系分开。国有企业进行公司制改组后，国家作为出资者，只享受法律规定的出资者的权利与义务，而不再直接参与企业经营活动。国家对企业的控制，一方面可利用股东、董事的身份在企业内发挥作用；另一方面可通过立法、金融、税收等宏观调控手段而实现。

总之，现代企业所采取的公司制，比较符合市场经济体制运行的客观要求，有利于规范出资者和经营者的行为，有利于企业开展市场经营活动，值得在我国普遍推行。

7.2 现代企业组织机构设计

管理是人们从事业务活动的计划、组织、协调和控制，那么组织就成为管理过程中不可或缺的手段，在组织目标确立之后，就必须考虑进行有效的组织设计以保证组织目标的实现。企业组织设计就是对组织的结构和活动进行创构、变革和再设计。

传统的组织设计是建立在劳动分工的基础上。亚当·斯密认为，分工程度越高，工作效率也会越高。在外部环境相对稳定的条件下,为了顺利实现组织目标,组织设计者只需要把任务按其复杂难易程度进行分解,然后委任一定数量的管理者负责具体的劳动作业,并授予一定的权力,就能够保证工作目标的顺利实现。

然而,随着外部环境条件的日趋复杂,单一封闭式的组织设计模式往往会导致组织机构的僵化和本位主义的盛行,这就必须以系统、动态、权变式的观点来解释和重新设计组织。在新的指导思想下,组织被设计成一个开放系统,它不断与外部环境进行物质、能量和信息的交换,不断进行内部各种关系的调整,也只有这样才能保持组织的适应性和灵活性。

综合地讲,组织设计的目的是要通过创建柔性灵活的组织机构,动态地反映外在环境变化的要求,并能够在组织演化成长过程中,有效聚集新的组织资源要素,同时协调好组织各部门间、人员与任务间的关系,使员工明确自己在组织中的地位、职能、权利和应负担的责任,有效地保证组织活动的开展,并最终保证组织目标的实现。

7.2.1 企业组织设计的任务

企业组织设计的任务是要设计清晰的组织结构,规划组织中各部门的职能和职权,确定组织中直线职权、参谋职权、职能职权的活动范围并编制任务说明书。

所谓组织结构是指组织的基本架构,是对完成组织目标的人员、工作、技术和信息所做的制度性安排。组织结构是对组织的复杂化、正规化和集权化程度的一种量度。而管理者在设计组织结构时,就是进行组织设计工作。组织结构的三个要素的结合和匹配,可以创造出各式各样的组织设计。

为了达到组织设计的理想效果,组织设计者需要完成以下几项工作:

一、职能与职务的分析、设计

组织首先需要将总的任务目标进行层层分解,分析并确定为完成目标需要哪些基本的职能与职务,然后设计和确定组织内从事该具体管理工作所需要的各类职能部门以及管理职务的类别和数量,分析每位职务人员应具备的资格条件、享有的权力范围和应负担的责任。

在创构组织设计图时,可以根据组织的宗旨、任务目标以及组织内外部环境的变化,自上而下地确定组织运行所需要的部门、职位及相应的权责。另外,组织设计也可以根据组织内部资源条件,在组织目标层层分解的基础上从基层开始自下而上进行。

二、部门设计

根据每个职务的人员所从事工作性质的不同以及职务间的区别和联系,可以根据组织职能相似或相关的原则,将各个职务的人员聚集在"部门"这个基本管理单位中。组织活动的特点、环境和条件不同,划分部门所依据的标准也不一样。对统一组织来说,在不同的战略目标指导下,划分部门的标准也可以根据需要进行动态调整。

三、层级设计

在职能与职务设计以及部门划分的基础上,必须根据组织内外部能够获得现有人类资源情况,对初步设计的职能和职务进行调整和平衡,同时根据每项工作的内容和性质,确定管理层级并规定相应的职责、权限,通过规范化的制度安排,使各个职能部门和各项职务形成一个严密有序的活动网络。

7.2.2 企业组织设计的原则

在组织的设计过程中,还应该遵循一些最基本的原则,这些原则都是在长期的管理实践中不断总结出来的,应该为组织的设计者所重视。

一、统一指挥原则

统一指挥原则就是要求每位下属应该有并且只能有一个上级,要求在上下级之间形成一条清晰的指挥链。如果下属有多个上级,就会因为上级间可能存在的矛盾甚至冲突的指令而无所适从。虽然有时在另外场合下必须打破统一指挥原则,但是,为了避免多头领导和多头指挥,组织的各项活动应该有明确的区分,也应该明确上下级职权、职责以及沟通联系的具体方式。

二、控制幅度与层次原则

控制幅度的原则是指一个上级直接领导与指挥的下属人数应该有一定的控制限度,并应该是最有效的。

法国早期管理家格拉丘纳斯(V. A. Graicunas)提出,在建立一种适当的管理幅度时,要考虑的一个重要因素是,管理人员与下属间可能发生的潜在的关系数,并把上下级之间的相互关系归纳成一个数学公式,以 n 代表下级人数,则各类关系的总数 N 为:$N = n[2^{n-1} + (n-1)]$,表 7-1 列出了随 n 变化 N 的变化情况。

表 7-1 随下级人数变化的各类关系总数变化表

n	1	2	3	4	5	6	7	8
N	1	6	18	44	100	222	490	1 080

从表 7-1 中可以看出,当 n 呈算术级数增加时,与上级形成互动关系的人数会呈几何级数增加。这就意味着,管理幅度不能够无限度增加,毕竟每个人的知识水平和精力都是有限的。影响管理幅度的因素很多,至今尚未形成一个可被普遍接受的有效管理幅度标准。值得注意的是随着计算机技术的发展,信息化时代的到来,处理信息的速度大大加快,每个管理者对人员和信息的控制和利用的能力都有了普遍提高,这使得管理幅度有可能大量增加,协调上下左右之间的关系的能力也可能大幅度提高。

三、权责对等原则

组织中每一个部门和部门中每一个人员都有责任按照组织目标的要求保质保量完成任务,同时,组织也必须委之以完成任务所必需的权力。职权与职责要对等。如果有责无权,或权力范围过于狭小,责任方就有可能因为缺乏主动性和积极性而导致无法履行责任,甚至无法完成任务;如果有权无责,或者权力不明确,权力人就有可能不负责地滥用权力,甚至助长官僚主义习气,这势必影响到整个组织系统的健康运行。

四、柔性经济原则

柔性经济原则是指组织的各部门、各成员都可以根据组织内外环境的变化而进行灵活调整和变动。组织的结构应当保持一定的柔性以减少组织变革所造成的冲击和震荡。组织的经济是指组织的管理层次与幅度、人员机构以及部门工作流程必须设计合理,以达到管理上的经济效益。组织的柔性与经济是相辅相成的,一个柔性的组织必须符合经济的原则,而一个经济的组织有必须具有一定柔性。只有这样才能保持组织既精简又高效。

研讨与思考：组织的层级和幅度分别指什么？有何区别和联系？

7.2.3　组织机构设计的影响因素

面对竞争日趋激烈的外部环境和不确定的市场需求变化，任何组织都会觉察到管理日趋复杂和能力的有限。这就要求必须把组织权变的观念引入组织设计的思想中。所谓权变的组织设计就是指以系统、动态的观念来思考和设计组织，它要求把组织看成一个与外部环境有着密切联系的开放式系统。因此，权变的组织设计必须考虑战略、环境、规模、技术等一系列因素，针对不同的组织特点设计不同的组织结构。

一、战略与组织结构设计

组织结构是实现组织目标的手段，而目标产生于组织的总体战略。因此，组织结构与组织战略是紧密联系在一起的，必须相互匹配。企业在发展过程中需要不断地对其战略的形式和内容做出调整，新的战略一旦形成，组织结构就应该相应地调整和变革，以适应新战略实施的需要。结构追随战略，战略的变化必然带来组织结构的更新。

随着企业战略从单一产品向一体化、再向多样化经营的转变，组织结构将从有机式转变为更为机械的形式。一般来说，企业起始于单一产品的生产和经营，简单的战略只要求一种简单、松散的结构形式来配合。这时，决策可以集中在一个高层管理人员手中，组织的复杂化和正规化程度很低。当企业发展壮大以后，它的战略更宏伟，更富有进取心，向纵向一体化、横向一体化方向发展，因而需要重新设计结构以支持所选择的战略。当企业进一步成长以后，进入多样化战略，这时结构需要再一次调整。而组建多个独立的事业部，让某一个部门对一类特定的产品负责，则能够更好地达到上述要求。

二、规模与组织结构设计

组织规模的大小对组织结构具有明显的影响作用。大规模组织要比规模小的组织倾向于更高程度的专业化和横向及纵向的分化，规则条例也更多。当然，这种影响不是线性关系，而是规模对结构的影响程度在逐渐地减弱。也就是说，组织发展到一定程度之后，组织越扩大，规模的影响越不重要。例如，一个拥有2 000多名员工的组织，已经是相当机械式的了，在此基础上再增加500名员工，对它的结构不会产生多大的影响。相比之下，一个只有300名员工的组织，如果增加500名员工，那就可能会使它的组织结构向机械化方向发展。

组织的规模往往与组织的成长或发展阶段相关联。伴随着组织的成长，组织活动的内容会日趋复杂，人数会逐渐增多，活动的规模和范围会越来越大，这样，组织结构也必须随之调整，才能适应成长后的组织的新情况。伴随着企业成长的各个时期，不同成长阶段要求不同的组织模式与之相适应。企业在成长的早期，组织结构常常是简单、灵活而集权的。随着员工的增多和组织规模的扩大，企业必须由创业初期的松散结构转变为正规、集权的，其通常的表现形态就是职能型结构。而当企业的经营进入多元产品和跨地区市场后，分权的事业部结构可能更为适宜。企业进一步发展而进入集约经营阶段后，不同领域之间的交流与合作以及资源共享、能力整合、创新力激发问题会更突出，这样，以强化协作为主旨的各种创新型组织形态便应运而生。总之，组织在不同成长阶段所适合采取的组织模式是各不一样的。

三、技术与组织结构设计

组织的任何活动都需要利用一定的技术和反映一定技术水平的特殊手段来进行。技术以及技术设备的水平不仅影响组织活动的效果和效率，而且会对组织的职务设置与部门划分、部门间的关系，以及组织结构的形式和总体特征等产生相当程度的影响。比如，信息技术的推陈出新，在促进传统非程序化决策向程序化决策的转化，以及组织内外部高强度的信息共享和交流的同时，使许多重大问题的决策趋于集权化，而次要问题的决策可以分权化。这样可解决管理实践中"集权与分权相结合"的问题。再从生产作业技术来看，组织将投入转换为产出所使用的过程和方法，在常规化程度上是各不相同的。越是常规化的技术，越需要高度结构化的组织。反之，非常规的技术要求更大的结构灵活性。计算机网络手段在生产作业活动中的更广泛、更深入的应用，促使生产技术向非常规化演进，相应地也促使管理组织结构变得更具有柔性特征。

20世纪60年代初，不列颠大学的琼·伍德沃德（Joan Woodward）提出组织的结构因技术而变化。她对英国南部近100家小型制造企业进行调查，按照生产规模将这些企业划分为三种类型。这三种类型反映三种不同的技术，它们在技术复杂程度上渐次提高。第一类，单件生产（unit production），如服装、家具等单件、小批量的生产；第二类，大量生产（mass production），如冰箱和汽车之类大批和大量的生产；第三类，连续生产（process production），如炼油和化工之类的连续流程的生产。伍德沃德发现，首先，技术类型和相应的公司结构之间存在明显的相关性；其次，组织的绩效与技术和结构之间的"适应度"密切相关。表7-2概括了伍德沃德对技术、结构和效能的研究。

表7-2 组织的绩效与技术和结构的相适应度表

技术类型 组织结构特征	单件小批量生产	大批量生产技术	连续生产技术
纵向管理层级	3	4	6
高层管理人员的控制幅度	4	7	10
基层管理人员的控制幅度	23	48	15
管理人员与一般人员的比例	1:23	1:16	1:8
规范化程度	低	高	低
集权化程度	低	高	低
复杂化程度	低	高	低
总体结构	有机	机械	有机

随着技术复杂性的提高，组织的纵向层次数目增加，单件、大量和连续生产的纵向层次依次增加。从效能的角度看，每一类型企业的成功者将是那些合适的纵向层次的企业。但是，并不是所有的关系都是线性的，如在结构的总体复杂性和正规化程度上，大量生产企业就比单件生产企业和连续生产企业都高。因为烦琐的规则条件，对于非常规技术的单件生产来说是不可能的，而对于高度标准化的连续生产则根本不需要。伍德沃德得出这样的结论：这三类企业都有其相关的特定结构形式，成功的企业是那些能根据技术的要求而确立合适结构的企业。因此，单件生产或连续生产的企业，采用有机式结构最为有效，大量生产企业若与机械式结构相配，则为最佳状态。

四、环境与组织结构设计

环境变化是导致组织结构变革的一个主要影响力量。环境之所以会对组织的结构产生重大影响,是因为任何组织都是一个开放的系统。组织作为整个社会经济大系统的一个组成部分,它与外部的其他社会经济子系统之间存在着各种各样的联系,所以,外部环境的发展和变化必然会对组织结构的设计产生重要的影响。当今的企业普遍面临全球化的竞争和由所有竞争者推动的日益加速的产品创新,以及顾客对产品质量和交货期的越来越高的要求,这些都是环境动态性的表现。而传统的以高度复杂性、高度正规化和高度集权化为特征的机械式组织,并不适于企业对迅速变化的环境做出灵敏的反应。为适应新的环境条件的要求,目前许多企业的管理者开始朝着弹性化或有机化的方向改组其组织,以便使它们变得更加精干、快速、灵活和富有创新性。

研讨与思考:你认为还有哪些因素能够影响组织结构的设计?

7.2.4 组织结构的类型

组织结构的类型反映了组织结构设计要素的组合结果。对组织中决策权限的分配以及直线指挥和参谋辅助关系的确定,配之以组织的部门化设计,可以形成不同的组织结构形式。下面分别介绍各种常见的组织结构形式的优缺点及其适用条件。

一、传统的组织结构形式

(1)直线制结构。直线制是最早使用也是最为简单的一种结构,又称单线制结构或军队式结构。直线制的主要特点是组织中各种职位是按垂直系统直线排列的,各级主管负责人执行统一指挥和管理职能,不设专门的职能机构。这种组织形式的主要好处是命令单一直线传递,管理权力高度集中,决策迅速,指挥灵活。但要求最高管理者通晓多种专业知识,一旦企业规模扩大,管理工作复杂化,势必因经验、精力不及难以管理。这种形式适合规模较小、任务比较单一、人员较少的组织。以制造业企业为例,直线制结构如图7-2所示。

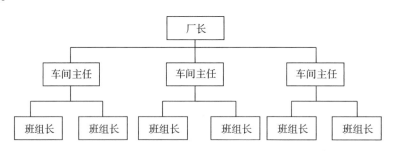

图7-2 直线制组织示意图

(2)职能制结构。职能制结构的特点是在组织中设置若干专门化的职能机构,这些职能机构在自己的职责范围内,都有权向下发布命令和指示。职能制适应现代生产技术比较复杂和管理分工较细的特点,提高了管理的专业化程度,并使直线经理人员摆脱琐碎的经济技术分析工作。其缺陷是多头领导容易造成管理上的混乱。这种组织形式适合任务较复杂的社会管理组织和生产技术复杂、各项管理需要具有专门知识的企业管理组织。以企业为例,职能制结构如图7-3所示。

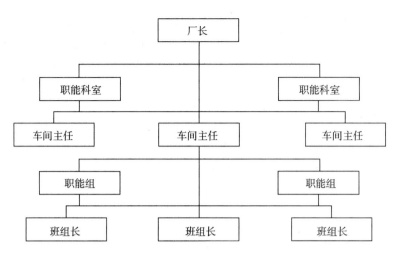

图 7-3 职能制组织系统图

（3）直线职能制结构。这是一种综合直线制和职能制两种类型组织特点而形成的组织结构类型。其特点是以直线为基础，在各级主要负责人之下设置相应的职能部门，作为该级管理者的参谋，分别从事专业管理。它与直线制结构的区别就在于设置了职能机构，实行专业化管理；不同于职能制结构的是，职能机构只是作为直线管理者的参谋和助手，不具有对下面直接进行指挥的权力。因此，这种组织结构既保持了直线制集中统一指挥的优点，又具有职能分工专业化的长处。但是，这种类型的组织存在着职能部门之间横向联系较差、信息传递路线较长、适应环境变化差的缺陷。直线职能制是一种普遍适用的组织形式，我国大多数企业和一些非营利组织经常采用这种组织形式。以企业为例，这种组织设计如图 7-4 所示。

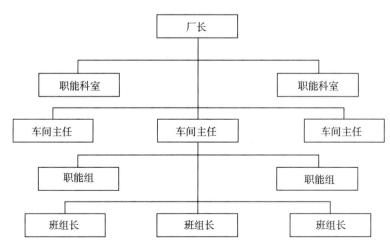

图 7-4 直线职能制组织系统图

研讨与思考：直线制结构与职能制结构各有什么优缺点？直线职能制结构是否是两者的完美结合？

二、现代组织结构形式

（1）事业部制。事业部制是西方经济从自由资本主义过渡到垄断资本主义以后，在企业规模大型化、企业经营多样化、市场竞争激烈化的条件下，出现的一种分权式的组织结构类型。事业部制的主要特点是在总公司的领导下，按产品或地区分别设立若干事业部，每个事业部在经营管理上拥有很大的自主权，总公司只保留预算、人事任免和重大问题的决策等权力，并运用利润等指标对事业部进行控制。由于各事业部具有独立经营的自主权，这样既有利于调动各事业部的积极性和主动性，又提高了管理的灵活性和适应性，还能为管理人才的成长创造良好的机会。因此，它成为欧美、日本等国各大企业所采用的典型的组织形式。这种组织结构的主要缺陷是资源重复配置，管理费用较高，且事业部之间协作较差。因此，主要适用于产品多样化和从事多元化经营的组织，也适用于面临环境复杂多变或所处地理位置分散的大型企业和巨型企业（如图7-5所示）。

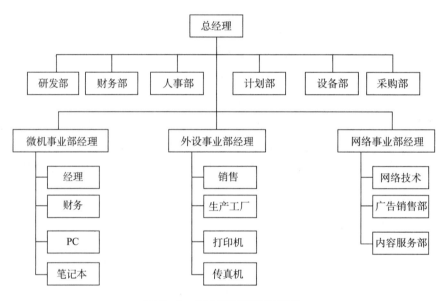

图7-5　事业部制组织系统图

（2）超事业部制。超事业部制又称执行部制，是20世纪70年代美国一些大公司开始采用的一种企业管理组织形式。它是在分权的事业部的基础上，在公司最高领导和各事业部之间增设若干"超事业部（事业总部）"，负责统辖和协调所属各个事业部的活动，使其管理在分权的基础上又适当再度集权。其好处是可以克服本位主义，更好地利用各事业部的力量开发新产品，进一步减轻最高领导者的日常事务工作。这种组织形式在规模巨大的公司尤其适用。

（3）矩阵型结构。这是一种把按职能划分的部门同按产品、服务或工程项目划分的部门结合起来的组织结构类型。在这种结构中，每个成员既要接受垂直部门的领导，又要在执行某项任务时接受项目负责人的指挥。矩阵型结构创造了双重指挥链，可以说是对统一指挥原则的一种有意识的违背。主要优点是灵活性和适应性较强，有利于加强各职能部门之间的协作和配合，并且有利于开发新技术、新产品和激发组织成员的创造性。主要缺陷是组织结构稳定性较差，双重职权关系容易引起冲突，同时还可能导致项目经理过多、机构臃肿的弊端。这种结构主要适用于科研、设计、规划项目等创新性较强的工作或单位（如图7-6所示）。

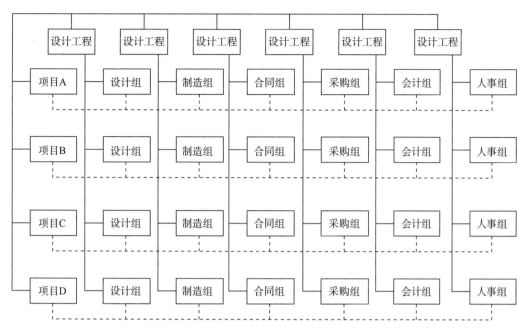

图 7-6 某航空公司的矩阵结构图

（4）网络型结构。现代企业的经营已经超越了企业边界，开始在企业与企业之间结成比较密切的长期联系。这种联系在组织结构上的表现就是形成了超越企业法律边界的中间型组织形态。网络型和控股型结构就是其中两种典型的组织形式。网络型结构是一种只有很精干的中心机构，以契约关系的建立和维持为基础，依靠外部机构进行制造、销售或其他重要业务经营活动的组织结构形式（如图 7-7 所示）。被联结在这一结构中的两个或两个以上的单位之间并没有正式的资本所有关系和行政隶属关系，但却通过相对松散的契约纽带，以一种互惠互利、相互协作、相互信任和支持的机制来进行密切的合作。

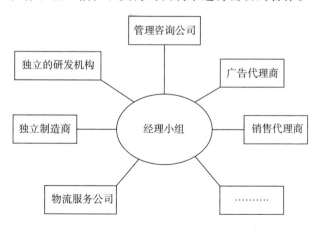

图 7-7 网络型结构组织图

网络型结构是小型组织的一种可行的选择，也是大型企业在联结集团松散层单位时通常采用的组织结构形式。采用网络型结构的组织，所要做的就是创设一个"关系"网络，与独立的制造商、销售代理商及其他机构达成长期协作协议，使它们按照契约要求执行相应的生产经营功能。由于网络型组织的大部分活动都是外包、外协的，因此，公司的管理机构就只是一个精干的经理班子，负责监管公司内部开展的活动，同时协调和控制与外部协作机构之间的关系。

（5）控股型结构。控股型结构是在非相关领域开展多元化经营的企业所常用的一种组织结构形式。由于经营、业务的非相关或弱相关，大公司不对这些业务经营单位进行直接的管理和控制，而代之以持股控制。这样，大公司便成为一个持股公司，受其持股的单位不但对具体业务有自主经营权，而且保留独立的法人地位。

控股型结构是建立在企业间资本参与关系的基础上。由于资本参与关系的存在，一个企业（通常是大公司）就对另一企业持有股权。这种股权可以是绝对控股（持股比例在50%以上）、相对控股（持股比例不足50%，但可对另一企业的经营决策发生实质性的影响）和一般参股（持股比例很低，且对另一企业的活动没有实质性的影响）。基于这种持股关系，对那些企业单位持有股权的大公司便成为母公司，被母公司控制和影响的各企业单位则成为子公司（指被绝对或相对控股的企业）或关联公司（指仅被一般参股的企业）。子公司、关联公司和母公司一道构成了以母公司为核心的企业集团（如图7-8所示）。

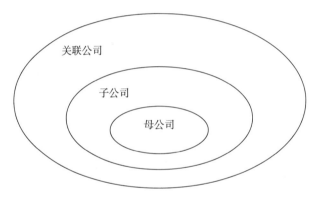

图7-8 控股型公司结构图

母公司又称为集团公司，处于企业集团的核心层，故称之为集团的核心企业。相应地，各子公司、关联公司就是围绕该核心企业的集团紧密层和半紧密层组成单位。此外，企业集团通常还有一些松散层的组成单位，即协作企业，它们通过基于长期契约的业务协作关系而被联结到企业集团中，这种契约关系在"网络型结构"中已予以介绍。集团公司或母公司与它所持股的企业单位之间不是上下级之间的行政管理关系，而是出资人对被持股企业的产权管理关系。母公司作为大股东，对持股单位进行产权管理控制的主要手段，就是凭借所掌握的股权向子公司派遣产权代表和董事、监事，通过这些人员在子公司股东会、董事会、监事会中发挥积极作用而影响子公司的经营决策。

研讨与思考：总结各种组织结构的特点，并讨论它们所使用的条件。

7.2.4 组织机构的发展趋势

一、组织结构扁平化

经过长期的演变过程，组织逐渐形成了一套等级森严的层级组织体系，管理层次越来越多，信息的处理和传递要经过若干环节，致使整个组织对外部环境变化的反应迟钝，并使内部管理难度加大，工作效率低下。进入 20 世纪 80 年代以来，在全球化、市场化和信息化的时代大潮的背景下，国内外企业展开了一场轰轰烈烈的组织变革热潮。90 年代初期，西方出现了一场声势浩大的"企业再造"运动，核心思想是把原来的金字塔形的组织结构扁平化。如一些跨国公司，过去从基层到最高层有十几个管理层次，在先进的管理手段使用后，管理层次精简为 5～6 个，大大提高了管理效率，降低了管理费用。根据这个趋势有人甚至预言，未来的时代是不需要中层管理人员的时代。

二、组织运行柔性化

柔性的概念最初起源于柔性制造系统，指的是制造过程的可变性和可调整性，描述的是生产系统对环境变化的适应能力。这里是指组织结构的可调整性，以及对环境变化、战略调整的适应能力。

柔性化的典型组织形式是临时性团队、工作团队、项目小组等。所谓"团队"，就是让员工打破原有的部门界限，绕过原有的中间层次，直接面对顾客和向公司总体目标负责，从而以群体和协作优势赢得竞争主导地位。

所谓临时性团队，是因为这种团队往往是为了解决某一特定问题而将有关部门的人员组织起来的"突击队"，通常等问题解决后，团队即告解散。这种形式是对那种等级分明、层次多的官僚组织的强烈冲击。

工作团队是一种通过改变传统组织中的高度集权，给员工一定的自主权，把业务流程分解成许多小段，每个人做其中一份工作的方式。在这种方式中没有监工，每一个团体有一个由团队成员轮流担任的组长，使之能亲自感受到自己的工作成果，以此提高员工的工作满足感和成就感。

项目小组由一个项目经理、一个市场经理、一个财务经理、一个设计师和若干位不同工种的工人组成，根据需要还可以吸收公司外部一些专家加入。这种组织方式的优点是可以发挥团结合作优势，缩短产品研制与生产出货的时间，对消费者的需求迅速做出反应，消除人浮于事的现象等。

三、组织边界模糊化

随着市场竞争的日益激烈，越来越多的大公司认识到，庞大的规模和臃肿的机构设置不利于企业竞争力的提高。在这种情况下，许多大公司在大量裁员、精简机构和缩小经营范围的基础上，对企业的组织结构进行重新构造，突破纵向一体化，组建由小型、自主和创新的经营单元构成的以横向一体化为基础的网络化组织。

组织结构的网络化具有两个根本特点：一是用特殊的市场手段代替行政手段来联结各个经营单位之间及其与公司总部之间的关系，如各种企业集团和经济联合体以网络制的形式把若干命运休戚相关的企业紧密联结在一起。众所周知，层级制组织形式的基本单元是在一定指挥链条上的层级，而网络制组织形式的基本单元是独立的经营单位。因此，这种特殊的市场关系与一般的市场关系不同，一般的市场关系是一种并不稳定的单一的商品买卖关系，而网络制组织结构中的市场关系，则是一种以资本投放为基础的包含产权转移、人员流动和较为稳定的商品买卖关系在内的全方位的市场关系。二是在组织结构网络化的基础上，形成了强大的虚拟功能。传统企业组织形式是高度实体化的，传统的企业管理是对实体企业的管理，这种管理要负责企业的各种实物的保存和管理。而如今，经济活动的数字化和网络化一方面使空间变小，世界成为"地球村"，另一方面又使空间扩大，除物理空间外还有媒体空间的存在，虚拟企业应运而生。处于网络制组织中的每一个独立的经营实体，都能以各种方式借用外部的资源进行重新组合。通过虚拟，企业可以获得诸如设计、生产和营销等具体的功能，但并不一定拥有与上述功能相对应的实体组织，它通过外部的资源和力量去实现上述具体功能。

四、建立学习型组织

学习型组织是指由于所有成员都积极参与与工作有关的问题的识别与解决，从而使组织形成了具有持续适应和变革能力的这样一种组织。在学习型组织中，员工们通过不断获取和共享新知识，参加到组织的知识管理中来，并有意愿将其知识用于制定决策或做好他们的工作。学习型组织的主要特征表现在其组织设计、信息共享、领导力以及文化等方面（如图7-9所示）。

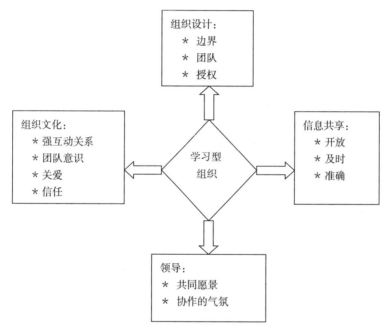

图7-9　学习型组织的特征

（一）组织设计

在学习型组织中，成员在整个组织范围内跨越不同职能专长及不同组织层级，共享信息和取得工作活动的自主协调，在这种无边界的环境中，员工们以最佳的方式合作完成组织的任务，并能互相学习。鉴于协作的需要，团队成为学习型组织结构设计上的一个重要特征。员工们在团队中工作，执行需要完成的各项工作活动，这些员工团队被授权制定有关其工作开展过程或解决所出现问题的各种决策。以这些经充分授权的员工及其团队来运作的组织，根本没有必要配备各级的"老板"来发布命令和实施控制。相反，管理者承担起推动者、支持者和倡导者的角色。

（二）信息共享

学习型组织要能够学习，就必须在成员之间实现信息共享，使组织的所有员工都参与到知识管理中，而这意味着信息的共享必须公开、及时，并且尽可能精确。学习型组织在设计中因为取消了结构和物理（空间）的边界，这种环境对于开放式的沟通和广泛的信息共享具有建设性的作用。

（三）领导

学习型组织中的领导者应该促进组织内形成一个有关组织未来的共同愿景，并使组织成员朝着这一愿景努力奋进。另外，领导者还应该支持和鼓励在组织中建设一种有利于学习的相互协作和配合的氛围，否则，缺乏这种强有力的、尽责的领导人，要想建设成为一个学习型组织是非常困难的。

（四）组织文化

学习型组织的文化特征应该是：每个人都赞同某一共同的愿景，都认识到在工作过程、活动、职能及外部环境之间所存在的固有的内在联系，彼此都有很强的团体意识，相互之间充满关爱和信任，员工们感觉到可以自由地敞开交流，大胆分享、试验和学习，而不用担心会受到批评或惩罚。

小结

企业制度是关于用作营利活动的财产（资本）的组织和营运形式的制度，是以法人产权为基础，以现代公司制组织机构为形式，实现经营性财产在市场经济中的组织和营运，从而达到财产增值保值的有关规定、条例和法则。它一般以企业法人制度为主体，以有限责任制度为核心，以专家经营为特征。

公司法人治理机构是由股东大会、董事会、监事会组成，是一组联结和规范公司所有者、支配者、管理者、使用者相互权力和利益关系的制度安排。它们之间形成一种相互制衡、相互监督又相互促进的关系，共同实现公司利润最大化目标。现代企业制度具有产权清晰、制度完善、组织科学、目标明确、转让灵活、政企分开等六大特点。

管理是人们从事业务活动的计划、组织、协调和控制，组织就成为管理过程中不可或缺的手段。在组织目标确立之后，就必须考虑进行有效的组织设计，以保证组织目标的实现，企业组织设计就是对组织的结构和活动进行创构、变革和再设计的过程。在组织设计中要明确组织设计的任务、原则和权变因素。依据不同的发展历史时期，组织结构类型分为传统组织结构和现代组织结构。传统组织结构主要有直线制结构、职能制结构和直线职能制结构，现代组织结构有事业部制、超事业部、矩阵型、网络型和控股型结构。未来组织结构将向扁平化、柔性化、边界模糊化和建立学习型组织的趋势发展。

经典案例

海尔组织结构解析——"强调有序非平衡的结构"

20世纪80年代，海尔同其他企业一样，实行的是工厂制。集团成立后，1996年开始实行事业部制，集团由总部、事业本部、事业部、分厂四层次组成，分别承担战略决策和投资中心、专业化经营发展中心、利润中心、成本中心职能。

事业部制是一种分权运作的形式，首创于20世纪20年代的美国通用汽车公司和杜邦公司。它是在总公司领导下设立多个事业部，各事业部有各自独立的产品和市场，实行独立核算，事业部内部在经营管理上则拥有自主性和独立性。这种组织结构形式最突出的特点是

"集中决策,分散经营",即总公司集中决策,事业部独立经营。这是在组织领导方式上由集权制向分权制转化的一种改革。

海尔的事业部制,外面一般认为是学习或模仿日本的体制。实际上,它更多地学习参考了美国 GE 的管理体制,海尔在很多方面带有明显的 GE 痕迹。

美国 GE 的组织机构变迁经过了三个阶段:一是 20 世纪 60 年代的分权运作,促进了主业的增长和经营的多样化;二是 20 世纪 70 年代根据公司总财源的分配来安排下属单位的战略需求,让各下属公司建立战略事业单位,使全公司扩大了规模、增加了产品的种类,并使利润持续不断地增长;三是 20 世纪 80 年代进入战略经营管理时期,对前两个阶段的组织模式不断进行修正。

张瑞敏认为这种高度分权对市场销售具有有效刺激,但又发现这种个体户式的拼杀,会造成各事业部之间盲目竞争,竞相重复使用内外资源,于大局不利,有可能形成单位销售额上升而集团整体投资回报率不高的局面,不利于集团重点扶持未来有发展前途的产业。因此,海尔对分权的大小、多少,有自己战略性的考虑。对夕阳型的产品尽可能分权,划小经营单位,让其随行就市;而对朝阳型的产业,如未来的数字化家电,则要集中人力和财力做大规模,确保竞争力。

从超事业部到"脱毛衣"。

1972 年起任 GE 董事长的雷金纳德·琼斯于 1978 年再次改组了公司的体制,实行执行部制,也就是超事业部制。这种体制就是在各个事业部上再建立一些超事业部,来统辖和协调各事业部的活动,也就是在事业部的上面又多了一级管理。在改组后的体制中,董事长琼斯和两名副董事长组成最高领导机构执行局,专管长期战略计划,负责和政府打交道,以及研究税制等问题。执行局下面设 5 个执行部,每个执行部由一名副总裁负责。执行部下共设有 9 个总部(实为集团)、50 个事业部、49 个战略事业单位。各事业部的日常事务,以及有关市场、产品、技术、顾客等方面的战略决策,以前都必须向公司最高领导机构报告,而现在则分别向各执行部报告就行了。

张瑞敏说,海尔的事业本部有些像 GE 1978 年实行的超事业部制,它管了不少事业部,事业部下又管了不少项目和经营单位。像 GE 的 5 个执行部归副总裁领导一样,海尔的几位副总裁也分别领导着几大事业本部,总裁只管横向的几大中心,如财务中心、规模发展中心、资产运营中心、人力资源中心和企业文化中心等。

韦尔奇接替琼斯后,对组织结构又做了大幅度的重新设计。他把组织的层级比作毛衣,当人外出穿了四件毛衣的时候,就很难感觉到外面的天气有多冷了。因此,韦尔奇撤销了事业部之上的管理机构,废除了战略事业单位,使自己能够和事业部的领导人直接互动。这个新秩序的主要效果,就是赋予独立自主的事业部主管以权力,特别是大幅度扩大他们在资本配置上的权力,而这是管理上最重要的功能之一。改革以前,GE 的组织就像多层的结婚蛋糕,改革后它像一个车轮,在中间有个轮轴,其外有轮辐向外延伸扩大。

有序的非平衡结构

在企业的运作方式上,海尔集团采取"联合舰队"的运行机制。集团总部作为"旗舰"以"计划经济"的方式协调下属企业。下属企业在集团内部是事业本部,对外则是独立法人,独立进入市场经营,发展"市场经济",但在企业文化、人事调配、项目投资、财务预决算、技术开发、质量认证及管理、市场网络及服务等方面须听从集团的统一协调。用海尔人人都熟悉的话说，各公司可以"各自为战"，不能"各自为政"。张瑞敏说，集团所要求的，你必须执行，有问题我来负责、我来订正。你可以提出建议，但绝不许阳奉阴违。

从本质上说，海尔的组织结构经历了从直线职能式结构到矩阵型结构再到市场链结构的三次大变迁。直线职能制结构就像一个金字塔，下面是普通的员工，最上面是厂长、总经理。它的好处就是比较容易控制终端。直线职能制在企业小的时候，"一竿子捅到底"，反应非常快。但企业大了这样就不行了。最大的弱点就是对市场反应太慢。为了克服这一问题，海尔改用矩阵型结构。横坐标是职能部门，包括计划、财务、供应、采购；纵坐标就是不同的项目。对职能部门来讲，横纵坐标相互的接点就是要抓的工作。这种组织形式的企业在发展多元化的阶段可以比较迅速地动员所有的力量来推进新项目。

在论述海尔组织结构的变迁时，张瑞敏再次强调了"有序的非平衡结构"。"整个组织结构的变化源自我们组织创新的观点，就是企业要建立一个有序的非平衡结构。一个企业如果是有序的平衡结构，这个企业就是稳定的结构，是没有活力的。但如果一个企业是无序的非平衡，肯定就是混乱的。我们在建立一个新的平衡时就要打破原来的平衡，在非平衡时再建立一个平衡。就像人的衣服一样，人长大了服装就要改，如果不改肯定要束缚这个人的成长。

分析与思考

1. 海尔的组织结构与海尔的发展有什么关系？
2. 海尔为什么要保持一种有序而非平衡的组织结构？

技能训练

企业组织结构分析与设计

1. 实训内容：在当地或学校周边找一家企业，调查该企业的创业组织结构及发展状况。
2. 实训目的：
（1）判断该企业所属性质，并厘清其运作模式。
（2）分析企业发展的经营状况，从公司治理结构的层面去分析其得失。
（3）结合公司的现实发展和长远规划为该企业设计一套合理的组织结构模式。
3. 实训组织：
（1）调查前，由班干部弄清学校校园内或周边有多少家企业，估计是什么类型，确定调查的范围。
（2）以6~8人为一组，组织学生分别对不同类型的企业进行调查。
4. 实训考核：
（1）以小组为单位通过讨论撰写实训报告。
（2）老师组织全班同学分组宣讲实训报告，当场评价打分。

任务八

现代企业人力资源管理

任务解读

本任务通过对人力资源管理内容做概述,以及对职务说明书的编写、人员招聘、人员使用、工资及福利等人力资源实务进行系统介绍,使学生更好地了解人力资源的内涵,懂得如何招聘人员、在企业里面怎样管理好各种类型的人力资源、充分发挥人力资源的主体作用、调动人力资源的潜力,以及促进人力资源与非人力资源的有机结合,进而实现企业的战略经营目标。

知识要点

1. 了解人力资源的特点。
2. 掌握人力资源管理与传统人事管理的区别。
3. 掌握职务说明书的编写。
4. 熟悉企业人员培训的方式。
5. 掌握工资制度的类型及其内容。

技能要求

1. 学会编写企业职务说明书。
2. 尝试用各种方法为企业招聘合适的人才。

8.1 人力资源管理概述

任何企业的发展都离不开优秀的人才和人力资源的有效配置。如何为企业寻找合适的人才,留住人才,培养人才,为组织保持强劲竞争力提供可持续的人才支持,是人力资源管理部门面临的重要任务。人力资源管理部门对企业发展提供的战略性支持,主要体现在人力资源规划方面。人力资源规划是一项系统的战略工程,它以企业战略为指导,以深入分析企业内外部条件、全面核查现有人力资源为基础,以预测组织未来对人员的需求为切入点,内容基本涵盖了人力资源的各项管理工作。

8.1.1 人力资源的概念与特点

从广义的角度来理解：人力资源是社会中体力和智力正常的人的总和。人力资源是与物质资源相对应的概念，一般是指能推动社会和经济发展的具有智力劳动和体力劳动能力的人的总和。它包括数量和质量两个方面，人力资源数量是指劳动适龄人口、未成年就业人口和老年就业人口。人力资源质量是指人力资源所具有的体力、智力、知识和技能水平，以及劳动者的劳动态度。与人力资源数量相比人力资源质量更为重要。

人力资源与物质资源相比有它的特殊性，因为它既是生产的承担者，又是生产发展目的的实现者，因此它具有以下特点。

一、能动性

这是人力资源的首要特征，是与其他资源最根本的区别。自然资源在其开发过程中，完全处于被动地位，人力资源则不同，在被开发过程中，人有意识、有目的地进行活动，能主动调节与外部的关系。

二、再生性

资源可以分为可再生资源和不可再生资源两大类。人力资源在使用过程中也会出现损耗，既包括人自身体力、衰老的自然损耗，也包括知识、技能相对于科学发展而落伍的无形损耗。但与物质资源损耗不同的是，一般的物质损耗不存在继续开发问题，如煤炭、石油等，而人力资源基于人口的再生产和劳动力的再生产，能够实现自我补偿、自我更新、持续开发。

三、时效性

人作为生物机体，有其生命周期，在不同时期可利用程度也不同。矿藏资源一般可以长期储藏，不采用品质不会降低，而人力资源储藏不用，才能将会荒废、退化。因此人才开发与使用必须及时，开发、使用时间不一样，所得的效益也不相同。

四、社会性

人生活在社会与团体之中，个体的素质与团体素质密切相关，每个个体素质有所提高，必将形成高水平的人力资源质量。同时个体要通过一定的群体来发挥作用，合理的群体组织结构有助于个体成长和更好地发挥作用，而群体组织结构在很大程度上又取决于社会环境。

8.1.2 与人力资源有关的几个概念

一、人口资源

人口资源是指一个国家或地区所拥有的人口的总量，它是一个最基本的底数，一切人力资源、人才资源皆产生于这个最基本的资源中，它主要表现为人口的数量。

二、人才资源

人才资源是指一个国家或地区中具有较多科学知识、较强劳动技能，在价值创造过程中起关键或重要作用的那部分人。人才资源是人力资源的一部分，即优质的人力资源。

应当说这三个概念的本质是有所不同的，人口资源和人才资源的本质是人，而人力资源的本质则是脑力和体力，从本质上来讲，它们之间并没有什么可比性。就人口资源和人才资源来说，它们关注的重点不同，人口资源更多的是一种数量概念，而人才资源更多的是一种质量概念。但是三者在数量上却存在一种包含关系。

在数量上，人口资源是最多的，它是人力资源形成的数量基础，人口资源中具备一定脑力和体力的那部分才是人力资源；而人才资源又是人力资源的一部分，是人力资源中质量较高的那部分，也是数量最少的。

在比例上，人才资源是最小的，它是从人力资源中产生的，而人力资源又是从人口资源中产生的。

人力资源专家李宏飞在她的《职业化——21世纪第一竞争力》中指出：中国的人力资源数量巨大，但质量不容乐观。学校教育只是在知识上做了准备，而这些人要适应社会的要求，还需要社会、组织对人力资源的二次开发、二次培训。而这不仅包括技能方面的培训，还应该包括人际交往和行为规范、社会道德等诸多方面的教育。而对企业来说，职业化教育就是其中的重要内容。

三、人力资源与人力资本

（1）联系：人力资源和人力资本都是以人为基础而产生的概念，研究的对象都是人所具有的脑力和体力，从这一点看两者是一致的。而且现代人力资源管理理论大多都是以人力资本理论为根据的，人力资本理论是人力资源管理理论的重点内容和基础部分，人力资源经济活动及其收益的核算是基于人力资本理论进行的，两者都是在研究人力作为生产要素在经济增长和经济发展中的重要作用时产生的。

（2）区别：首先，在与社会财富和社会价值的关系上，两者是不同的。人力资本是由投资形成的，强调以某种代价获得的能力或技能的价值，投资的代价可在提高生产力过程中以更大的收益收回。因此劳动者将自己拥有的脑力和体力投入生产过程中参与价值创造，就要据此来获取相应的劳动报酬和经济利益，它与社会价值的关系应当说是一种由因索果的关系。

而人力资源则不同，作为一种资源，劳动者拥有的脑力和体力对价值的创造起了重要贡献作用。人力资源强调人力作为生产要素在生产过程中的生产、创造能力，它在生产过程中可以创造产品、创造财富、促进经济发展。它与社会价值的关系应当说是一种由果溯因的关系。

其次，两者研究问题的角度和关注的重点也不同。人力资本是通过投资形成的存在于人体中的资本形式，是形成人的脑力和体力的物质资本在人身上的价值凝结，是从成本收益的角度来研究人在经济增长中的作用，它强调投资付出的代价及其收回，考虑投资成本带来多少价值，研究的是价值增殖的速度和幅度，关注的重点是收益问题，即投资能否带来收益以及带来多少收益的问题。人力资源则不同，它将人作为财富的来源来看待，是从投入产出的角度来研究人对经济发展的作用，关注的重点是产出问题，即人力资源对经济发展的贡献有多大，对经济发展的推动力有多强。

最后，人力资源和人力资本的计量形式不同。众所周知，资源是存量的概念，而资本则兼有存量和流量的概念，人力资源和人力资本也同样如此。人力资源是指一定时间、一定空间内人所具有的对价值创造起作用并且能够被组织所利用的体力和脑力的总和。而人力资本，如果从生产的角度看，往往是与流量核算相联系的，表现为经验的不断积累、技能的不断增进、产出量的不断变化和体能的不断损耗。

8.1.3 人力资源管理与传统人事管理的比较

人力资源管理（Human Resource Management，HRM）就是根据企业发展战略的要求，有计划地对人力资源进行合理配置，通过对企业中员工的招聘、培训、使用、考核、激励、调整等一系列的过程，调动员工的积极性，发挥员工的潜能，为企业创造价值，确保企业战略目标的实现。

从传统的人事管理发展到现代的人力资源管理，一方面表明人力资源管理的范围扩大了，另一方面表明企业对人力资源管理的认识提高了。

（1）管理的视角。传统的人事管理把人力看成是成本。人力资源管理把人力看成是资源。从成本的角度出发，管理活动追求的必须是人员的减少、人力成本的节约；从资源的角度出发，管理活动就会重视对人力资源的开发利用。

（2）工作的性质。人事工作属于行政管理的范畴，主要是一些事务性工作，人力资源管理则包含战略性工作和事务性工作。

（3）管理的重点。人事管理以事为核心，强调的是"因事设人，因事评人"，工作任务是否完成是一切管理活动的出发点。人力资源管理则是以人为中心注重人事相宜。

（4）对管理人员的要求。承担人事管理工作的人通常是人事方面的专门人才。人力资源管理则要求其工作人员是通才，不仅要懂人事工作，还要了解企业各方面的经营管理状况。

8.2 人力资源管理的主要内容

系统的人力资源管理包括一系列的工作：人力资源职务说明书的编写、招聘、使用、考核、激励、调整、培训等环节。人力资源规划是在组织发展方向和经营管理目标既定的前提下，为实现这一目标而进行的人力资源计划管理，它确定企业需要什么样的人力资源来实现企业目标，并采取相应措施来满足这方面的需求。也就是说，人力资源计划管理的任务，是确保企业在适当的时间获得适当的人员（包括数量、质量、层次和结构等），实现企业人力资源的最佳配置，使组织和员工双方的需要都能得到满足。所以这一节我们就要好好掌握人力资源管理的全过程。

8.2.1 职务说明书的编写

一、职务说明书的概念及作用

职务说明书是指工作分析人员根据某项职务工作的物质和环境特点，对工作人员必须具备的生理和心理需求进行的详细说明。它是职务分析的结果，是经职务分析形成的书面文件。职务说明书是现代企业人力资源管理的工作平台。职务说明书的主要作用在于：

（1）便于招聘和选择员工，提供人力资源规划、识别内部劳动力、提供公平就业机会和真实工作概览。

（2）便于发展和评价员工，明确工作培训和技能发展，新进员工角色定位，职业生涯规划甚至业绩考核。

（3）明确薪酬政策，岗位工资标准，公平报酬。

（4）在工作和组织设计方面，明确了权责和工作关系以及工作流程。

二、职务说明书的内容

职务说明书并无固定模式,可以根据工作分析的目的和实际需要确定有关内容与格式,但其基本内容是一致的。

一般情况下,工作规范可以包括在工作说明中,也可以单独编写。

(1) 工作说明。

工作说明又称工作描述,是指一种提供有关工作任务、工作职责等方面信息的文件。它所提供的这些信息应该是切实的、正确的,并且应该能够简要地说明公司期望员工做些什么,还应该确切地指出员工应该做什么、怎么做和在什么样的情况下履行职责。

工作说明的基本内容包括:

工作识别。又称工作标识,包括工作名称和工作地位。其中工作地位主要指所属的工作部门、工作职位、工作等级、工资水平、所辖人数、定员人数、工作地点、工作时间等。

工作编号。又称岗位编号或工作代码,编号的目的在于快速查找所有的工作。企业中的每一种工作都应当有一个代码,这些代码代表了工作的一些重要特征,比如工资等级等。

工作概述。工作概述是对工作性质和任务的高度概括和简要描述。如秘书的工作是"为经理,有时也为部门的其他人员完成事务性和行政性工作"。尽量避免将工作的具体任务、方式等细节写进工作概述。

工作职责。又称工作任务,是工作说明的主体。逐条指明工作的主要职责、工作任务、工作权限等。为使信息量最大化,工作职责应在时间和重要性方面实行优化,指出每项职责的分量或价值。

工作的绩效标准。有些工作说明书中还需包括有关绩效标准的内容,即完成某些任务所要达到的标准。如车间工人每天生产产品不少于 3 件,清洁工每天需做 5 次清扫工作等。

工作关系。又称工作联系,指任职者与组织内外其他人之间的关系。包括:该工作受谁监督,此工作监督谁,此工作可晋升的职位、可转换的职位以及可迁移至此的职位,与哪些部门的职位发生联系等。

工作条件与工作环境。工作条件主要包括任职者主要应用的设备名称和运用信息资料的形式。工作环境包括工作场所、工作环境的危险性、职业病、工作的时间、工作的均衡性(一年中是否有集中的时间特别繁忙或特别空闲)、工作环境的舒适度等。

任职资格。这是对担任该职位的工作者提出的素质和能力方面的要求,包括体力、智力、技能、经验等。

(2) 工作规范。

工作规范又称任职要求,是一个人为了完成某种特定的工作所必须具备的知识、技能、能力及其他特征的一份目录清单。知识指的是为了成功地完成某项工作任务而必须掌握的事实性或程序性信息。技能指的是一个人在完成某项特定的工作任务方面所具有的熟练水平。能力指的是一个人所拥有的比较通用的且具有持久性的才能。其他特征主要是指一些性格特征,例如一个人达到目标的动力或持久性等。这些特征都是不能直接观察到的与人有关的特点,只有当一个人实际承担起工作的任务与职责的时候,才有可能对这些特点进行观察。当然,这里所说的知识、技能、能力及其他特征是对该项工作的任职者的基本要求,而不是最理想的任职者的形象。

工作规范的内容主要包括:

一般要求:包括年龄、性别、学历、工作经验等。

生理要求：包括健康状况、力量与体力、运动的灵活性、感觉器官的灵敏度等。

心理要求：包括观察能力、集中能力、记忆能力、理解能力、学习能力、解决问题能力、创造性、数学计算能力、语言表达能力、决策能力、交际能力、性格、气质、兴趣、爱好、态度、事业心、合作性、领导能力等。

其他方面的要求：包括语言表达能力、表情丰富、语音语速等要求；在体育方面，各种球技都要有一些规定，等等。

表8-1是一份某企业的工作规范范本，仅供学习企业管理课程的同学参考。

这份文书当中包含了职位的基本要求、生理要求、知识和技能要求、特殊才能要求、其他要求。

表8-1　某企业人力资源部招聘专员工作规范

某企业人力资源部招聘专员工作规范
职位名称：招聘专员　　　　　　　　　所属部门：人力资源部 直接上级职务：人力资源部经理　　　　职务代码：XL-HR-021 工资等级：9~13 （一）生理要求 年龄：23~35岁　性别：不限　身高：女性1.55~1.70米　男性1.60~1.85米　体重：与身高成比例，在合理的范围内就可 听力：正常　视力：矫正视力正常　健康状况：无残疾、无传染病 外貌：无畸形，出众更佳　声音：普通话发音标准，语音和语速正常 （二）知识和技能要求 1. 学历要求：本科，大专需从事专业3年以上。 2. 工作经验：3年以上大型企业工作经验。 3. 专业背景要求：曾从事人事招聘工作2年以上。 4. 英文水平：达到国家四级水平。 5. 计算机：熟练使用Windows和MS Office系列。 （三）特殊才能要求 1. 语言表达能力：能够准确、清晰、生动地向应聘者介绍企业情况，并准确、巧妙地解答应聘者提出的各种问题。 2. 文字表达能力：能够准确、快速地将希望表达的内容用文字表达出来，对文字描述很敏感。 3. 工作认真细心，能认真保管好各类招聘材料。 4. 有较好的公关能力，能准确地把握同行业的招聘情况。 （四）其他要求 1. 能够随时准备出差。 2. 不可请一个月以上的假期。

三、职务说明书的编写要求

职务说明书在企业管理中的地位极为重要，不但可以帮助任职人员了解其工作，明确其责任范围，还可为管理者的某些重要决策提供参考。职务说明书是人力资源管理的基础性文件，编写时应注意以下几个方面：

（1）清晰。职务说明书对工作的描述要清楚透彻，任职人员阅读以后，无须询问其他人就可以明白其工作内容、工作程序与工作要求等。应避免使用原则性的评价，比较难以理解的专业性词汇要解释清楚。

（2）具体。在说明工作的种类、复杂程度、任职者须具备的技能、任职者对工作各方面应负责任的程度这些问题时，应尽量使用具体的动词，如"分析""搜集""召集""计划""分解""引导""运输""转交""维持""监督"以及"推荐"等。一般来说,组织中较低职位的任务最为具体,职务说明书中的描述也最具体。

（3）指明范围。在界定职位时,要确保指明工作的范围和性质,如用"为本部门""按照经理的要求"这样的句式来说明。此外,还要把所有重要的工作关系也包括进来。

（4）简单。在包括了所有基本工作要素的前提下,职务说明书的文字描述应简明扼要。

（5）共同参与。为了保证分析工作的严肃性和科学性,职务说明书的编写不应当闭门造车,而应由担任该职务的工作人员、上级主管、人力资源专家共同分析协商。

四、职务说明书范例

许多企业编写职务说明书时,常常会出现这样或那样不完善的状况,给工作设计和员工管理造成了一定的影响。为此,下面提供了一些职务说明书的范例,以供参照（见表8-2、表8-3）。

表8-2 职务说明书范例一

职务说明书
工作名称 直接上级： 直接下属： 主要责任： 具体任务1：（占总工作时间百分比） 具体任务2： 具体任务3： 具体任务4： 该岗位需要使用哪些特殊的设备或工具 该岗位和公司中其他岗位有何联系 该岗位的工作条件描述 一般工作时间： 加班要求： 出差要求： 该岗位的特殊条件或要求：

表8-3 职务说明书范例二

工作说明书							
部门		办公室		职位		姓名	
工作内容；负责公司人事及总务管理事项 1. 人员招聘与训练。2. 人事资料登记与整理。3. 人事资料统计。4. 员工请假、考勤管理。5. 人事管理规章草拟。6. 人员之任免、调动、奖惩、考核等事项办理。7. 劳动保险加退保与理赔事宜。8. 文体活动与员工福利事项办理。9. 员工各种证明书的核发。10. 文具、设备、事务用品的预算、采购、修缮、管理。11. 办公环境安全及卫生管理工作。12. 公司文书、信件等的收发事宜。13. 书报杂志的订购与管理。14. 接待来访人员。							
职务资格： 1. 本科毕业,普通人事及总务工作2年以上。 2. 专科毕业,普通人事及总务工作6年以上。 3. 现任分类职位7年以上。 4. 具有高度服务精神与善于处理人际关系者。 5. 男性为佳,女性亦可。							

8.2.2 人力资源规划

一、人力资源规划及其体系

人力资源规划是企业通过科学的预测，分析人力资源的供给和需求情况，制定必要的政策措施，以确保自己在必要的时间和需要的岗位上获得各种需要的人力资源（数量和质量两个方面）并使组织或个体得到长期利益的过程。

人力资源规划是由不同性质和内容的规划构成的体系。分为战略规划和战术规划。

战略规划是中长期规划，对企业的人力资源管理规划具有方向性指导作用；战术规划是年度规划，是中长期规划的贯彻和落实。

人力资源规划是在组织发展方向和经营管理目标既定的前提下，为实现这一目标而进行的人力资源计划管理，它确定企业需要什么样的人力资源来实现企业目标，并采取相应措施来满足这方面的需求。也就是说，人力资源计划管理的任务，是确保企业在适当的时间获得适当的人员（包括数量、质量、层次和结构等），实现企业人力资源的最佳配置，使组织和员工双方的需要都能得到满足。

要搞好人力资源规划，就需要注意几个要点：

（1）制定人力资源规划要以企业总目标和总策略为中心。企业总目标是一个企业活动的基准，不管干什么事情，都必须以这个目标为出发点，发展出一套目标体系和经营策略，并加以系统化。

（2）要了解内部劳动力系统和外在劳动力市场的状况。外在劳动力市场是指整个社会劳动力供需的情况，而内在劳动力系统是指企业内部人力的搭配和结构。

（3）要取得高层主管的参与支持。高层主管的参与支持是人力资源规划作业成功的重要条件，高层主管的理念和心态以及企业的文化直接影响下属的业务处理方法。

（4）要注意整个人力资源管理体系的搭配。人力资源规划是整个人力作业的第一步，其成效如何体现在整个人力资源管理运作的全过程中，也需要整个人力资源管理工作各个方面、各个环节及功能的配合。建立人力资料库，了解企业组织结构、工作规划、升迁轨道、薪资水准的状况等，有助于人力资源规划的操作。

人力资源规划内容如表 8-4 所示。

表 8-4 人力资源规划内容一览表

计划类别	目标	政策	步骤	预测
总规划	总目标：（绩效、人力总量素质、职工满意度）	基本政策：（扩大、收缩、保持稳定）	步骤：（按年安排）	总预算：×××万元
人员补充计划	类型、数量、层次、对人力素质结构及绩效的改善等	人员素质标准、人员来源范围、起点待遇	拟定补充标准，广告吸引、考试、面试、笔试、录用、教育上岗	招聘甄选费用
人员接替和补充计划	部门编制、人力结构优化及绩效改善、人力资源能位匹配，职务轮换幅度	任职资格，职务轮换范围	小范围补充预算	职务变动引起的工资变动

续表

计划类别	目标	政策	步骤	预测
教育培训计划	素质及绩效改善、培训数量类型，提供新人力，转变态度及作风	培训时间的保证，培训效果的保证（如考核、使用）	拟定人选，选择培训方式	教育培训总投入产出，脱产培训损失
工资激励计划	人才流失降低士气水平，提高绩效明显	工资政策和激励政策，激励重点	绩效考核分层次奖励	增加工资、奖金额预算
退休解聘计划	编制劳务成本降低及生产率提高	退休政策及解聘程序	到达退休年限再做具体部署	安置费，人员重置费

二、分析和预测

在收集到以上各方面信息的基础上，就可以开始对企业的人力资源供求状况进行分析和预测了，包括预测劳动力的需求、供给以及劳动力的过剩或短缺等。人力资源预测的方式有许多种，常用的方式有经验预测、现状预测、定员预测和自下而上预测。这些方式适用于不同类型的人力资源预测。

（1）经验预测。

经验预测是人力资源预测中最简单的方式，它适合于较稳的小型企业。经验预测，顾名思义就是用以往的经验来推测未来的人员需求。

（2）现状预测。

现状预测假定当前的职位设置和人员配置是恰当的，并且没有职位空缺，所以不存在人员总数的扩充。人员的需求完全取决于人员的退休、离职等情况的发生。所以，人力资源预测就相当于对人员退休、离职等情况的预测。人员的退休是可以准确预测的；人员的离职包括人员的辞职、辞退、重病（无法工作）等情况。

（3）定员预测。

定员预测适用于大型企业和历史久远的传统企业。由于企业的技术更新比较缓慢，企业发展思路非常稳定，所以每个职位和人员编制也相对确定。这类企业的人力资源预测可以根据企业人力资源现状来推测出未来的人力资源状况。

（4）自下而上预测。

自下而上预测就是从企业组织结构的底层开始的逐步进行预测的方法。具体方法是，先进行企业组织结构中最底层的人员预测，然后将对各个部门的预测层层向上汇总，最后定出企业人力资源总体预测。

8.2.3 招聘与使用

员工招聘与选拔是获取人力资源要素的基本方法，是决定企业的人力资源规模、结构、质量、发展的控制关口，也称为人力资源的"进口关"管理或输入管理。它是基于人才市场的竞争态势与变化动向，根据企业发展战略、营销战略、科技创新战略等总体要求，人力资源计划安排和职位空缺需要，把优秀的、合适的人员吸引、招聘、争夺、任用于企业内的合适岗位上，以创造最佳工作绩效的过程。它是一个企业的人力资源管理系统的"输入"子系统。

8.2.4 考核

考核就是对员工的工作绩效做出评价。考核的类型：德——忠诚度、敬岗爱业精神、公正廉洁情况；勤——员工的工作能力强弱、工作思路及条理是否清晰；能——员工工作态度，即责任心；绩——考核员工的工作效益及工作完成情况。

8.2.5 激励

激励以企业的经营目标为导向，来指导和引导员工行为的活动。企业常用的激励人才的方法有：信任激励法；职务激励法；知识激励法；情感激励法；目标激励法；荣誉激励法；行为激励法。

8.2.6 培训

培训是一个学习训练的过程。在这个过程中作为培训对象的员工获得胜任工作的知识和技能。企业中的培训包括一般性的培训和开发。一般性的培训是为了增加员工承担现有职务所应具备的知识和技能。开发则重点在于获得未来职业生涯所需要的知识和技能。

8.2.7 人力资源管理部门的设置与职责

人力资源管理是每个企业都应该具备的基本职能，但是每个企业的人力资源管理部门的设置情况却很不一样。人力资源管理部门的设置要考虑企业的发展规模和经营特点。小型企业不需要专门的人力资源管理部门。规模100人以下的企业，企业领导是人事工作的总负责人；100~300人的企业领导过问骨干人员的任免、工资奖励方案的设计等重大问题；300人以上的企业需要设置专门的人力资源管理部门。人力资源管理部门通常要承担的职责是：

（1）组织各部门进行职务分析、职务说明书的编制；
（2）根据企业的经营目标岗位设置人力资源规划；
（3）负责企业人力资源管理制度的建立、实施和修订；
（4）工资方案的制定、实施、修订；
（5）协助各部门办理人员招聘、聘用及解聘手续，负责劳动合同的签订及劳动关系的管理；
（6）负责企业日常劳动纪律及考勤管理；
（7）组织企业日常考核及年终考核；
（8）组织员工培训；
（9）协助各部门办理员工的任免、晋升、调动、奖惩等人事手续；
（10）负责企业保险、福利事项的办理。

8.3 人力资源管理实务举例

本部分针对人员招聘、人力资源使用、工资制度与福利这三个知识点进行阐述。这是企业管理人员经常要遇到的事务，也是实践中常常涉及的重要领域。

8.3.1 人员招聘

一、制订招聘计划

招聘计划包括：招聘时间、招聘岗位、招聘人数、任职资格、招聘途径、招聘方式和招聘预算。招聘途径可以分为内部招聘和外部招聘两种。两种途径各有优劣，一般的企业会综合采用两种途径，对于内外部环境相对稳定的企业来说，选择内部招聘更为有利，迅速成长的企业则需要从外部招聘。

研讨与思考：企业要招人各有哪些途径？各有什么优劣呢？可以分组讨论。

二、企业招聘的影响因素

（一）企业外部的因素

（1）国家的政策、法规。国家的政策、法规从客观上对于企业的招聘活动进行了限制。例如，有不少国家的法律规定，企业在进行招聘时不能对申请人的性别、年龄、种族和宗教信仰进行歧视。

（2）劳动力市场。劳动力市场对于企业的招聘活动也有重要影响。

①劳动力市场的供求关系。这种供求关系可以分为三种情况：一种是劳动力的供给大于需求，这种情况下的市场叫作过剩市场；一种是劳动力的供给小于需求，这种情况下的市场被称为短缺市场；还有一种情况是劳动力的供给恰好等于需求，这是一种比较特殊的情况。在劳动力过剩的情况下，企业对外招聘比较容易，可以用较低的价格雇用到高素质的符合企业需要的人才；反之，在某类人员短缺的情况下，企业就会在人才市场上面临激烈竞争，使得企业的招聘工作变得错综复杂。

②劳动力市场的地理性置。劳动力市场根据地理区域的不同，可以划分为局部性的劳动力市场、区域性的劳动力市场、国家性的劳动力市场和国际性的劳动力市场。劳动力市场的地理位置不同，对于企业招聘工作的影响也很大。

（二）企业内部的因素

（1）企业的形象及号召力。企业在人们心目中的形象越好，号召力越强，那么越会对企业的招聘活动产生有利的影响。因为良好的形象和较强的号召力，将会对申请人从心理方面产生积极的影响，引起他们对于企业招聘工作的兴趣，从而对企业的招聘工作产生有利作用。例如，国内外著名的大公司可以凭借自己在人们心目中的声望吸引大量人才来应聘。

（2）企业的发展前景。一个企业的不同发展前景对于招聘工作有着很大的影响。例如，一个企业正处于发展阶段，发展前景很广阔，那么企业为了发展就可能需要大量的人才。而一个发展前景黯淡的企业，可能会强调工作岗位的安全、工资和福利的提高，而不大可能大规模招聘人员。这些都会对招聘工作产生影响，无论是招聘规模还是招聘重点。

（3）福利待遇。不同的福利待遇会对企业的招聘工作产生重要影响。一个企业的工资越高，内部的工资制度越合理，各项待遇越好，就越容易吸引高素质的人才，使企业招到满意的员工。在我国有一点与其他国家不同，那就是企业能否解决户籍问题。户籍问题在我国企业招聘中一直占据很重要的位置，虽然现在作用也大为下降，但仍不能忽视。

（4）企业招聘政策。一个企业可以通过两个渠道来招聘满足企业需要的人员：一个是企业内部招聘渠道，另一个是企业外部招聘渠道。例如，一项对业务水平和技能要求较高的工作，企业可以利用不同的来源和招聘方法，而这取决于企业高层管理者是喜欢内部招聘还是喜欢外部招聘。这样不同的招聘政策，对企业的招聘活动必然会产生不同的影响。如果企业政策侧重于内部招聘，那么招聘将主要针对企业内部人员，沿着企业内部的招聘渠道和途径展开。

（5）招聘的资金和时间约束。一个企业招聘资金投入数额的多少对招聘活动有着重要影响。充足的招聘资金可以使企业在招聘方法上拥有更多的选择，例如可以花大量费用做广告，对媒体的选择也更多。相反，较少的招聘资金将使企业在招聘活动时面临的选择减少，只能采用费用较低的招聘方法，从而对企业的招聘活动产生不利影响。时间上的约束也影响着企业的招聘活动。

三、人员招聘渠道

（1）员工招聘的内部渠道。员工招聘的内部渠道是指通过企业内部去获得企业所需要的各种人才。企业本身就是一个人才的蓄水池，由于工作和岗位的原因，很多人才的优点未能被发现，因此员工招聘内部渠道最重要的方式是竞聘上岗。

竞聘上岗。在企业内部具有一定学历和一定经历的人群中通过公开竞聘的方式找到最匹配担任某一岗位职务的人才，使得才得其用，能岗匹配，效益最佳，这一过程为竞聘上岗。

利用档案记录的信息。人事部门或人力资源管理部门大多都备有员工的个人档案。内部招聘可以利用这些档案的信息来确定是否有合适的人选，对企业内部员工进行提升、工作调换或工作轮换。

（2）员工招聘的外部渠道。在外部招聘前，企业应做好如下准备工作：人力资源规划，职务分析，确定招聘领导小组和招聘工作小组，确定招聘信息发布的方式，设计招聘所需的各类表格，确定招聘的时间、地点和方式。

招聘广告。招聘广告是使用最为普遍的一种方法。由于阅读广告的不仅有应聘者，还有潜在的申请人，以及客户和一般大众，因此公司的招聘广告代表着公司的形象，需要认真实施。企业用广告吸引应聘者，有很多优点。第一，工作空缺的信息发布迅速，能够在一两天之内就传达给外界；第二，同许多其他吸引方式相比，广告渠道的成本比较低；第三，在广告中可以同时发布多种类别岗位的招聘信息；第四，广告发布方式可以给企业保留许多操作的优势，例如企业可以要求申请人在特定的时间段内亲自来企业、打电话或者向企业的人力资源部邮寄自己的简历，等等。

职业介绍机构。职业介绍机构的作用是帮助企业选拔人员，节省企业的时间，特别在企业没有设立人力资源部门或者需要立即填补空缺时，可以借助于职业介绍机构。如果需要长期借助时，则应该把职务说明书和相关要求告知职业介绍机构，并委派专人同几家机构保持稳定的联系。

猎头公司。猎头公司是与职业介绍机构类似的就业中介组织，但由于它特殊的运作方式和服务对象的特殊性，经常被看作是一种独立的招聘渠道。人们广泛接受这样一个看法，即最好的人才已经处于就业状态。猎头公司是一种专门为企业"诱捕"和推荐高级管理人员和高级技术人员的机构，它们会设法诱使这些人才离开正在服务的企业。它可以帮助公司的最高管理者节省很多招聘和选拔高级人才的时间。但是，借助于猎头公司招聘的费用要由企业支付，而且费用很高，一般为所推荐人才年薪的 $1/4 \sim 1/3$。

员工推荐与申请人自荐。现在有很多公司逐渐认识到，通过员工推荐的方法聘用现有员工的家属或者朋友有很多好处。这种方式既可以节省招聘人才的广告费和付给职业介绍机构的费用，还可以得到忠诚而可靠的员工。对员工而言，如果他推荐的工作申请人的特征与组织的要求不相匹配，不仅影响到自己在企业中的地位，也将危害到自己和被推荐者之间的关系。当然这种方式对中国企业是否适用，还有待证实。

临时性雇员。企业可以把核心的关键员工数量限制在一个最低的水平上。同时建立一种临时员工计划。这种计划可以有四种选择：第一，内部临时工储备，即把以前曾经雇用过的员工作为储备；第二，通过中介机构临时雇用；第三，聘用自由职业者，如与自由撰稿人和教授、专家签订短期服务合同；第四，短期雇用，即在业务繁忙时或一个特定的项目进行期间招聘一些短期服务人员。临时员工计划的缺点是增加招聘成本、培训成本，产品质量的稳定性可能下降，以及需加强对临时员工的激励等。

校园招聘。校园招聘的方式通常有三种：第一种是企业到校园招聘；第二种是学生提前到企业实习；第三种是企业和学校联手培养，以补充企业所需要的专门人才。

企业直接派出招聘人员到校园去公开招聘。这种招聘通常在每年的1月至次年5月进行。派出的招聘人员一般要对校园生活、校园环境、大学生的心理状态有相当的了解，便于直接联系与沟通。

由企业有针对性地邀请部分大学生在毕业前（大约前半年的时间）到企业实习，参加企业的部分工作，企业的部门主管直接对其进行考查，了解学生的素质、实际操作能力等。由于这种考查实地进行，收集的信息较全面。

由企业和学校联手培养人才。这些联手培养的人才从学校毕业后全部去参与培养的企业工作，这种方式用于某些特殊专业的专门人才。如厦门大学和美国太古集团公司联手培养"飞机维修专业"的学生，学生在校期间所学科目主要由厦门大学确定，由厦门大学的老师授课，但学生每年有两个月时间到太古公司实习。毕业后学生全部进入太古公司工作。

小资料

各大公司的招聘小招

西门子——考查能力占用时间最长

对于吸引、选拔人才，西门子有一套独特的操作模式。在西门子，招聘人才往往是能力考核占40分钟，考查经验花半个小时，而考查知识仅用5分钟就够了。因为一个人的知识量，两三年的时间就可以改变，经验也会随之改变。但是，能力持续期可能是二三十年或者一辈子都改变不了。

美国电报电话公司——整理文件筐

先给应聘者一个文件筐，要求应聘者将所有杂乱无章的文件存放于文件筐中，规定在10分钟内完成。一般情况下不可能完成，公司只是借此观察应聘者是否具有应变处理能力，是否分得清轻重缓急，以及在办理具体事务时是否条理分明，那些临危不乱、作风干练者自然能获高分。

统一公司——先去扫厕所

统一公司要求员工有吃苦精神以及脚踏实地的作风，凡来公司应聘者，公司会先给他一个拖把叫他去擦厕所，不接受此项工作或只把表面洗干净者均不予录用。他们认为一切利润都是从艰苦劳动中得来的，不敬业，就是隐藏在公司内部的"敌人"。

通用电器——木板过河游戏

公司将应聘者分为两组,开展"木板过河"游戏比赛,内容为每组有一个"病人"需要送到"河"对岸,要求用手中的木板搭成"桥"将"病人"送到河对岸,谁先送到"河"对岸则录用谁。实际上"桥"的长度不可能达到"河"对岸,公司设计此考题的目的就是观察此两组应聘者是否有团队意识,因为只有当两组木板合并起来才能过"河",如果两组应聘者都只想着自己过"河",则没有达到公司所应要求的人才标准,都不予以录用。(资料来源:http://arts.51job.com)

8.3.2 人员使用

人员使用是指员工与工作相结合的安排。它包括职务安排和职务调整等内容。人员使用必须坚持科学性和艺术性的统一,既要以职务说明书和人力资源规划为依据,也要考虑工作环境中的许多具体因素。

一、人员使用原则

(1) 有利于实现组织目标。这是人员使用最根本的原则。从企业的经营战略出发,按照人力资源规划的要求,合理地使用员工是首要的原则。

(2) 有利于"人尽其才"。要为员工提供充分的发展空间,满足员工在个人和事业发展上的需要。

(3) 有利于提高组织士气。员工使用要形成有效的激励机制,充分调动所有员工的积极性,鼓励员工公平竞争,提高员工工作热情。

二、职务安置和职务调整

职务安置的基本依据,就是员工个人条件与职务要求的耦合。职务调整就是依据企业的需要以及员工的表现,对员工的工作进行调整(包括工作内容、职务高低)。

三、配置转换

员工的配置转换是指在考虑晋升的情况下,通过平级调动变动企业内部员工的工作岗位或工作场所。在企业实际管理活动中配置转换,一般通过人事变动,教育培训,企业新技术、新产品所引起的工作变动,以及伴随晋升的配置转换和部门间人员再分配的配置转换来完成。

四、晋升

晋升是指员工向一个比前一个工作岗位挑战性更强、所需承担责任更大以及享有职权更多的工作岗位流动的过程。

(一) 组织在进行晋升管理时的三种决策

(1) 以资历为依据,还是以能力为依据;

(2) 如何对能力进行衡量;

(3) 晋升过程正规化或非正规化。

(二) 晋升管理需要注意的问题

(1) 广泛征集晋升的候选人;

(2) 对于所有的候选人都要有标准化的可信的信息资料;

(3) 让所有的相关人员参与组织的晋升决策,这可以有助于使那些没有被提升的员工继续努力工作。

8.3.3 工资及福利

一、结构工资制

实行以结构为基本形式,以劳动报酬同岗位(职位)与贡献挂钩浮动为基本原则的工资制度,是我国企业工资制度改革以来,比较普遍采用、效果较好的工资制度。结构工资制就是把几项体现不同劳动因素、具有不同功能的工资部分组合成工资总额的一种工资制度,又称组合工资制、分解工资制。设计结构工资时,要将全部工资划分成若干组成部分(工资单元),各个部分在工资总额中所占比重不同,并且相互依存、相互补充,从而在整体上比较全面地体现按劳分配的原则。

结构工资一般分解为以下四个组成部分。

(1) 基础工资,亦称基本工资。这部分是保障劳动者基本生活需要、维持劳动力再生产的工资,只要是在岗员工都可以享受基础工资的待遇。

(2) 职务(岗位)工资。这是按不同职位的劳动技能、职责大小、劳动条件及忠诚度等因素而确定的工资单元。它是结构工资的主体部分,占的比重最大。

(3) 年功工资,又称年龄工资。这一工资单元是按照员工工作年限计算的工资部分。它是对劳动者在以往的劳动岁月里所做出的劳动贡献的一种承认和鼓励。

因此年功工资既可以起到劳动力消耗的补偿作用,还可以起到鼓励员工热爱企业和本职工作的激励作用和凝聚作用。

> **小资料**　　　　　　　　　**年功工资的来源**
>
> 起源于第一次世界大战初期,于20世纪50年代初期全面形成的日本的年功序列工资制,就是年龄越大,企业工龄越长,熟练程度越高,对企业贡献越大,因而工资也越高。其特点是:工资标准不是按行业或产业,而是按企业决定;基本工资按年龄、企业工龄和学历等因素决定,与劳动的质量没有直接关系;基本工资是退休金、奖金的计算基础;起点工资低,工资差别大;随着企业工龄的增长,每年定期增薪。这种制度有利于鼓励工人在一个企业中工作终生,为企业创造最大利润,同时,这种制度也符合自由竞争的市场经济中工人希望有一个安定的职业和工作的心理。因此,这种制度长期以来一直是日本劳资关系的重要支柱,对日本经济的发展起了很大的促进作用。(资料来源:某日资企业的培训材料)

(4) 奖励工资,又称浮动工资。它是根据企业经营状况的好坏和个人劳动成果的多少而确定的工资单元。奖励工资可以起到反映员工劳动贡献的差别和激励的作用,还可以根据企业生产经营需要,针对提高产品质量、降低物质消耗、改进生产技术等关键的或薄弱的环节,奖励做出贡献的员工,发挥其导向作用。

研讨与思考:如果你是公司职员,你希望公司在哪些地方设置奖金?

二、津贴制度

目前,我国企业实行的津贴、补贴,按其性质大体有以下几种:一是为保障员工身体健康而建立的津贴、补贴;二是为弥补员工特殊劳动消耗而建立的津贴、补贴;三是为保证员工实际工资水平所采取的弥补员工额外支出而建立的津贴、补贴。

具体种类主要包括：

（1）岗位性津贴。主要项目有冶金企业中炼铁、烧结、烧焦、炼钢等工种实行的高温津贴，野外地质勘探津贴，矿山井下津贴，化工等行业实行的有毒有害津贴，艰苦气象台站津贴，建筑施工企业的职工流动施工津贴，邮电企业实行的外勤津贴，企业夜班津贴以及一些企业用自有资金建立的内部岗位津贴等。

（2）地区性津贴。主要项目有林区津贴、海岛津贴、矿山临时生活补贴、高寒山区津贴以及部分边远地区实行的地区生活补贴等。

（3）生活性补贴。主要项目有1980年的全国性的副食品价格补贴、1985年的肉类等价格补贴、1988年的四种食品价格补贴以及区域性的冬季取暖补贴等。

研讨与思考：哪些人员和哪些单位会有津贴？请举例说明。

三、五险一金制度

对员工而言，社会保险现在通常说的是"五险一金"，"五险"即养老保险、医疗保险、失业保险、生育保险和工伤保险；"一金"即住房公积金。

"五险"：以员工工资为基数，单位和个人的缴纳比例是：养老保险单位20%，个人8%；医疗保险单位6%，个人2%；失业保险单位2%，个人1%；生育保险1%全由单位缴纳，工伤保险0.8%也是全由单位缴纳，员工个人不缴纳生育和工伤保险。

住房公积金：国家的规定是，住房公积金不低于工资的10%，效益好的单位可以高些，这是按照个人全年平均工资计算的。员工和单位各承担50%。所以说交住房公积金对员工是很合算的。

小结

人是生产力中最积极、最活跃的因素。人力资源管理就是通过人力资源的合理配置和开发，充分发挥人力资源的主体作用，调动人力资源的潜力，促进人力资源与非人力资源的有机结合，来实现企业的战略经营目标。本任务就人力资源管理的内容与特点进行概述，并对人员招聘与使用、工资分配制度和福利保险制度进行了系统的介绍，把目前企业当中常用的实务技巧给予展现。

经典案例

北京某股份有限公司的改革

北京某股份有限公司是一家由小作坊发展起来的国有企业，许多职工因企业效益一直较好，心里没有压力，而缺乏竞争意识和危机感，尤其是对以往那种四平八稳的工作方式心存留恋。为转变职工的思想观念，解决企业今后发展的动力问题，2014年5月，公司以劳动用工制度改革为突破口，成功地推行了人事和分配制度改革。该公司的基本做法是，依照"低分分流、双向选择"的原则，对各部门、各车间经过严格考核、排名靠后的职工统一纳入分流范围。分流人员按公司公布的招聘岗位、招聘条件择岗应聘。被录取者先进行岗位培训和试岗，合格后再正式聘用；落聘者或待岗，或调离公司。

通过人事和分配制度改革，进一步强化了职工的竞争意识和风险意识，调动了广大职工

生产工作的积极性,从而也增强了企业发展的动力,当年就取得了较好的经济效益。(案例源自网络)

分析与思考

1. 该公司的改革反映了企业人力资源管理在人员使用方面一种什么样的新趋势?
2. 结合该企业人事制度改革,谈谈人员使用应遵循的原则。

技能训练

杭州新新科技集团公司招聘规划

1. 实训内容:杭州新新科技集团公司现向社会公开招聘2名人力资源部人事培训专员,要求年龄35~45岁,男性,大学本科以上学历,有3年以上大中型企业或外资企业的相关岗位工作经历,具有人力资源管理、员工培训管理、法律行政管理等方面的专业知识,了解国家有关政策法规、人力资源管理新知识新动向、国际国内人力资源管理的新政策与新发展趋势。

2. 实训目的:
(1) 了解招聘的各种途径及优缺点;
(2) 请你给该公司设计招聘流程。

3. 实训组织:分小组制订招聘计划;设计面试人员登记表;设计面试题及笔试题;制定人事专员的职务说明书。

4. 实训考核:
(1) 以小组为单位通过讨论撰写设计报告方案。
(2) 老师组织全班同学分组宣讲招聘方案,当场评价打分。

任务九

现代企业客户关系管理

任务解读

当今信息时代,企业经营逐渐从以产品或市场为中心转变为以客户为中心,了解客户的需求、提高客户的满意度、培养和维系客户的忠诚度显得尤为重要。因此,学习客户关系管理有助于企业客户信息的及时更新与顺畅流动,保证企业多渠道的沟通效率。

知识要点

1. 客户关系管理的含义。
2. 客户关系管理价值链的基本流程和辅助流程。
3. 客户关系管理系统的构成要素。

技能要求

1. 了解客户关系管理的含义,理解客户关系管理的重要性。
2. 掌握客户关系管理价值链的基本构成及具体流程。
3. 掌握客户关系管理系统的构成并了解客户关系管理的实施步骤。

9.1 客户关系管理概述

客户关系管理(Customer Relationship Management,CRM)是对供应链中的各种一线活动(销售、市场情报收集和客户服务等)的集成和协调。传统的供应链管理系统只重视基本运作,往往忽视了客户需求的驱动作用。而在当今信息时代,企业的经营逐渐从以产品或市场为中心转变为以客户为中心,了解客户的需求、提高客户的满意度、培养和维系客户的忠诚度显得尤为重要。

9.1.1 客户关系管理定义

基于互联网技术的电子商务正在改变着社会经济中各个行业的传统经营模式,尤其是彻底地改变了企业与客户之间的关系。在激烈的同业竞争中，要求企业的核心经营理念从"以产品为中心"转向"以客户为中心"，即谁能把握住客户的需求并以最快的速度做出反应，谁能吸引新客户、保持老客户，谁就能取得最终的胜利。那么，如何实现"以客户为中心"的经营模式呢？客户关系管理（CRM）为这个问题提供了解决方案。

最早发展客户关系管理的国家是美国。这个概念最初是由美国 Gartner 公司提出来的，在 1980 年初发展为"接触管理"（Contact Management），即专门收集客户与公司联系的所有信息，到 1990 年则演变成包括电话服务中心支持资料分析的客户关怀，随着电子商务的不断发展，最近在企业中逐渐流行起来。

客户关系管理，即企业为提高核心竞争力，通过改进对客户的服务水平，提高客户的满意度和忠诚度，所树立的"以客户为中心"的经营理念。它是通过开展系统化的客户研究，优化企业组织体系和业务流程，实施于企业的市场营销、销售、服务与技术支持等与客户相关的领域，旨在改善企业与客户之间关系的新型管理机制。它也是企业通过技术投资，建立能搜集、跟踪和分析客户信息的系统，所创造并使用的先进的信息技术、软硬件和优化的管理方法、解决方案的总和。客户关系管理具有以下几个特点。

一、客户关系管理首先是一种全新的管理思想

客户关系管理将客户资源作为企业最重要的资源之一，其核心思想是通过客户需求分析和完善客户服务，实现客户的价值，提高客户的满意度。企业通过为客户创造价值，使客户对企业感到满意，从而与客户建立良好的关系，成功地拓展市场，获得客户的支持，提高企业利润。在互联网时代，仅仅凭借传统的管理思想已经不够了。互联网带来的不仅是一种手段，它触发了企业组织架构、工作流程的重组以及整个社会管理思想的变革。所以，客户关系管理首先是对传统管理理念的一种更新。

二、客户关系管理是一种旨在改善企业与客户之间关系的新型管理机制

它主要集中在市场营销、销售实现、客户服务和技术服务等企业与客户发生关系的业务领域。它一方面通过收集客户资料、分析客户信息去了解客户需求，从而使企业提供更为全面、优质的产品或服务去吸引和保持更多的客户，增加市场份额；另一方面通过对业务流程的全面管理来优化资源配置，降低企业成本，缩短销售周期。

三、客户关系管理是一种管理软件和技术

客户关系管理把企业某些职能部门如市场、销售、服务等紧密结合在一起，这些部门与客户都是紧密联系的。部门之间的相互结合为企业经营管理和决策支持等提供了有利的条件。

目前很多企业都已经采用了客户关系管理，它不仅能提高企业的效益，而且能最大限度地提高客户的价值。其主要内容包括：

（1）客户信息管理。包括客户的个人信息及每个客户相关的活动经历，客户订单的输入和跟踪，售后服务记录等。

（2）客户保持管理。主要功能在于维持老客户，保持客户忠诚，与此同时，对吸引新客户也起到一定的作用。亚马逊公司在这方面做得比较好。当顾客在亚马逊网站购买图书以后，销售系统会自动记录下其购买和浏览过的书目，当该顾客再次进入该书店时，系统会自动根据其喜好推荐相关书目。显然，这种有针对性的服务对维持客户的忠诚度有极大帮助。

（3）潜在客户管理。潜在客户即有可能成为客户，但因为某些原因还没有购买、消费、使用企业产品的客户群体。它是企业开拓市场最主要的目标群体之一。潜在客户管理包括调研资料的搜集、潜在客户访谈记录、潜在客户的跟踪等。

（4）客户服务管理。包括服务项目的快速录入与管理，服务质量信息的反馈，客户投诉记录与处理过程管理等。

9.1.2　客户关系管理产生的背景

客户关系管理的产生，是由以下五个方面的背景所推动和促成的。

一、全球经济一体化的影响

随着生产力的不断发展，全球经济呈现一体化趋势，资本、技术等生产要素在各国之间流动。企业除了面对国内竞争对手的压力，还需要迎接国际竞争对手的挑战，各行业内竞争日益激烈。尤其是在由卖方市场逐渐转变为买方市场的情况下，企业要想在竞争中占有一席之地，就必须改变以"产品为中心"的营销理念，不断探索新的途径去满足客户的需要。因此，以"客户为中心"的客户关系管理渐渐被企业接受和应用。

二、法律制度日益完善

改革开放以来，市场经济体制逐步形成，相应的法律制度也日益完善，国家相继制定了《中华人民共和国消费者权益保护法》《中华人民共和国公司法》《中华人民共和国合同法》《中华人民共和国反不正当竞争法》等一系列法律，给企业营造了一个良好、公平的环境，促使企业间竞争更加倾向于与客户建立良好的关系。

三、企业管理模式更新的需要

随着市场的变化，企业在其目前的制度体系和业务流程中出现了种种难以解决的问题。比如，业务人员无法跟踪众多复杂和销售周期长的客户；大量的工作是重复的，常出现人为的错误；或与客户沟通口径不统一；企业会由于业务人员的离职而丢失重要的客户和销售信息，等等。因而企业就必须去考虑并回答下列问题：如何才能准确地了解和把握客户的个性化需求？如何实现对客户信息和资源统一有效的管理，让企业各职能部门和员工都能快捷、方便地共享信息？如何设计规范的营销资料，使用丰富和可信的营销手段，将产品的最新消息有针对性地发送给客户？如何跟踪复杂的销售线路并缩短产品的销售周期？如何才能使企业不会因为某销售人员的离职而失去重要的客户信息？如何优化业务代表与销售内勤之间的工作流程？如何建立通常的客户反馈渠道？等等。这一系列的问题，通过实施客户关系管理都可以得到圆满的解答。

四、提高核心竞争力的需要

核心竞争力是企业长期形成的、蕴涵于企业之中的一种独特的竞争优势。在竞争日益激烈的今天，企业通过产品的差别化来细分市场，从而创造企业价值变得越来越困难。资源、人力、信息、资本等竞争优势都可以很快被竞争对手复制。客户成为企业核心竞争力的重要来源。企业全面掌握的客户信息、对客户需求的了解以及良好的客户关系本身，在核心竞争力体系中的地位更加突出。因此，实现对客户活动的全面管理，是企业提高核心竞争力的需要。

五、科学技术的推动

随着科学技术的不断进步和经济社会的发展，人们的消费观念不断变化，对产品或者服务的要求也越来越高。这就要求企业要将先进的管理手段、营销方法和高质量的服务结合起来，不断创新，不断健全研产销一体化的链条式的科技创新机制。因而，企业必须提高自身的信息技术条件，以便更有效地为满足顾客需求，提供更多的服务。近年来，随着信息技术的飞速发展，使收集、整理、加工和利用客户信息的质量大大提高。互联网等成为日渐成熟的商业手段和工具，越来越广泛地应用于金融、电信、商业机构等各个行业领域的信息系统构建。先进技术的支持使得客户关系管理的实现成为可能。

客户关系管理正是在这样的背景下应运而生的。一些处于行业领先地位的企业已初步感受到了客户关系管理的理念和它相关的解决方案为企业带来的变化，它们正在采用客户关系管理解决方案，以创建面向客户的、先进的新商业模式。

9.1.3 客户关系管理的意义

随着市场竞争的愈演愈烈，传统的企业管理系统越来越难以胜任对动态客户渠道和关系的管理，互联网催生的客户关系管理系统给企业带来了经营管理方式上的重大变革。

一、带来了企业运营效率的全面提高

客户关系管理系统通过整合企业的全部业务环节和资源体系，从而带来企业运营效率的提高。一套完整的客户关系管理系统在企业资源配置体系中是承前启后的：向前，它可以朝企业的全面渠道各方向伸展，既可以综合传统的电话中心、客户机构，又可以结合企业门户网站、网络销售、网上客户服务等电子商务内容，构架"动态"的企业前端；向后，它能逐步渗透至生产、设计、物流配送和人力资源等部门，整合 ERP、SCM 等系统。资源体系的整合，实现了企业范围内的信息共享，使得业务处理流程的自动化程度和员工的工作能力大大提高，使企业的运营更为顺畅、资源配置更为有效。

二、优化了企业的市场增值链条

客户关系管理的应用使原本"各自为战"的销售人员、市场推广人员、服务人员、售后维修人员等开始真正围绕市场需求协调合作，为满足"客户需求"这一中心要旨组成了强大团队，而对于企业后台的财务、生产、采购和储运等部门而言，客户关系管理亦成为反映客户需求、市场分布及产品销售状况等信息的重要来源。

三、保留老客户并吸引新客户

一方面，通过对客户信息资源的整合，帮助企业捕捉、跟踪、利用所有的客户信息，在全企业内部达到资源共享，从而使企业更好地管理销售、服务和客户资源，为客户提供更快速周到的优质服务；另一方面，客户可以选择自己喜欢的方式，同企业进行交流，方便地获取信息，得到更好的服务。客户的满意度得到提高，可以帮助企业保留更多的客户，并更好地吸引新客户。

四、拓展市场

通过新的业务模式（电话、网络）扩展销售和服务体系，扩大企业经营活动范围，及时把握新的市场机会，占领更多的市场份额。

总的来说，客户关系管理给企业带来互联网时代生存和发展的管理制度和技术手段，成为企业成功实现电子商务的基础，能帮助企业顺利实现由传统模式到以电子商务为基础的现代企业模式的转化。

9.2 客户关系管理的流程

9.2.1 客户关系管理价值链

客户关系管理是一个复杂的系统，它是一系列对客户管理的过程以及辅助过程的集合。客户关系管理的核心就是客户价值管理。客户价值从客户的角度而言，是指客户从企业的产品和服务中得到的需求的满足；从企业的角度而言，是指企业从客户的购买中所实现的收益。也就是说，客户关系管理主要是以满足客户需求、实现企业收益为目的。

客户关系管理可以运用迈克尔·波特的价值链作为分析的基本工具。我们把企业创造价值的过程，按照客户关系管理理念分解成为一些各不相同又相互联系的经济活动，这些活动就构成了客户关系管理价值链。客户关系管理价值链中并不是每一项活动都能实现客户价值，能给企业带来收益的往往集中在某些价值活动中，这些活动就是企业要把握的关键环节，也是企业竞争优势的来源。

我们将客户关系管理系统分解为与战略性相关的基本活动：客户价值分析、了解目标客户、发展关系网络、创造和传递客户价值、管理客户关系；以及起支持作用的各种活动：企业文化和领导重视、IT基础设施建设、业务流程和组织结构重组、人力资源管理过程。其最终目标在于企业与目标客户建立一种长期的、互惠互利的关系，以此赢得竞争优势。因此，对于这些价值活动的分析是整个客户关系管理价值链分析的关键。

9.2.2 客户关系管理价值链的基本流程

依照价值链的分析工具，客户关系管理的流程分为直接对客户进行管理的基本流程和辅助基本活动的各种支持流程。

客户关系管理的基本流程可分为五个阶段，即客户价值分析、深入了解目标客户、关系网络的发展、创造和传递客户价值以及管理客户关系。

一、客户价值分析

对客户进行分析，关键是分析客户的终生价值（Customer Lifetime Value，LTV）。客户终生价值是指对一个新客户在未来所能给企业带来的成本和收益的期望净现值，也就是说，客户未来产生的利润现在对于企业的价值。

一个客户的价值由三部分构成：

一是历史价值：到目前为止已经实现了的客户价值。

二是当前价值：如果客户当前行为模式不发生改变的话，在将来会给企业带来的客户价值。

三是潜在价值：如果企业通过有效的交叉销售、调动客户购买积极性或客户向别人推荐产品和服务等，从而可能增加的客户价值。

客户的终生价值是当前价值与潜在价值之和，它是分析其他步骤的基础。通过客户的终生价值分析可以决定：发掘新客户、保持或激活已存在的客户值得花费多少成本；哪些客户能够给我们带来长期利润。对客户终生价值的分析主要包括以下步骤：

（一）收集客户数据

数据是客户终生价值分析的基础。除企业自己收集外，也可从一些咨询企业或其他机构

购买客户信息(软信息)。需要收集的基本数据包括:

(1) 个人:年龄、婚姻、性别、收入、职业、联系方式等;
(2) 住址:区号、房屋类型、拥有者等;
(3) 生活方式:爱好、产品使用习惯等;
(4) 态度:对风险、产品和服务的态度,将来购买或推荐的可能;
(5) 地区:经济、气候、风俗、历史等;
(6) 需求:未来产品和服务需求;
(7) 关系:家庭、朋友等。

(二) 定义和计算终生价值

影响终生价值的因素有:

(1) 所有来自客户初始购买的收益、所有与客户购买有关的直接可变成本;
(2) 客户购买的频率;
(3) 客户购买的时间长度;
(4) 客户购买其他产品的喜好及其收益流;
(5) 客户推荐给朋友、同事及其他人的可能;
(6) 适当的贴现率。

(三) 客户的市场投资与利润分析

可以直接基于交易成本或资金投入进行计算,或者根据过去客户的行为模式,利用成熟的统计技术预测客户能给企业未来带来的利润。

根据一个客户的当前价值和潜在价值,可以将客户分为忠诚的客户、重复购买的客户、普通的客户及展望的客户。不同的客户所需的市场投资不同,给企业带来的利润也不同,在通常情况下,往往是小部分客户给企业带来了大部分的利润。在上述四种客户类型当中,忠诚的客户所需的维系成本低,他们还能为企业进行宣传,带来企业利润的增长。展望的客户耗费企业巨大的市场投资,但又不能为企业带来相应的回报,赢利能力较小甚至可能亏本。

(四) 客户分组

对企业来说,不是所有的客户都具有相同的潜在价值的,对最具潜在赢利性的客户进行投资无疑是一种明智的选择。企业要想识别和定位潜在赢利性的客户,必须先对客户进行组合分析。根据不同的特征、不同的行为方式、不同的年龄结构和不同的消费需求等多种方式可以对客户进行分组,我们采用的是历史价值和潜在价值的矩阵分析方法(如图9-1所示)。

图9-1 客户组合分析法

横轴代表客户的潜在价值,纵轴代表客户的历史价值,根据两者价值高低的不同可以将客户分为四种类型:投资型客户、维持型客户、培育型客户和放弃型客户。

投资型客户是企业利润的重要来源,企业应当进行相应的投资,建立一个关键客户团队,保证人力和时间的投入是最关键的,优先满足此类客户的货源需求、售后维保、优先配送。

培育型客户是那些应积极争取但尚未完全获得的客户,是最具成长性的客户。公司的任务主要是研究客户需求并通过改善自身业务获准进入。

维持型客户的忠诚度很高,已与公司有长久的合作关系,但对公司的利润贡献却逐渐下滑。对于此类客户,公司在继续投入一定资源保持关系的基础上,要逐渐从他们身上撤出资源,投向关键客户和关键发展客户。

对于历史价值和潜在价值均低的放弃型客户企业应当撤出资源,以免造成资源的浪费。

(五)开发相应的客户措施

在客户分组的基础上,针对不同类型的客户制定不同的措施,比如售楼中心根据客户收入情况,专门针对月薪 5 000 元以下的用户推荐小户型住房,这样做提高了销售效率。

二、深入了解目标客户

根据客户价值分析确定好目标客户之后,深入了解目标客户的特点、需求等尤为重要。然而客户的情况相对复杂,这就要求企业具备一套良好的收集或累积客户信息的数据仓库或数据库,以便进行系统的分析。我们可以采用 5W1H 法进行深入的客户分析,即寻找以下几方面的答案:客户是谁(Who),客户特征是什么(What),为什么是目标客户(Why),客户活动场所在哪(Where),客户消费时间段是什么时候(When),客户价值如何实现(How)。在已有的客户数据库的基础上,进一步运用各种统计技术对客户数据进行分析,就可以确定客户行为。数据是数据库的基础,善于发掘客户信息是企业一大竞争优势,这些信息对数据库的更新及后续分析起着至关重要的作用,这项竞争优势也是竞争对手难以模仿的。企业根据发掘的信息对客户实施关怀,拉近客户关系,提高客户满意度。

三、发展关系网络

企业在市场上并不是单独存在的,它与客户、员工、供应商、分销商等紧密联系在一起。这些联系就构成了企业的关系网络。企业与客户建立的网络能将企业的产品和信息及时快捷地传递给客户,并将客户反馈信息传递给企业。企业应该积极地和客户建立关系,让客户感受到这种关系的存在,并且从关系的存在中受益,从而达到企业和客户双赢的目的。员工的工作直接影响顾客的满意度和购买欲,处理好与员工的关系,调动他们工作的积极性,及时进行再教育和培训,有利于维持与客户的良好关系。企业的供应商也需要理解企业的目标客户,以便对客户需求变化做出快速反应。企业必须与分销商合作,形成强大的、各有所长的分销网络,及时进行客户信息交流、提供技术支持、及时快捷地运输产品。

客户关系管理的范畴,其实已经超出了仅仅对客户关系的管理。要成功地实施客户关系管理战略,供应商、员工、所有者或投资者以及合作伙伴必须紧密结合起来,设法满足所选客户群的需求。

四、创造和传递客户价值

在前面已经提到客户价值,即顾客的需求或企业的收益。价值创造的起点是客户需求,最终通过客户消费来实现企业的价值。在价值创造和实现的过程中，客户起着至关重要的作用，企业赋予客户的价值越大，企业创造的价值就越大，企业的赢利能力也将会提高。随着客户需求的多样化，企业创造价值的关键在于发现和理解客户的需要，将自身以客户为中心的资源有效地应用于客户和潜在客户身上。

五、管理客户关系

对客户关系的管理主要体现在企业的业务流程、组织结构及人员配备管理这三个方面。企业的业务流程要按照方便客户和便于流通的原则进行重新设计，并根据客户需要的变化和竞争对手的变化进行调整，以集成化的、精简的和客户导向的业务流程和共享数据库改变以往前台各部门业务分离、信息不共享的局面。组织结构也应当以客户需求为导向，通过减少行政管理层次，裁减冗余人员，建立一种紧凑、干练的扁平化组织结构来取代传统的金字塔式的层级结构，加快信息传递速度，使决策更快更有效率。对直接接触顾客的前台部门员工适度授权，使组织中与客户密切相关的人员享有尽可能多的自主权；制定相应的激励机制提高员工的工作积极性，及时与员工沟通，了解他们的工作状态。

9.2.3 客户关系管理价值链的支持流程

要使客户关系管理价值链取得成功还需要一些支持流程。

（1）领导重视和企业文化的支持是任何项目取得成功的必要条件。研究表明当领导对客户重视时，员工也将提高对客户的重视程度；具有改革创新的企业文化氛围对客户关系的成功发挥着重要的作用。

（2）IT基础设施建设是客户管理成功的保证。客户的信息需要建立数据库并在各部门间进行信息共享，只有借助于企业内联网络才能实现企业内部各部门之间、员工之间的信息沟通、信息共享和相互协调，共同为客户提供服务。企业只有建立外联网络才能实现与供应商、分销商及合作伙伴之间快速地传递客户信息，及时对客户做出反应。

（3）企业的业务流程和组织结构的重组有利于客户关系管理。以产品为中心的业务流程很大程度上阻碍了企业与客户的交流和沟通，因此企业应对原有流程以客户为中心重新设计。同样，组织结构的相应调整有利于提高客户服务效率。

（4）企业中与客户直接接触的是员工，人力资源的良好管理对企业建立良好的客户关系有很大的帮助。

9.3 客户关系管理的解决方案

9.3.1 客户关系管理系统的架构

客户关系管理应用系统的目标是本着对客户进行系统化研究的指导思想，完整地认识整个客户生命周期，管理与客户之间的所有交互关系，提供与客户沟通的统一平台，改进对客户的服务水平，提高员工与客户接触的效率和客户忠诚度，并因此为企业带来更多的利润。

一个完整、有效的客户关系管理应用系统，由业务操作管理子系统、客户合作管理子系统、数据分析管理子系统和信息技术管理子系统组成。

一、业务操作管理子系统

在业务操作管理子系统中,客户关系管理应用主要是为了实现基本商务活动的优化和自动化,主要涉及三个基本的业务流程:市场营销、销售实现、客户服务与支持。客户关系管理系统对其进行优化、重构的结果,是希望由此建立符合企业需要的全新功能模块。因此客户关系管理的业务操作管理子系统的主要内容包括:营销自动化模块(Marketing Automation, MA)、销售自动化模块(Sales Automation, SA)和客户服务与支持模块(Customer Service & Support, CS & S)。

(一)营销自动化模块

营销自动化模块具有市场分析、市场预测和市场活动管理功能。市场分析可通过各种统计分析,如人口统计、地理区域、收入水平、购买行为等信息来识别和确定潜在的客户与市场群体,更科学地制定出市场和产品策略。市场预测功能既可为新产品的研制、投放市场等决策提供有力依据,又可为制订销售目标和计划提供参考,并能把相关的信息自动传递到各个部门,实现协调运转,加强监控。市场活动管理则能为市场人员提供制订预算、计划、执行的工具,并在执行过程重视反馈;同时,还可对企业投放的广告、举行的会议、展览、促销等活动进行事后跟踪、分析和总结。企业必须能够协调多种营销渠道,如电话销售、电视营销、直接邮寄、传真、E-mail 和 Web 等方式之间的通信,并且防止渠道间的营销策划发生交叉或冲突。营销模块必须确保产生的客户数据和相关的支持管理模块紧密地集成到销售和服务项目中,从而实现与具有特殊要求的客户进行交互操作,进行个性化的营销。

(二)销售自动化模块

销售自动化模块能帮助销售部门跟踪众多复杂的销售状况,用自动化的处理过程代替手工操作,既缩短了销售周期,又减少了错误和重复性工作。销售管理还提供了各种销售工具,如电话销售、移动销售、远程销售、电子商务等,通过它们,销售人员无论何时何地都可及时获得与消费者相关的信息。销售管理功能一般有以下几部分:

(1)销售。此部分是销售模块的基础,用来帮助决策者管理销售业务,它包括的主要功能是额度管理、销售力量管理和地域管理。

(2)现场销售管理。为现场销售人员设计,主要功能包括联系人和客户管理、机会管理、日程安排、佣金预测、报价、报告和分析。

(3)现场销售库工具。该组件包含许多与现场销售组件相同的特性,不同的是,该组件使用的是掌上型计算设备。

(4)电话销售。可以进行报价生成、订单创建、联系人和客户管理等工作。还有一些针对电话商务的功能。如电话路由、呼入电话屏幕提示、潜在客户管理以及回应管理。

(5)销售佣金。它允许销售经理创建和管理销售队伍的奖励和佣金计划,并帮助销售代表形象地了解各自的销售业绩。

(三)客户服务与支持模块

在客户服务环节,客户关系管理要求企业提供具有竞争力的售后支持、上门维修和消耗品维护服务;还应当支持客户自由选择电话、网络等自己认为最方便的通信方法与企业联系,而且不论他们采用何种渠道,都能在最短的时间内得到所需的统一和专业的服务。在客户关系管理中,客户服务与支持主要是通过呼叫中心和互联网实现的。客户服务与支持的典型应用包括:客户关怀,纠纷、次货、订单跟踪,现场服务,问题及其解决方法的数据库,维修行为安排和调度，服务协议和合同，服务请求管理等。

二、客户合作管理子系统

在客户合作管理子系统中，客户关系管理的应用主要是为实现客户接触点的完整管理，客户信息的获取、传递、共享和利用以及渠道的管理，以形成企业客户的互动。具体涉及企业不同职能部门的管理信息体系、联络中心（电话中心）、移动设备、Web 渠道的信息集成、处理等问题。因此，主要的内容有联络中心管理（Contact Center，CC）和 Web 集成管理（Web Integration Management，WIM）等方面。

三、数据分析管理子系统

在数据分析管理子系统中，客户关系管理的应用主要涉及为实现商业智能（Business In-telligence，BI）而需进行的客户数据库建设、数据挖掘、数据仓库建设（Data Base/Warehouse，DB）等工作。数据仓库建设包括产品数据、客户数据和客户互动数据的收集整理。

四、信息技术管理子系统

在信息技术管理子系统中，由于客户关系管理的各功能模块和相关系统运行都必须由先进的技术、设备、软件来保障，因此，对于信息技术的管理也成为客户关系管理的有机组成部分，如互联网技术及应用等，从而实现企业的客户关系管理应用与 ERP、SCM 等其他的系统紧密地集成起来。

9.3.2　客户关系管理的关键技术

一、呼叫中心（Call Center）技术

在客户关系管理系统建设中，企业必须从深入收集客户数据并加以分类着手，针对客户的需求将信息分类，从而设计出能满足客户需求的产品和服务，并以客户喜爱的方式提供给他们。呼叫中心将作为企业与客户联络、交流的工具，成为与客户联系的重要窗口。

呼叫中心可以定义为一个集中处理大量打入或打出电话的场所。它是一种基于计算机网和通信网集成技术（Computer Telephony Integration，CTI）与企业各业务渠道连为一体的完整的综合信息服务系统，能有效、高速地为用户提供多种综合信息服务。CTI 是在现有的通信交换设备上，综合计算机和电话的功能，使其能提供更加完善、先进的通信方法。它是集计算机、电话通信这两者的优势于一身，将计算机系统良好的用户界面、庞大的数据库、优良的应用软件与通信交换系统的呼叫控制相结合，提供基于呼叫的数据选择、计算机拨叫、呼叫监视、智能路由、屏幕管理和语音、数据处理等功能的综合系统。

呼叫中心不仅仅在外部给用户加上一个服务层，也在内部对整个企业的管理、服务、调度起到统一协调的作用。真正意义上的现代客户呼叫中心要具备如下功能：提供每周 7 天、每天 24 小时的不间断服务，允许客户在与业务代表联络时选择语音、IP 电话、电子邮件、传真、IP 传真、文字交谈、视频系统等任何通信方式；能事先了解客户的各种信息，对不同客户安排不同业务代表与之交谈；可以把从客户那里所获得的各种信息、数据全部储存在数据库中，供企业做分析和决策之用；采用现代化的技术和良好的管理系统，随时可以观察到呼叫中心的运行情况和业务代表工作情况。由此，呼叫中心对外面向用户，对内与整个企业相联系，与整个企业管理、服务、调度、生产、维修结为一体，将不再是"支出中心"，

而是不仅有良好的社会效益,同时有好的经济效益的"收入中心"。

客户关系管理系统中的呼叫中心还必须与后台业务流程进行整合,与销售自动化(SA)、营销自动化(MA)等的结合将有利于快速创建订单及反映客户需求,让客户得到个性化的服务。呼叫中心只有与企业其他部门密切合作,才能完整地满足客户的需求。

二、数据仓库(Data Warehouse)

目前,数据仓库没有一个统一的定义,著名的数据仓库专家伊蒙(W. H. Inmon)在其著作《建立数据仓库》中,将数据仓库定义为:是一个面向主题的(Subject Oriented)、集成的(Integrate)、相对稳定的(Non-Volatile)、反映历史变化(Time Variant)的数据集合,用于支持管理决策。

在实施客户关系管理系统的过程中,客户数据仓库占有重要的地位。客户数据仓库把分散在企业内外的关于客户的数据集成起来,向企业及员工提供关于客户的总体的、统一的看法。客户数据仓库的建设必须考虑客户关系管理的特征和要求。

(1) 数据信息的搜集和集成。

在企业中,客户数据可能存在于订单处理、客户支持、营销、销售、查询系统等各个环节或部门,客户数据仓库的建立可把这些信息集成起来。客户关系管理的客户数据仓库需要把企业内外的客户数据集成起来,从而对客户进行聚类、匹配和合并。通过聚类和匹配,如果发现了几个匹配的记录,就需要对这些记录进行合并。

(2) 确保数据的质量。

首先,在建立客户关系管理数据仓库时,一定要保证由应用程序所确认生成的客户编码的唯一性。其次,对于客户匹配和建立完整准确的客户数据仓库来讲,姓名和地址这两个信息片断是很重要的,一定要进行分解和规范化。最后,即使各信息都是完整、准确的,而由于不同信息来源的数据所用格式可能不同,也需要对这些信息进行清理。

(3) 按规则更新客户数据。

客户数据仓库的维护是逐渐更新,而不是一次性更新的。如果每次更新都重新进行客户记录匹配和重新建立数据仓库,则工作量太大。这就要求按照一定规则进行客户数据的更新。数据更新要求同步化,这是客户关系管理数据仓库的特点之一。

(4) 数据仓库统一共享,以发挥最大效益。

统一共享的客户数据仓库把销售、市场营销和客户服务的信息连接起来。横跨整个企业集成客户互动信息会使企业从部门化的客户联络转向所有的客户关系管理解决方案,以使后台应用系统与前台以及电子商务的策略相互协调。而一旦建立了客户数据仓库,下一步便要使它们发挥最大价值,要保证让企业各类工作人员都能方便、快捷地得到相关数据。对于每个进入客户关系管理系统的顾客的资料,客户服务、销售和营销等部门都应该很容易得到其数据,而企业管理决策者则能随时得到关于企业业务情况的分析和相关报告。

三、商业智能

在客户关系管理环境下,企业新的管理模式要建立在新的信息系统平台之上,企业网络是现代化企业十分重要的信息基础设施,提供着收集、管理、共享、存取和集成各种信息、连接企业内部并与外界交流信息的功能。管理信息系统(Management Information System,MIS)借助于互联网/企业内部网平台将充分满足企业信息管理的需求,有效实现新的企业管理模式。管理信息系统是一个以数据库为核心,为企业提供支持其管理运营活动的基础信息、管理信息和决策信息的人-机系统。

当一个企业实施客户关系管理系统时,在企业管理信息系统(MIS)基本建设完成的基础上,企业将产生对决策支持的需要。管理信息系统的高层决策部分往往被称作决策支持系统(Decision Support System,DSS)。决策支持系统的应用水平随着计算机技术与数据库存技术,如数据仓库、多维数据库、数据挖掘等的发展而不断提高。决策支持系统是面向决策者的,功能是突出支持(而非代替)决策者的决策行为。随着客户关系管理和管理信息系统等应用系统的发展,企业对决策支持系统的"智能化"(Intelligence)要求越来越高。

在激烈竞争的市场环境中,正确及时的决策是企业生存和发展的重要环节。现在越来越多的企业认识到,利用管理信息和决策支持系统深层次地挖掘、分析当前和历史的生产业务数据和相关环境数据,自动获取其中有用的决策信息,为企业提供快速、准确和方便的决策支持的重要性。决策支持系统通过对生产和计划的完成情况及相关环境数据进行多角度、多层次的分析,使企业的决策者及时掌握企业的运行情况和发展趋势,并对制订生产、销售计划和长远发展规划提供参考,能提高企业的管理水平和竞争优势。决策支持系统智能化发展的结果,导致了商业智能(Business Intelligent,BI)的出现。

商业智能是指用计算机模拟人的思考和行为来进行商业活动。商业智能所研究的课题是如何提高综合数据的能力并对数据进行快速和准确分析,从而使企业的各级决策者获得知识或洞察力,做出更好的商业决策,为企业带来竞争优势。从系统的观点来看,商业智能的实现过程是:从不同的数据源收集的数据中提取有用的数据,对数据进行整理以保证数据变为信息,然后寻找合适的查询和分析工具、数据挖掘工具、联机分析处理(OLAP)工具对信息进行处理,让信息变为辅助决策的知识,最后呈现于用户面前并转变为决策。

商业智能是一个收集、处理和分析数据,将这些数据转化为有用的信息,然后分发到企业各处用于改善业务决策的过程,其核心技术是逐渐成熟的数据仓库和数据挖掘技术。数据仓库将大量用于事务处理的传统数据库数据进行清理、抽取和转换,并按决策主题的需要进行重新组织,这种高度集中的数据为各种不同决策需要提供了有用的分析基础。通过数据仓库,商业智能可获取并载入原始资料,并以 Web 平台为企业管理者提供分析与查询信息。数据仓库本身要能管理大量数据,并能高效处理复杂查询。

在客户关系管理系统中,商业智能的任务就是针对企业业务流程和管理过程中产生的大量数据,如订单、库存、交易账目以及客户资料等,通过挖掘、利用这些数据来增进企业管理者对业务情况的了解,以及支持其在业务管理及发展上及时做出正确判断。商业智能为企业提供了高效的数据分析工具,使高速、精确分析大量数据所需的时间大大减少。

四、Web 的集成管理

Web 在企业内部和外部交流及交易方面日益广泛的使用,使得 Web 功能成为客户关系管理解决方案中的关键因素。Web 集成管理是指客户关系管理系统中,应用互联网体系结构,对与客户接触的 Web 渠道、信息的处理和相关技术支持进行的管理活动。基于 Web 的功能对于诸如 Web 自助销售等应用软件,是不可或缺的前提条件。建立企业信息门户(Enterprise Information Portal,EIP)是 Web 集成管理的主要工作。通过企业信息门户站点,可以为客户、合作伙伴和员工建立一个个性化的、与整个企业交互的门户。企业信息门户能使企业及时释放、存储其内部和外部的各种信息,进行网上购物或用户自主服务等。客户关系管理系统通过 Web 支持,销售其产品及服务,不断扩展销售和服务体系,并可与 ERP 等应用系统结合。在建设网站时，应考虑如何使自己的网站吸引客户，并遵循以客户需求为导向的原则，从客户角度设计网站结构，方便访问者在网站上找到自己想要的东西。

9.4 客户关系管理的实施

9.4.1 实施客户关系管理的基本步骤

在充分考虑企业自身的情况和所要实现的系统功能的前提下，通常实现一个客户关系管理系统需要下列八个步骤。

一、确立业务计划

企业要清楚地认识到自身对于客户关系管理系统的需求，以及客户关系管理系统将如何影响自己的商业活动。在准确把握和描述企业应用需求的基础上，企业应制订一份业务计划，力争实现合理的技术解决方案与企业资源的有机结合。

二、建立客户关系管理项目团队

企业在客户关系管理项目开立之后，应当及时组建一支有力的团队，并保证客户关系管理团队取得高层管理者的支持。客户关系管理项目团队的配置包括各方面的代表，有管理高层、市场销售、系统集成/技术支持、财务以及终端用户。为保证团队有较强的工作能力，应当进行有计划的早期培训和客户关系管理概念的推广。

三、分析客户需求，开展信息系统初建

客户关系管理项目团队必须深入了解不同客户的不同需求或服务要求，了解企业和客户之间的交互作用在哪些方面，以及人们希望它如何工作。要考虑建立以实时的客户信息进行商业活动的方式，从而有效地在企业内部传递客户信息。要做好客户信息的收集工作和信息系统的初步建设，即建立客户信息文件，一般应包括有客户原始记录、统计分析资料和企业投入记录。企业应根据自身管理决策的需要、客户的特征和收集信息的能力，选择确定不同的客户档案内容，以保证档案的经济性、实用性。

四、评估销售、服务过程，明确企业应用需求

在清楚了解客户需求的情况下，对企业原有业务处理流程进行分析、评估和重构，制定规范合理的新的业务处理流程。为此，需广泛地征求员工的意见，了解他们对销售、服务过程的理解和需求，并确保企业管理人员的参与。充分了解企业的业务运作情况后，接下来需从各部门应用的角度出发，确定其所需功能，并让其最终使用都寻找出对其有益的及其所希望使用的功能。比如，就销售部门而言，企业中的两个用户群——销售管理人员和销售人员中，销售管理人员感兴趣的是市场预测、销售渠道管理以及销售报告的提交；而销售人员则希望迅速生成精确的销售额和销售建议、产品目录以及客户资料等。

五、计划好实施步骤，为客户关系管理不同级别系统设置优先级，逐步推进

企业可以以渐进的方式实现客户关系管理方案。因为这将允许企业根据其业务需求随时调整客户关系管理系统，且不会打断最终用户对这一系统的添加，这样可以避免系统实现上的混乱，甚至也可以在小范围内实行若干步骤的循环和改进。

六、选择合适的方案，投入资源，开发部署

企业在选择应用软件或全面解决方案时，要考虑供应商对自己所需要解决的问题是否有充分的理解和解决的把握，全面关注其方案可以提供的功能。要投入与企业规划和承受能力相符合的财力等资源，推进软件和方案在企业的安装、调试和系统集成，要结合软件的功能和新的业务处理流程，组织软件实施。企业应先部署当前最为需要的功能，然后再分阶段不断向其中添加新功能。

七、组织用户培训，实现应用系统的正常运转

企业应针对客户关系管理方案确立相应的培训计划，培训计划中应包括销售人员、服务人员以及管理人员，还应根据业务需求不断对雇员进行新的培训，使员工明白方案实现后管理与维护方面的需求，维持企业客户关系管理方案成功运行。

八、使用、维护、评估和改进

企业应用客户关系管理开展为企业编制衡量管理绩效的数据监控体系和管理报表体系，编制决策数据体系和决策数据分析方法，进行信息系统管理等工作。对客户关系管理提供的性能指标功能进行维护，要与供应商一同负责正常运行和运行审查，估算系统应用的成功度。为了确保系统能产生预期的好处，要花时间对不足的模块进行改进，直到它能满足需求。

9.4.2 客户关系管理实施条件

客户关系管理的选择和实施是一项复杂的系统工程，客户关系管理的实施有以下几个方面的支持。

一、要专注于流程的研究、优化和重构，要树立长期战略，分步实施

企业级的解决方案必须首先专注于业务流程，要去研究企业现有的营销、销售和服务的策略和模式，发现不足并找出改进方法。对流程进行审视，不仅可以找出是哪些阻碍了企业业务能力的提高，还可以发现问题并加以解决，而且在项目实施后，将此时的情况与此前的情况相比较，看是否有所改观，可以对客户关系管理的效果做出真实的评价。不能在项目开展之初就把大部分注意力放在技术上，因为技术始终只是促进因素，本身不可提供解决方案。技术应当灵活运用，要根据业务流程中存在的问题来选择合适的技术，而不是调整流程来适应技术的要求。

在项目规划时，应设计比较长远的规划，如三至五年的远景设计。那些成功的客户关系管理项目通常把企业远景划分成几个可操作的阶段，通过流程分析，从一些可以或需求迫切的领域着手，每次解决几个领域的问题，稳妥而效果明显。

二、必须遵循专业化、社会化和开放式的动作思路

企业应与已有成熟产品和成功案例的专业电子商务解决方案提供商深入合作，或者是聘请专业人员进行咨询和对企业进行研究，然后由各方从整体上、从发展的观点和长远的角度提出客户关系管理全面解决方案，并协助企业实施。企业还可以尝试采用客户关系管理"外包"的方式，建立开放的客户服务平台，把客户关系管理交给社会力量，由专业的组织机构对客户关系管理进行专业化的运作。因为完整的客户关系管理解决方案的成功执行要求具有相当宽度和深度的技术和智力资源，而大多数企业不仅缺乏技术资源，在进行计划设计

和执行客户关系管理方案或创建广域客户关系管理环境时，也缺乏了解商业流程和策略的组织专家。

三、要着力加强对渠道和应用子系统的集成、整合工作

（1）实现并加强对渠道的集成。

不管客户是通过 Web 与企业联系，还是与携带有 SFA（Sales Force Automation）功能的便携电脑的销售人员联系，或者是与呼叫中心代理联系，与客户的互动都应该是无缝的、统一的、高效的。

（2）注重对工作流进行集成。

工作流是指"部分或全部的业务过程在计算机环境下的自动化"。工作流把相关工作规则自动地安排给负责特定业务流程中特定步骤的人员。客户关系管理解决方案应该具有很强的为跨部门工作提供支持的功能，使这些工作能动态地、无缝地完成。

（3）要实现与 ERP 等应用系统的集成。

客户关系管理要与财务、制造、库存、物流和人力资源等系统连接起来，从而提供一个闭环的客户互动循环。

（4）实现对客户关系管理系统自身各个部分的集成和整合。

因为客户关系管理的效率和有效性的获得有一个过程，依次是：终端用户效率的提高、终端用户有效性的提高、团队有效性的提高、企业有效性的提高、企业间有效性的提高。

四、加强支持网络应用的能力

由于快速发展的电子商务要求不断地对数据进行实时访问，应用系统越来越多地建立在 Web 浏览器上，这就给现在的客户关系管理系统施加了压力。在支持企业内外的互动和业务处理方面，Web 的作用越来越大，这使得客户关系管理的网络功能越来越重要。一方面，网络作为电子商务渠道的便利性不言而喻，而为了使客户和企业员工都能方便地应用客户关系管理系统，需要提供标准化的网络浏览器，使得用户只需很少的训练或不需训练就能使用系统。另一方面，在网络应用体系下，业务逻辑和数据维护的集中化，减少了系统的配置、维持和更新的工作量。

五、人的因素是客户关系管理实施成功与否的关键

如果在客户关系管理实施中不重视人的因素，企业为实现一个完善的客户关系管理系统而付出的所有财力、物力都将付诸东流。这里人的因素包括企业的领导者、业务团队和所有员工。

企业在实施客户关系管理项目之初，首先应当获得高层领导的支持以及企业管理层的理解和共同认可。企业的高层领导可以从总体上把握这个项目，并扫除前进道路上的障碍，他应该有足够的权威或者是获得足够的授权来改变企业的现状。他在客户关系管理项目实施中向改造团队提供为达到客户关系管理项目的目标所需的时间、财力、人力和其他资源，并推动这个目标从上到下地实施。企业的管理层应当具备对实施客户关系管理项目的充分理解和协作支持。只有这样，当涉及跨部门业务和不同利益结构时，为保证企业范围的整体改进，客户关系管理项目才有可能得到顺利的开展。

实施客户关系管理项目的团队应有较强的能力。实施客户关系管理的团队应该在以下四个方面有较强的能力：一是企业业务流程的重组，需要对其流程的关键部分自愿进行改造；

二是要了解系统的客户应用需求状况,因为不论企业选择了哪种解决方案,一定程度的客户化工作经常是需要的,应该根据企业的工作流程对客户关系管理工具进行修改;三是对技术有一定的掌握,才能支持相关功能的实现;四是具有改变管理方式的技能,这对于帮助用户适应和接受新的业务流程是很重要的。

只有从领导者到基层员工,从内勤研发到销售业务,都认识到客户关系管理的价值,并且身体力行,配合实施,客户关系管理项目才能获得成功。如果企业中某些群体极力抗拒或消极对待,客户关系管理项目将难以顺畅动作。比如,业务员觉得客户资料不重要,客户服务中心就无法取得正确资料进行联络;研发人员对客户服务中心统计的客户意见不予考虑,新产品就无法融入客户的需求。

实施客户关系管理系统,必须要有与之相适应的企业文化做支撑。成功的客户关系管理实施所关注的不仅是客户关系管理系统的安装、调试、培训等工作本身,而是把更多的精力放在理念贯彻、思想融合,即企业文化体系的改造及贯彻上。企业文化虽然不同于企业制度那样对员工具有强制约束力,但作为企业全体成员共同遵循的思维和行为习惯,对企业的影响力却非常大。

小结

客户关系管理是供应链中的各种一线活动的重要基础保障。客户关系管理的实施拓宽了企业与客户的沟通渠道,保证了客户信息的及时更新与顺畅地流动。

经典案例

青岛石化检修安装工程公司(以下简称"青岛石化检修公司")是向石油化工生产企业提供专业化生产装置的维护、维修服务,专业的工程建设、安装、施工企业。青岛石化检修公司的领导董总、姜书记在管理实践中发现,由于该公司长期以来习惯于"运营式"的管理方式,客户意识比较淡薄,长期的"重设备,轻市场"的思路是传统行业的管理思维,在国有企业垄断逐步被打破的市场环境下,如果不能"走出去"主动发掘客户,提供最及时周到的客户服务,就会阻碍企业的进一步发展,丧失市场先机。

公司领导从这一点出发,高瞻远瞩,着眼未来,在石化行业较早决定通过实施客户关系管理(CRM)软件项目,提升公司的客户体验,改变现在传统的服务方式,由被动式的服务请求响应转化成为主动式的服务体验。在这一过程中,他们决心下大力气打造一支技术精湛、服务优良、流程卓越、有竞争力的服务团队,为企业以后直面竞争激烈的市场打下坚实的基础。

该项目主要由 CRM 青岛代表处负责实施。在实施过程中,项目组确立了以下目标:

对公司的所有服务人员进行"以客户为中心"的理念转变;

将客户服务工作按照客户、设备、任务三条主线进行融合;

利用系统完成生产部、设备部、施工车间的工作配合。

在实施 CRM 软件项目以前,青岛石化检修公司对设备实行卡片式管理,所有信息都是静止的,无法随业务的发展而变化。维修情况记录也非常分散,对某台设备基本无法查询以前详细的维修、保养情况,信息的不完整严重地阻碍了青岛石化检修公司为客户提供长期的主动的服务。项目组在业务访谈中了解到了这一难点之后，认为要改善客户服务，需要从完善信息做起。要做到信息的完善，就需要能够随时更新信息，便于查询，并且从设备、客户和维修工作三条主线都能够看到统一的完整的线索。为了实现这一点，项目组将协同工作作为信息收集的突破口。

过去，由于维修的流程不固定，导致在出现状况时无法明确责任；各个部门之间信息不共享，所有协同的事情都要等到开会汇报时才能知道。项目小组首先对设备进行了全面的清理和共享，以一个设备为主线，每个部门制订自己的工作计划，例如月度计划、技改技措项目、维护维修项目等，每天将各项工作的协调及现场检查情况以服务记录的形式添加到相应的服务任务下。例如：工作任务协调情况，材料、机具等落实情况，现场施工检查情况，并做出未完工作说明；提出需要相关部门协调工作的内容要求；让部门领导能够看到相关职能部门要求的反馈结果。这样一来，大家发现，系统的确能够起到协调工作的作用，重要的事务不必等到开会时才有结果、有回应了，也就更乐意往系统中录入信息，逐步形成了以设备、客户、工作任务为主线的信息收集渠道。

CRM 项目是青岛石化检修公司的第一个信息化管理系统，第一时间内要确保数据的准确及时录入，形成规范的可以加工利用的企业级数据库。通过对大量信息的积累，可以发掘出其中的规律，例如设备的维修、更换规律。掌握了这些规律后，过去被动的服务就可能成为事先可以预知的工作，就有可能提供主动的关怀与服务。可以说，掌握了信息的管理者就可以做出更加科学、准确的决策，也更容易应对市场竞争。

所有的工具都需要配套的执行方式，虽然系统可以解决工作的主要难点、优化流程，但同时明确的部门职责，岗位职责，提高员工行动有效性，提高工作效率，流程中的配套文档、表格和对应的考核指标也很重要。正是通过使每一个员工都清楚他的职责是什么、该做什么、如何做，都能在系统中得到提示、提醒，才最终实现了资源共享、协同工作、效率卓越的先进管理模式。

问题：
1. 青岛石化检修公司实施 CRM 项目给企业带来了哪些好处？
2. 结合案例和自身体会谈谈客户关系管理的重要性。

任务十

现代企业市场营销管理

任务解读

市场营销是企业生产经营的出发点和落脚点,是现代企业管理的重要组成部分。它通过进行市场营销计划、组织和控制等活动,使企业实现其目标。

知识要点

1. 理解市场营销的概念、观念,了解市场营销的发展。
2. 理解市场营销的工作内容。
3. 掌握市场分析、市场细分、选择目标市场。
4. 掌握市场营销常用策略。

技能要求

1. 能进行市场分析、细分,选择目标市场。
2. 会运用常用的产品策略、价格策略、分销策略和促销策略。
3. 能设计初步的营销策划方案。

10.1 现代企业市场营销管理概述

市场是企业生产经营的起点和终点,它也是企业生产经营活动成败的主要评判标准,现代企业的首要任务就是认识市场、开发市场、满足市场、进而引领市场。因此,市场营销管理是现代企业管理中一项非常重要的内容。

10.1.1 市场

一、市场的概念

现代经济学所说的市场是指一切交换关系的总和,包括卖主和买主,包括供求关系。市场营销学中的市场,则是指一切具有特定欲望和需求并且愿意和可能从事交换来使欲望和需求得到满足的潜在顾客所组成的消费者总体。市场营销学认为卖主构成行业,买主构成市场。所以,衡量一个市场的规模大小,有三个主要尺度:人口、购买欲望、购买力。所以说,市场=人口+购买欲望+购买力。现代社会由无数的市场组成,按商品的基本属性可划分为一般商品市场和特殊商品市场。

(1) 一般商品市场。一般商品市场指狭义的商品市场,即货物市场,包括消费品市场和生产资料市场。

消费品市场是为个人提供最后的、直接的消费品的市场。其特点是:购买者人数众多,每个人都可以是消费品市场上的购买者。这就使得消费品市场广阔,设施分散,布局广泛;商品品种繁多,花色多样,规格齐全,并具有一定程度的差异性,如民族、地区、性别、年龄特色等;商品交易次数频繁,除批发业务外,一般每次交易的数量和金额较小;供求关系复杂多变,购买力流动性大;购买者容易受广告宣传促销活动的影响。

生产资料市场是生产资料流通的场所,是提供生产资料以满足生产需要的市场。其特点是:生产资料市场上的购买者以企业为主,企业需要的生产资料数量大、金额多,属大宗购买和固定购买,因而购买的次数少,使用周期较长。但生产资料商品的专用性强,技术服务要求高,购买者一般对商品的品种、规格、数量、质量、交货期、标准化等都有严格要求。

(2) 特殊商品市场。特殊商品市场指为满足消费者的资金需要和服务需要而形成的市场,包括技术市场、资本市场和劳动力市场。

作为技术市场组成部分的信息技术市场是指信息商品进行交换或流通的场所或领域,是信息商品交换关系的总和。

资本市场是指证券融资和经营一年以上的中长期资金借贷的金融市场,包括股票市场、债券市场、基金市场和中长期信贷市场等,其融通的资金主要作为扩大再生产的资本使用,因此称为资本市场。作为资本市场重要组成部分的证券市场,具有通过发行股票和债券的形式吸收中长期资金的巨大能力,公开发行的股票和债券还可在二级市场自由买卖和流通,有着很强的灵活性。

劳动力市场就是指在劳动力管理和就业领域中,按照市场规律,自觉运用市场机制调节劳动力供求关系,对劳动力的流动进行合理引导,从而实现对劳动力的合理配置的机构。目前我国主要劳动力市场由以下几类就业机构构成:各级人事部门举办的人才交流中心;各类民办的人才交流中心;各级劳动社会保障部门举办的职业介绍所;各类民办的职业介绍所;政府有关部门举办的各类劳动力供需交流会;社区劳动服务部门;专门的职业介绍网站。

二、市场的作用

在现代市场经济条件下,市场的基本功能是相同的,即市场具有反馈功能、交换功能、竞争功能、调节功能,同时市场通过其功能对社会经济生活起着重要作用。

(1) 市场是企业连接生产和消费的纽带。一方面企业从市场上获得生产经营活动所需的各种生产要素,另一方面它又通过市场实现其商品或劳务的价值,使企业再生产过程顺利进行。同时,只有随着市场的扩大,企业才能实现扩大再生产。

(2) 市场是企业竞争的场所。通过市场交换,利用价格与非价格竞争,最终结果是优胜劣汰,使那些不善经营和管理的企业在市场上被淘汰,经营得法的企业得以生存和发展。

(3) 市场可以起到调节、引导生产,满足消费的作用,进而实现社会资源利用的最优化。

10.1.2 市场营销

一、市场营销的概念

"市场营销"英文为"Marketing"。我国在引进这门学科的过程中,对其翻译的方法有好几种,一些翻译恰恰反映了当时人们对市场营销在理解上的偏差与局限。曾经有人将"Marketing"翻译为"销售学",译者可能认为这门学科主要研究的是企业如何将生产出来的产品更好地销售出去,这种认识是很不全面的,销售只是营销活动的组成部分之一;后来又有人将"Marketing"翻译为"市场学",但是这种译法也会使人产生误解,以为"Marketing"只是单纯从客观的角度研究市场的,同企业的经营决策活动关系不大;而"市场营销学"的译法,则比较准确地反映了"Marketing"这门学科是企业以市场为导向,以实现潜在交换为目的,去分析市场、进入市场和占领市场这样一种基本的特征,所以是现有的译法中比较能被接受的一种;此外,在我国的台湾比较普遍地将"Marketing"翻译为"行销学",而在香港则曾经将其翻译为"市务学",其语义也同"市场营销学"比较类似。对于"Marketing"不同的翻译,反映了对市场营销概念的认识过程。

有不少人将市场营销仅仅理解为销售(sales),从我国不少企业对营销部的利用中就可以看到这一点,它们往往只是要求营销部门通过各种手段设法将企业已经生产的产品销售出去,营销部的活动并不能对企业的全部经营活动发挥主导作用和产生很大影响。然而,事实上,市场营销的含义是比较广泛的。它也重视销售,但它更强调企业应当在对市场进行充分的分析和认识的基础上,以市场的需求为导向,规划从产品设计开始的全部经营活动,以确保企业的产品和服务能够被市场所接受,从而顺利地销售出去并占领市场。

美国市场营销学专家菲利普·科特勒(Philip Kotler)对市场营销的定义是:"市场营销是个人和群体通过创造并同他人交换产品和价值以满足需求和欲望的一种社会和管理过程。"在这个核心概念中包含了:需要、欲望和需求,产品,效用,交换和交易,关系,市场,营销和营销者等一系列的概念(如图10-1所示)。

图10-1 市场营销的核心概念

(一)需要、欲望和需求

需要是指人类与生俱来的基本需要。如人类为了生存必然对食品、衣服、住房、安全、归属、受人尊重等产生需要。

欲望是指想得到上述基本需要的具体满足品的愿望,是个人受不同文化及社会环境影响表现出来的对基本需要的特定追求。

需求是指人们有能力购买并愿意购买某个具体产品的欲望。需求实际上也就是对某特定产品及服务的市场需求。

(二)产品

产品是能够满足人的需要和欲望的任何东西。

（三）效用

效用是消费者对产品满足其需要的整体能力的评价。

消费者通常根据这种对产品价值的主观评价和要支付的费用来做出购买决定。

（四）交换、交易和关系

交换是指从他人处取得所需之物，而以其某种东西作为回报的行为。

人们对满足需求或欲望之物，可以通过自产自用、强取豪夺、乞讨和交换等方式取得，只有交换方式才存在市场营销。

交换的发生必须具备五个条件：

（1）至少有交换的双方；

（2）每一方都有对方需要的有价值的东西；

（3）每一方都有沟通和运送货品的能力；

（4）每一方都可以自由地接受或拒绝；

（5）每一方都认为与对方交易是合适或称心的。

交易是交换的基本组成单位，是交换双方之间的价值交换。交换是一种过程，在这个过程中，如果双方达成一项协议，我们就称之为发生了交易。交易通常有货币交易和非货币交易。

关系营销是市场营销者与顾客、分销商、经销商、供应商等建立、保持并加强合作关系，通过互利交换及共同履行诺言，使各方实现各自目的的营销方式。

与顾客建立长期合作关系是关系营销的核心内容。

（五）市场营销与市场营销者

在交换双方中，如果一方比另一方更主动、更积极地寻求交换，我们就将前者称为市场营销者，后者称为潜在顾客。换句话说，所谓市场营销者，是指希望从别人那里取得资源并愿意以某种有价值的东西作为交换的人。市场营销者可以是卖方，也可以是买方。当买卖双方都表现积极时，我们就把双方都称为市场营销者，并将这种情况称为相互市场营销。

二、市场营销与推销

（1）市场营销是研究如何运作市场的学问。只要存在市场经济，无论哪一个单位和部门，谁也离不开市场，谁也就离不开市场营销。而推销或销售是在计划经济条件下就存在的。因此，市场营销与推销（销售）虽然都要研究销售策略和技巧，但存在着根本区别。

出发点不同。推销的出发点是企业，企业有什么就卖什么。因此，工厂的生产是起点，市场销售是终点，研究的范围是有始有终的一条线。营销的出发点是顾客，顾客需要什么，就生产什么，就卖什么；需要多少就卖多少。因此，市场是工作的起点，但市场又是终点，生产只是中间环节，研究的范围是循环往复的一个圆。

（2）目标不同。推销和营销都要取得利益。但推销的目的是目前利益，工作上是短期行为，销售上是一锤子买卖，只要今天吃饱饭，明天、后天饿肚子也在所不惜。营销的目的是长远利益，工作上是长远设计，要与顾客建立长期的互利关系，不强调一次的得失，而追求长期的利益最大化。

（3）手段不同。推销和营销都要运用多种手段。但推销为了达到目的，可以不择手段。营销则强调多种手段的组合运用，并以有利于消费者为条件。因此，不能单凭是否运用广告手段来区分是搞推销还是搞营销。

（4）理论内容不同。推销和营销都要研究策略与技巧，但推销只是市场营销研究内容的组成部分之一。市场营销是一个完整的理论体系，包含着丰富的内容。从运作对象的角度划分，市场营销分为资本运营（货币营销）、资产运营（资产营销）和产品营销三个层次。资本运营是以企业的整体为对象，以价值形态经营为特征，以资本结构的动态调整为手段而进行运作；资产运营以企业的各个部分为对象，以实物形态经营为特征进行运作；产品营销是以经营成果为对象，以多种形态进行运作。从理论上说，资本运营、资产运营和产品营销是企业营销活动不可分割的整体，其中资本运营是企业营销的前提和起点，资产运营是关键环节，产品营销是基础和结果。因为只有产品营销搞得好的企业才有资本进行资本运营和资产运营；资本运营和资产运营的效益最终要通过提高产品营销的能力来体现。因此，三者关系必须处理恰当，否则，尽管资本运营搞得很好，但也不一定取得好的效益。

从管理的角度划分，市场营销管理分为三个层次：一是策划，其工作主要是制定市场战略，规划未来。这是单位的主要领导要做的工作。二是管理，其工作主要是进行市场调研与预测，并要搞好市场、人员等管理工作。这是单位的中层管理者干的工作。三是推销，其工作主要是进行市场调查、搜集信息、销售商品、回收货款。这是单位的推销人员干的工作。从三个层次看，如果主要领导的工作做不好，再能干的推销员也很难把产品销售出去。正是由于这一原因，美国市场营销学专家彼得·德鲁克指出："某些推销工作总是需要的，然而营销的目的就是要使推销成为多余。"

（5）过程不同。市场营销是一个完整的循环过程，而推销仅仅是市场营销的一个环节。

研讨与思考：市场是什么？市场有哪些要素？市场营销的核心概念是什么？市场营销和推销相同吗？

10.1.3 市场营销的观念

企业的市场营销管理是在特定的指导思想或经营观念指导下进行的。它是人们在从事市场营销活动时，对客观市场环境的认识。任何企业的市场营销活动，都要受到一定的营销观念的支配。

市场营销观念，也叫市场营销哲学，指企业对其营销活动及管理的基本指导思想。它是一种观念，但更是一种态度，也是企业的一种思维方式。市场营销观念的核心是正确处理企业、客户和社会三者之间的利益关系。因此，企业的营销观念是否正确，关系着企业经营的成功与失败。

市场营销观念从总体上分析，主要有两大类：一类是以企业为中心的观念，一类是以消费者为中心的观念。

一、以企业为中心的观念

以企业为中心的观念，就是以企业利益为根本取向和最高目标来处理市场营销问题的观念。

（1）生产观念。

生产观念是 20 世纪 20 年代在西方资本主义国家占统治地位的企业经营思想。它是指企业的一切经营活动以生产为中心，围绕生产来安排所有业务活动，而不去考虑市场需求和消费者的需要。比如，在 1921 年美国的福特汽车公司生产一种 T 型车，该种车当时在美国市场上占有较大的比重，福特汽车公司当时的营销观念是如何使 T 型车生产效率提高，至于消费者对汽车的颜色与款式的要求，则没有更多地顾及。因为当时福特车供不应求，清一色的黑色车也能卖得出去。福特公司采用的就是生产观念，难怪亨利·福特说，不论顾客需要什么类型的车，我们只供黑色 T 型车。生产观念强调以企业生产为中心。在这种观念的指导下，企业的中心任务是集中一切力量增加产量，降低成本，提高销售效率，很少考虑或没有去考虑消费者的不同需求，更谈不上开展市场调研活动。

（2）产品观念。

产品观念类似于生产观念，这种观念的指导思想是企业应把营销活动的重点放在提高产品质量上，坚信只要企业能提高产品的质量、增加产品的功能就顾客盈门，而不必讲究其他销售方式。如果说生产观念强调的是"以量取胜"，产品观念强调的则是"以质取胜"。"质量比需要更重要"是这一观念的突出表现。曾经有一家公文柜生产商过分迷恋自己的产品质量，并且追求精美。其生产经理认为，他们生产的公文柜是全世界质量最好的，从四楼扔下来都不会损坏。但当产品拿到展销会上推销时却遇到了强大的阻力。这使销售经理难以理解。他觉得产品质量好的公文柜理应获得顾客的青睐。销售主管告诉他，顾客需要的适合他们工作环境和条件的产品，没有哪一位顾客打算把他的公文柜从四楼上扔下去。产品观念由于过分重视产品而忽略顾客需求，最终将导致"营销近视症"。需要指出的是，产品观念本质上仍然是以生产为中心的，以产定销，围绕生产安排业务活动。但它比生产观念多了一层竞争的色彩，开始考虑消费者对产品品质、性能、特色的愿望。这种观念在商品经济不甚发达、产品供求大体平衡、竞争不激烈的情况下，常常成为一些企业经营的指导思想。

（3）推销观念。

推销观念是以销售为中心的企业指导思想，这种观念重点考虑如何将产品卖出去，把销售当成了企业经营活动的核心。这种观念产生于 20 世纪 30—50 年代，资本主义工业革命完成以后，生产成倍地增长，商品的品种大量增加，市场发生了重大变化。总的趋势是市场逐渐由卖方市场向买方市场转变，市场竞争加剧，产品的销售问题成了企业生存和发展的关键，这就要求企业转变营销观念，把主要精力由生产转向销售。为争夺顾客，甚至出现了许多欺骗和强行推销的行为，招致消费者的反感。这种观念认为，消费者通常有一种购买惰性或抗拒心理，所以企业必须积极推销和大力促销。当时比较经典的口号是：我们卖什么，就让人们买什么。

推销观念从一定意义上说，仍然属于以企业生产为主的观念，是旧观念的一种。它仍然认为潜在的顾客只要在大量的广告和推销人员的强大攻势下，就会接受产品。事实上，销售只不过成为市场营销活动中一个直观的部分。这种观念不以市场为中心，强化的只是推销，最终会给企业埋下巨大的隐患。

二、以消费者为中心的观念

以消费者为中心的观念是商品经济发展史上一场全新的革命，这种观念产生于 20 世纪 50—70 年代。在这一阶段，随着科学技术的发展，劳动生产率迅速提高，社会物质财富有了较大的增长，产品更新换代的周期迅速缩短，竞争日益激烈，整个市场处于供过于求的状况。这个时期，一些发达国家实行高物价、高工资、高消费政策，以刺激消费者购买，社会经济环境迅速发生了变化。同时，消费者有了较多的可以支配的收入，对产品有了更高的要求。于是，要求企业能够提供可以满足不同消费者需要的适销对路的产品。这种观念强调以消费者为中心，市场上消费者需要什么，企业就生产什么和销售什么，按需生产，以销定产;并且在产品销售出去后,还要了解消费者对产品有什么意见与要求,每个企业都在想尽一切办法,为消费者提供更好的产品和售后服务,力争使自己的产品比竞争对手更好,更充分地满足消费者需要,以获得消费者的信任与长期的利润。在这种观念指导下,市场已不是生产过程的终点,而是起点;不是供应决定需求,而是在创造需求。第二次世界大战以前,福特汽车公司靠老福特的黑 T 型车取得了辉煌的成就,但老福特过分相信自己的经营哲学,不管市场环境的变化、需求的变动。而通用汽车公司的创始人斯隆,觉察到战争给全世界人民带来的灾难,特别是年轻人从战场上回来,厌倦了战争的恐怖与血腥,期望充分地享乐,珍惜生命,因而对汽车的需求不再是只满足于单调的黑色 T 型车,希望得到更多款式多样、色彩鲜艳、驾驶灵活、体现个性、流线型的汽车。通用正是抓住了这一时机,适时地设计产品的风格,适应了市场当时的需求,很快占领了市场。因此,任何企业不论在什么条件下,只要能充分地进行市场分析,掌握市场机会,不断改变以往单纯以产品满足顾客需要的观念,把思维转向认真研究消费需求,正确选择为之服务的目标市场,以满足目标顾客的需要及其变动,不断调整自己的营销策略,将企业营销管理的重点放在善于发现和了解目标顾客的需要上,并千方百计去满足需求,使顾客满意,就能实现企业目标。

三、以社会利益为目标的社会营销观念

在市场营销观念的基础上,出现了以社会利益为目标的社会营销观念。这种观念认为:企业提供的产品不仅要满足消费者的需求与欲望,而且要考虑企业与社会的长远利益。它强调的是企业市场营销活动应与企业发展、公众需要和社会长期发展协调一致,保持社会资源的可持续性,使社会生产和经济发展处于最佳状态。这种观念产生的背景是:随着商品经济的发展,企业的发展水平得到了极大的提高。但由于企业的盲目发展,生产规模不断扩大,产量过多,竞争加剧,造成了资源的巨大浪费。加之粗放型的生产方式给社会带来了极大的危害,环境被污染,资源被破坏,特别是生态环境的进一步恶化,使人们越来越认识到保护自然、保护环境的重要性。在这种情况下,企业开始用社会营销观念来补充和完善市场营销观念的不足。

在社会营销观念的指导下,公共关系活动也就成为市场营销的一种重要手段。企业提高产品的知名度和美誉度,就是为了给企业塑造一个良好的社会形象。因此很多企业提出了"用户是上帝"口号,而且把维护和增进社会利益,推动人类进步和文明作为企业重要的职责。

10.1.4 市场营销的发展

以互联网、知识经济、高新技术为代表,以满足消费者需求为核心的新经济迅速发展,企业营销活动的环境因素发生了深刻的变化。与环境的变化相适应,企业的营销活动也发生了很大的变化,主要表现为:提供的产品从有形产品转向提供系统的问题解决方案;营销目标从注重市场占有率转向注重客户感受和加强客户关系;沟通媒介从大规模的大众媒体转向特色化的网络媒体等。市场营销的新领域和新理论层出不穷,其中最重要的发展方向包括网络营销、绿色营销和体验营销。

一、网络营销

网络营销是利用计算机网络、现代通信技术以及数字交互式多媒体技术来实现营销的现代营销方式。网络营销是利用计算机互联网作为实现交易的手段,企业通过计算机网络对目标顾客直接营销,其本质是以计算机网络为基础,实现企业与目标顾客的互动性市场接触,实施定制营销,即根据顾客特定的要求提供相应的产品或服务。网络营销是伴随信息技术的发展而发展的,它是有别于传统市场营销的新营销手段,它使企业在控制成本费用、开拓市场以及与顾客保持关系等方面具有很大竞争优势。

与传统的营销策略和营销手段相比,网络营销具有以下特点。

(1) 虚拟性。网络营销本身依附于虚拟空间,营销活动的全过程在一种"虚拟"的网络环境中进行。网络营销活动不受空间的限制,节约大量的开店成本,可以在短时间内扩大销售规模。

(2) 互动性。营销过程中具有信息交流的互动性、产品交易的互动性以及服务的互动性。顾客可以主动参与到产品的设计、生产和销售过程中。

(3) 便利性。网络延伸到哪里,网络营销就可以延伸到哪里,没有地域的限制,没有时间的延迟。顾客可以非常方便地找到他所需要的产品,还可以很容易地进行价格比较。

(4) 服务性。提供全方位、全过程和全天候的服务。利用网络,企业可以同时向大量顾客提供服务,极大地提高了服务的效率。同时,异地服务成为可能,企业的服务人员可以向顾客提供远程服务,在很大程度上克服了地域上的限制。

(5) 低成本。网络营销无店面租金成本,减少了流通环节,节省流通成本。网络还是一种低成本的媒体,在网络上发布企业的广告,成本要比传统的大众媒体低得多。

二、服务营销

服务是指一方能够向另一方提供的基本上是无形的行为和绩效,并且不导致任何所有权的产生。它的产生可能与某种物质产品相联系,也可能毫无联系。服务作为一种无形产品,它具有的无形特征可以给人带来某种利益或满足感,同时它也是供有偿转让的一种或一系列活动。服务渗透在人们生活的方方面面。随着人类社会的发展,服务在社会经济中的地位和作用与日俱增。近年来,在发达国家中,服务业占总就业的比例和占国民经济的比重均在60%以上,个别国家接近80%;在发展中国家的 GDP 和人均生活费支出中,服务的比重也不断上升,新增就业机会大多数来自服务业。服务已成为国际贸易的重要组成部分。

服务营销是指以提供服务为主的企业或从事附加服务的部门的营销活动。服务是无形产品,它与有形产品有着明显的不同,因而服务市场营销与有形产品的市场营销相比,有其自身的特点,主要表现为以下几个方面。

(1) 营销对象复杂。针对同样的服务产品,不同的消费者的购买动机和购买目的是不同的。因为他们可能来自不同的社会阶层,每个人的生活方式有较大的差异。

(2) 具有较大的需求弹性。马斯洛需求层次理论指出,人的需求结构是多层次的,人的需求随着社会的进步和个人生活环境的改变而不断向高层次变化。人类的低层次的生理和安全上的需求,可以通过有形产品来满足。但是,对高层次的精神文化需求仅仅依靠有形产品是远远不够的。现代人在追求生活质量的同时,更多的是看购买产品(无形或有形)时所获得的利益,这就是对服务的需求。社会向前发展,人们在追求美好生活的过程中,对服务的需求会不断地提高。需求弹性是服务行业研究的永恒课题。

(3) 营销方式的单一性。有形产品可以有经销、代销和直销等多种营销方式,无形产品则没有这些方式。服务过程是在产品生产与消费的同一时点发生的。服务过程的这一特点决定了服务营销方式只能是单一的,即生产者与消费者面对面的直接营销方式。如顾客不与理发师直接接触，就不能享受到理发师给他带来的理发服务。服务营销方式的单一性使得服务产品的某一生产者不可能同时在多个市场上出售自己的产品。

三、绿色营销

绿色营销的概念有广义和狭义之分。广义的绿色营销是指企业在营销活动中体现的社会价值观、伦理道德观，充分考虑社会效益，既自觉维护自然生态平衡，又自觉抵制各种有害营销。狭义的绿色营销是指企业在营销活动中，谋求消费者利益、企业利益和环境利益的协调，既充分考虑了消费者的要求，实现企业利润的目标，也充分考虑到保持生态平衡。实施绿色营销的企业在产品创意、设计、生产以及促销等环节都要以保护生态环境为前提，力求减少和避免环境污染，保护和节约自然资源，维护人类长远利益，实现经济与环境的可持续发展。

绿色营销是在传统营销的基础上发展起来的，但它强调企业在营销全过程中充分考虑到环境保护的要求，从而实现企业的可持续发展。因此，它不同于传统营销。绿色营销的特点主要表现在以下几个方面。

（1）绿色营销以绿色消费为前提。消费需求是由低层次向高层次发展，绿色需求是较高层次的消费观念。人们的温饱问题得到基本解决后，便会产生对清洁环境和绿色产品的需求。

（2）绿色营销以绿色观念为指导。绿色营销以满足消费者的绿色需求为中心，为消费者提供能有效防止资源浪费、环境污染以及损害健康的产品。绿色观念追求的是人与自然的和谐发展，强调人类的长远利益和可持续发展。

（3）绿色营销以绿色法制为保障。绿色营销是着眼于社会整体利益的新观念。在竞争性市场上，必须有完善的法律制度作为保障，以法律制约市场行为主体的行为，从而维护全社会的长远利益。

（4）绿色营销以绿色科技为支撑。技术进步是产业进步的决定因素，绿色产业的形成必然以绿色科技为支撑。绿色科技促进绿色产品的开发，节约能源和促进资源再生是绿色营销的技术保证。

四、体验营销

体验营销是指企业通过采用让目标顾客观摩、聆听、尝试、试用等方式，使其亲身体验企业提供的产品或服务，让顾客实际感知产品或服务的品质和性能，促使顾客认知、喜好并购买这种产品或服务，最终创造满意交换、实现双方目标的一种营销方式。体验营销在方式上是一个大胆的创举，因其具有的优越性而备受关注。它作为企业用来拉近与消费者的距离的一种重要经营手段，开始被广泛运用。

体验营销是企业以服务为舞台，以商品为道具，以消费者为中心，创造能够使消费者赞誉、值得消费者回味的活动。体验是企业站在消费者角度来理解和强调产品，使消费者从体验中获得真实的感受，诱发购买动机的产生。体验营销的特点主要表现在以下几个方面。

（1）以顾客需求为导向。企业从顾客的真正需要出发，用顾客能接受的方式对产品进行多方面沟通，即从过去的"拉"转为"推"，增强了企业的主动性。

（2）以顾客沟通为手段。企业要想满足顾客的需要，尤其是顾客个性化的需要，就要建立与顾客的双向沟通，尽可能地收集顾客信息，及时地反映在顾客所购买的商品上。这样才能有效地推动消费者的购买。

（3）以顾客满足为目标。在现代社会，人们已不满足于单纯地购买产品，而更注重于购买过程带来的满足。因此，企业在提高产品本身的使用价值时，更要注重开展各种沟通活动，满足顾客的体验需求，从而使顾客在物质上和精神上得到双重的满足。

研讨与思考：试举出网络营销、体验营销的例子。

10.2　现代企业市场营销管理的主要工作

10.2.1　工作内容

随着我国市场经济体制的确立和发展，企业已成为市场竞争的主体，营销管理工作的内容也不断丰富和扩大，主要工作内容包括以下几个方面：

一、市场分析

当今世界，科技发展迅速，新发明、新创造、新技术和新产品层出不穷，日新月异。技术进步自然会在商品市场上以产品的形式反映出来。同时，市场竞争日益激烈，不断地发生变化。促使市场发生变化的原因很多，有产品、价格、分销、广告、推销等市场因素和政治、经济、文化、地理条件等市场环境因素。这两类因素往往是相互联系和相互影响的，而且不断地发生变化。企业为适应这种变化，就只有通过市场调查与分析，及时地了解各种环境因素的变化，并适时适当地采取应变措施，这是企业能否取胜的关键。

二、目标市场选择

在市场营销过程中，目标消费者居于中心地位。企业识别总体市场，将其划分为较小的细分市场，选择最有开发价值的细分市场，并集中力量满足和服务这些细分市场，企业设计由其控制的四大要素所组成的市场营销组合。为找到和实施最好的营销组合，企业要进行市场营销分析、计划、实施和控制。通过这些活动，企业观察并应变于市场营销环境。

三、产品开发

当消费者需求发生变化或者环境条件改变，预示着企业的现有产品已出现衰退可能时，企业必须寻找可代替的产品，这往往是开发新产品最直接的原因。企业的竞争优势取决于企业能否向市场提供满足需求的新产品。市场竞争的加剧迫使企业不断开发新产品，企业源源不断地推出领先产品，不仅可以提高市场份额，提高产品的价值，同时可以积聚超越竞争者的优势，迫使竞争者产品过时，进而退出市场。因此，要使企业成为"百年老店"，必须充分把握时机开发新产品。

四、产品定价

当企业开发完成一个产品，在确定名称、包装、规格后，确定合理的价格，就成为企业的一项重要工作。产品价格是企业向外界发出的营销信息，传递了企业营销的战略战术意图，而且价格的变动对企业的利润具有很强的放大效应，是关系到产品能否生存或成功的关键，定价是对企业市场判断能力、应变能力、竞争能力的综合考验。因此产品定价是企业营销管理的重要内容。

五、销售渠道选择

销售渠道是企业最重要的资产之一，同时也是变数最大的资产。它是企业在把产品向消费者转移的过程中所经过的路径。这个路径包括企业自己设立的销售机构、代理商、经销商、零售店等。对产品来说，它不对产品本身进行增值，而是通过服务增加产品的附加价值；对企业来说，销售渠道起到物流、资金流、信息流、商流的作用，可以完成厂家难以完成的任务。营销渠道是靠外部力量的结合，要投入大量的时间才能建立起来，它代表公司与中间商之间的长期承诺，也代表着公司的一项营销组合策略的选择，我们在选择营销渠道时，必须注意营销环境的趋势变化，以长远的眼光来规划企业的营销渠道。

六、促销

在任何社会化大生产和商品经济条件下，一方面，生产者不可能完全清楚消费者的需要；另一方面，广大消费者也不可能完全了解商品的供应信息，客观上存在着这种生产者与消费者间"信息分离"的产销矛盾。企业必须利用广告宣传、人员推销等促销手段，把生产、产品等信息传递给消费者，以增进其了解、信赖并购买本企业产品，达到扩大销售的目的。随着企业竞争的加剧和产品的增多，消费者收入的增加和生活水平的提高，在买方市场上的广大消费者对商品要求更高，挑选余地更大，因此企业与消费者之间的沟通更为重要，企业更需加强促销，利用各种促销方式使广大消费者加深对其产品的认识，以使消费者愿意花钱来购买其产品。

10.2.2 市场分析

一、市场营销环境分析

（一）微观环境

微观环境是指企业对所服务的顾客构成直接影响的各种力量，包括企业本身及市场营销渠道企业、市场、竞争者和公众，这些都会影响企业为其目标市场服务的能力。

（1）企业。

企业本身包括市场营销管理部门、其他职能部门和最高管理层。企业为实现其目标，必须进行制造、采购、研究与开发、财务、市场营销等业务活动。而市场营销部门一般由市场营销副总裁、销售经理、推销人员、广告经理、市场营销研究经理、市场营销计划经理、定价专家等组成。市场营销部门在制定决策时，不仅要考虑到企业外部环境力量，而且要考虑企业内部环境力量。首先，要考虑其他业务部门（如制造部门、采购部门、研究与开发部门、财务部门等）的情况，并与之密切协作，共同研究制订年度和长期计划。其次，要考虑最高管理层的意图，以最高管理层制定的企业任务、目标、战略和政策等为依据，制订市场营销计划，并报最高管理层批准后执行。

（2）市场营销渠道企业。

市场营销渠道企业包括：供应商、商人中间商、代理中间商、辅助商。在现代市场经济条件下，生产企业一般都通过市场营销中介机构（即代理中间商和商人中间商等）来进行市场营销研究、推销产品、储存产品、运输产品等，因为这样分工比较经济。

（3）市场。

市场营销学是根据购买者及其购买目的进行市场划分的。市场包括：消费者市场、生产者市场、中间商市场、政府市场、国际市场。

（4）竞争者。

企业要想在市场竞争中获得成功，就必须比竞争者更有效地满足消费者的需要与欲望。

因此，企业所要做的并不仅仅是迎合目标客户的需要，而且要通过有效的产品定位，使本企业产品与竞争者产品在顾客心目中形成明显差异，从而取得竞争优势。竞争者包括：愿望竞争者、一般竞争者、产品形式竞争者、品牌竞争者。

(5) 公众。

公众是指对企业实现其市场营销目标构成实际或潜在影响的任何团体，它包括：金融公众、媒体公众、政府公众、市民行动公众、地方公众、一般群众、企业内部公众。

(二) 宏观环境

宏观环境是指那些给企业造成市场机会和环境威胁的主要社会力量，包括人口环境、经济环境、自然环境、技术环境、政治和法律环境以及社会和文化环境。这些主要社会力量代表企业不可控制的变量。

(1) 人口环境。

市场是由同时具有购买欲望和购买能力的人组成，这种人越多，市场规模就越大，即人口的多少直接决定市场的潜在容量。企业市场营销的人口环境因素通常包括：人口总量、人口地理分布、人口结构（包括年龄结构、性别构成、籍贯构成、民族构成）、婚姻家庭状况、受教育程度及职业特点、人口增长速度、人口密度、流动性等。人口环境对市场的影响具有整体性和长远性的特点，并直接反映到消费需求的变化上。

(2) 经济环境。

经济发展水平和发展速度，决定市场规模及其增长速度。经济环境指企业营销活动所面临的外部社会经济条件，其运营状况和发展趋势会直接或间接地对企业营销活动产生影响。经济环境研究一般包括：经济发展阶段、消费者收入水平、消费者支出模式及消费结构、消费者储蓄和信贷水平等。

(3) 自然环境。

自然环境是指企业发展过程中所需的生态环境以及人民和政府对生态环境所采取的态度。随着经济的快速增长，自然资源遭到严重破坏，再加上环境保护意识相对淡薄，企业面临的生态环境不断恶化。企业主要面临的问题有：某些自然资源短缺或即将短缺、环境污染日益严重、公众的生态意识不断提高、政府对自然资源管理的干预日益加强。

(4) 科学技术环境。

科学技术是社会生产力中最活跃的因素。科学技术环境是指企业在产品的设计、开发、制造和营销过程中所受到的科技发展的影响。科学技术进步对企业营销活动的影响主要表现在：科技进步影响人们的生活方式，影响零售商业和消费者的购物习惯；科技进步的速度加快，使得产品不断更新换代，科技实力和科技水平对人们的需求和产业结构产生了巨大的冲击；科技创新创造出更多的机会；由于研究开发的投资越来越大，投资的风险也在加大等。

(5) 政治、法律环境。

企业的市场营销决策在很大程度上受政治和法律环境变化的影响。政治与法律环境直接与一个国家的体制、宏观经济政策相联系，它规定了整个国家的发展方向及政府采取的措施。政治、法律环境主要是指影响和制约企业营销活动的政府机构、法律法规及公众团体等。

(6) 社会文化环境。

社会文化环境是指在一种社会形态下已经形成的信息、价值、观念、宗教信仰、道德规范、审美观念及世代相传的风俗习惯等被社会所公认的行为规范。文化是影响人们欲望和行为的一个很重要的因素。社会文化因素通过影响消费者的购买行为间接地影响到企业营销活动。社会文化环境因素主要包括：物质文化、教育状况、宗教信仰、价值观念、风俗习惯、审美观念等。

二、消费者市场购买行为分析

所谓消费者市场，是指所有为了个人消费而购买物品或服务的个人和家庭所构成的市场。消费者市场是现代市场营销理论研究的主要对象。成功的市场营销者是那些能够有效开发对消费者有价值的产品，并运用富有吸引力和说服力的营销方法将产品有效地呈现给消费者的企业和个人。因此，研究影响消费者购买行为的主要因素及其购买决策过程，对于有效开展市场营销活动至关重要。

（一）影响消费者购买行为的主要因素

消费者不可能凭空做出购买决策，他们的购买决策在很大程度上受到文化、社会、个人和心理等因素的影响。

（1）文化因素。

文化、亚文化和社会阶层等因素对消费者的行为具有最广泛和最深远的影响。文化是人类欲望和行为最基本的决定因素，低级动物的行为主要受其本能的控制，而人类行为大部分是通过学习而来的，人在成长过程中，通过其家庭和其他机构的影响学到了一系列基本的价值、知识、偏好和行为。每一文化都包含着能为其成员提供具体认同感和社会化的较小的亚文化群体，如民族群体、宗教群体、种族群体、地理区域群体等。

在人类社会中，还存在着社会层次。它有时以社会等级制形式出现，不同等级的成员都被培养成一定的角色，而且不能改变他们的等级成员资格。然而，更为常见的是，层次以社会阶层的形式出现。所谓社会阶层是每一个社会中具有相对的同质性和持久性的群体，它们是按等级排列的，每一阶层的成员具有类似的价值观、兴趣爱好和行为方式。

（2）社会因素。

消费者购买行为也受到诸如参照群体、家庭、社会角色与地位等一系列社会因素的影响。参照群体是指那些直接或间接影响人的看法和行为的群体。直接参照群体又称为成员群体，即某人所属的群体或与其有直接关系的群体。成员群体又分为首要群体和次要群体两种。首要群体是指与某人直接、经常接触的一群人，一般都是非正式群体，如家庭成员、亲戚朋友、同事、邻居等。次要群体是对其成员影响并不很经常但一般都较为正式的群体，如宗教组织、职业协会等。间接参照群体是指某人的非成员群体，即此人不属于其中的成员，但又受其影响的一群人。这种参照群体又分为向往群体和厌恶群体。向往群体是指某人推崇的一些人或希望加入的集团，例如体育明星、影视明星就是其崇拜者的向往群体。厌恶群体是指某人讨厌或反对的一群人。一个人总是不愿意与厌恶群体发生任何联系，在各方面都希望与其保持一定距离，甚至经常反其道而行之。

参照群体对消费者购买行为的影响，表现在三个方面：参照群体为消费者展示出新的行为模式和生活方式；由于消费者有效仿其参照群体的愿望，因而消费者对某些事物的看法和对某些产品的态度也会受到参照群体的影响；参照群体促使人们的行为趋于某种"一致化"，从而影响消费者对某些产品和品牌的选择。

家庭是社会组织的一个基本单位，也是消费者的首要参照群体之一，对消费者购买行为有着重要影响。家庭购买决策大致可分为三种类型：一人独自做主；全家参与意见，一人做主；全家共同决定。

一个人在其一生中会参加许多群体，如家庭、俱乐部及其他各种组织。每个人在各个群体中的位置可用角色和地位来确定。每一个角色都将在某种程度上影响其购买行为。每一角色都伴随着一种地位，这一地位反映了社会对他或她的总评价，而地位标志又随着不同阶层和地理区域而有所变化。

（3）个人因素。

消费者购买决策也受其个人特性的影响，特别是受其年龄所处的生命周期阶段、职业、经济状况、生活方式、个性以及自我观念的影响。生活方式是一个人在世界上所表现的有关活动、兴趣和看法的生活模式。个性是一个人所特有的心理特征，它会导致一个人对其所处环境的相对一致和持续不断的反应。

（4）心理因素。

消费者购买行为要受动机、知觉、学习以及信念和态度等主要心理因素的影响。动机是一种升华到足够强度的需要，它能够及时引导人们去探求满足需要的目标。马斯洛认为，人是有欲望的动物，需要什么取决于已经有了什么，只是尚未被满足的需要才影响人的行为。

所谓知觉是指个人选择、组织并解释信息的投入，以便创造一个有意义行为的过程，它不仅取决于刺激物的特征，而且还依赖刺激物同周围环境的关系以及个人所处的状况。人们之所以对同一刺激物产生不同的知觉，是因为人们要经历三种知觉过程，即选择性注意、选择性曲解和选择性记忆。

所谓感觉是指通过视、听、嗅、味、触五种感官对刺激物的反应。随着感觉的深入，将感觉到的材料通过大脑进行分析综合，从而得到知觉。人们要行动就得学习。学习是指由于经验而引起的个人行为的改变。人类行为大都来源于学习。一个人的学习是通过驱使力、刺激物、诱因、反应和强化的相互影响而产生的。由于市场营销环境不断变化，新产品、新品牌不断涌现，消费者的购买行为必须经过多方收集有关信息之后，才能做出购买决策，这本身就是一个学习的过程。

通过行为和学习，人们获得了自己的信念和态度，而信念和态度又反过来影响人们的购买行为。所谓信念是指一个人对某些事物所持有的描述性思想。生产者应关注人们头脑中对其产品或服务所持有的信念，即本企业产品和品牌的形象。人们根据自己的信念做出行动，如果一些信念是错误的，并妨碍了购买行为，生产者就要运用促销活动去纠正这些错误信念。所谓态度是指一个人对某些事物或观念长期持有的好与坏的认识上的评价、情感上的感受和行动倾向。态度能使人们对相似的事物产生相当一致的行为。一个人的态度呈现为稳定一致的模式，改变一种态度就需要在其他态度方面做重大调整。

综上所述，一个人的购买行为是文化、社会、个人和心理因素之间相互影响和作用的结果。其中很多因素是市场营销者无法改变的，但这些因素在识别那些对产品有兴趣的购买者方面颇有用处。其他因素则受到市场营销者的影响，市场营销者借助于有效的产品、价格、地点和促销管理，可以诱发消费者的强烈反应。

（二）消费者购买决策过程

市场营销者在分析了影响购买者行为的主要因素之后，还需了解消费者如何真正做出购买决策，即了解谁做出购买决策、购买决策的类型以及购买过程的具体步骤。

（1）参与购买的角色。

人们在购买决策过程中可能扮演不同的角色，包括以下几方面。

①发起者，是首先提出或有意向购买某一产品或服务的人。

②影响者，是其看法或建议对最终决策具有一定影响的人。

③决策者，是对是否买、为何买、如何买、何处买等方面的购买决策做出完全或部分最后决定的人。

④购买者，是实际采购的人。

⑤使用者，是实际消费或使用产品或服务的人。

（2）购买行为类型。

消费者购买决策随其购买决策类型的不同而变化。较为复杂和花钱多的决策往往凝结着购买者的反复权衡和众多人的参与决策。根据参与者的介入程度和品牌间的差异程度，可将消费者购买行为分为四种。

①习惯性购买行为。对于价格低廉、经常购买、品牌差异小的产品，消费者不需要花时间进行选择，也不需要经过收集信息、评价产品特点等复杂过程，因而其购买行为最简单。

②寻求多样化购买行为。有些产品品牌差异明显，但消费者并不愿花长时间来选择和估价，而是不断变换所购产品的品牌。这样做并不是因为对产品不满意，而是为了寻求多样化。

③化解不协调购买行为。有些产品品牌差异不大，消费者不经常购买，而购买时又有一定的风险，所以消费者一般要比较、看货，只要价格公道、购买方便、机会合适，消费者就会决定购买。购买以后，消费者也许会感到有些不协调或不够满意，在使用过程中，会了解更多情况，并寻求种种理由来减轻、化解这种不协调，以证明自己的购买决定是正确的。经过由不协调到协调的过程，消费者会有一系列的心理变化。

④复杂购买行为。当消费者购买一件贵重的、不常买的、有风险的而且又非常有意义的产品时，由于产品品牌差异大，消费者对产品缺乏了解，因而需要有一个学习过程，以广泛了解产品性能、特点，从而对产品产生某种看法，最后决定购买。

（3）购买决策过程。

在复杂购买行为中，购买者的购买决策过程由引起需要、收集信息、评价方案、决定购买和买后行为五个阶段构成。

第一个阶段——引起需要。购买者的需要往往由两种刺激引起，即内部刺激和外部刺激。市场营销人员应及时了解消费者产生需要的原因、类型和强度，制定适当的市场营销策略，促使消费者对企业的产品产生强烈的需求，诱发其产生购买动机。

第二个阶段——收集信息。一般来讲，引起的需要不是马上就能满足的，消费者需要寻找某些信息。消费者信息来源主要有个人来源（家庭、朋友、邻居、熟人）、商业来源（广告、推销员、经销商、包装、展览）、公共来源（大众传播媒体、消费者评审组织等）、经验来源（处理、检查和使用产品）四种。市场营销人员应对消费者使用的信息来源认真加以分析，设法扩大对自己有利的信息传播。

第三个阶段——评价方案。消费者对产品的判断大都是建立在自觉和理性基础之上的。消费者的评价行为一般要涉及如下几点：产品属性——产品能够满足消费者需要的特性；属性权重——消费者对产品有关属性所赋予的不同的重要性权数；品牌信念——消费者对某品牌优劣程度的总的看法；效用函数——描述消费者所期望的产品满足感随产品属性的不同而有所变化的函数关系；评价模型——消费者对不同品牌进行评价和选择的程序和方法。

第四个阶段——购买决策。评价行为会使消费者对可供选择的品牌形成某种偏好，从而形成购买意图，进而购买所偏好的品牌。但是，在购买意图和决定购买之间，是别人的态度、意外情况、可察觉风险的大小都会对购买决策产生不同程度的影响。

第五个阶段——购买后行为。将商品买回家以后，消费者的购买决策过程还没有终止，因为开始使用产品以后，消费者一般要用购前期望为标准，检查、评价自己买回来的商品，为的是看看有没有什么问题或不满意的地方。消费者对其购买的产品是否满意，将影响到以后的购买行为。如果对产品满意，则在下一次购买中可能继续采购该产品，并向其他人宣传该产品的优点。如果对产品不满意，则会尽量减少不和谐感。市场营销人员应采取有效措施尽量降低购买者买后不满意的程度。

研讨与思考：消费者购买决策的影响因素有哪些？

三、组织市场购买行为分析

企业的市场营销对象不仅包括广大消费者，也包括各类组织机构，这些组织机构构成了原材料、零部件、机器设备、供给品和企业服务的庞大市场。为此，企业必须了解组织市场主要是产业市场及其购买行为。

（一）组织市场的构成

组织市场是由各种组织机构形成的对企业产品和劳务需求的总和。它可分为三种类型，即产业市场、中间商市场和政府市场。

（1）产业市场。

产业市场又叫生产者市场或企业市场。它是指一切购买产品和服务并将之用于生产其他产品或劳务，以供销售、出租或供应给他人的个人或组织。

（2）中间商市场。

中间商市场又称为转卖者市场。它是指那些将购买来的商品和劳务转售或出租给他人，从而获取利润的个人或组织。中间商市场由各种批发商和零售商构成，其中，批发商是指购买产品和服务并将之转卖给其他批发商或零售商及产业用户、非营利性组织用户等，但不面向最终消费者的中间商组织；零售商是指那些把产品或服务直接销售给最终消费者的中间商组织。

（3）政府市场。

政府市场是指那些为执行政府的主要职能而采购或租用商品的各级政府单位，也就是说，一个国家政府市场上的购买者是该国各级政府的采购机构。

（二）组织市场的特点

组织市场与一般消费者的购买活动相比，有以下几个特点。

（1）组织市场的购买活动所要达到的目标更为多样化。如获取利润、降低成本、满足员工需求、履行社会职能等。

（2）组织市场购买决策的参与者更多。在一些重大项目的购买申请中，决策的参与者来自不同部门，使用不同决策标准。

（3）组织市场的购买范围十分广泛。小到办公用品，大到飞机、火箭，且在购买的同时，往往还连带要求提供相关的配套服务。

（4）组织市场购买所需资金额更大、涉及的产品项目更多。无论是产业用户还是政府用户，其购买往往是大宗的批量购买，需要耗费大量的资金。

（5）组织市场在进行购买时，采购人员必须遵守组织所制定的各项政策、限制和要求，在购买中使用报价、建议书、购买合同等复杂的采购工具。

（三）产业市场购买行为分析

在组织市场中，产业市场的购买行为与购买决策具有典型的代表意义，在此仅对产业市场购买行为进行阐述。

（1）产业购买者的决策参与者。

产业用品供货企业不仅要了解谁在市场上购买和产业市场的特点，而且要了解谁参与产业购买者的购买决策过程，他们在购买决策过程中充当什么角色、起什么作用，也就是说要了解其客户的采购组织。

在任何一个企业中，除了专职的采购人员之外，还有一些其他人员也参与购买决策过程。所有参与购买决策过程的人员构成采购组织的决策单位，被称为采购中心。企业采购中心通常由使用者、影响者、采购者、决定者、信息控制者五类成员组成。

当然，并不是任何企业采购任何产品都必须有上述五类人员参与购买决策过程，企业的采购中心的规模大小和成员多少会随着欲采购产品的不同而有所不同。

（2）影响产业购买者购买决策的主要因素。

①环境因素。即一个企业外部周围环境的因素。诸如一个国家的经济前景、市场需求、技术发展变化、市场竞争、政治等情况。

②组织因素。即企业本身的因素。诸如企业的目标、政策、步骤、组织结构、系统等。

③人际因素。如上所说，企业的采购中心通常包括使用者、影响者、采购者、决定者和信息控制者，这五种成员都参与购买决策过程。这些参与者在企业中的地位、职权、说服力以及他们之间的关系有所不同。这种人事关系不能不影响产业购买者的购买决策、购买行为。

④个人因素。即各个参与者的年龄、受教育程度、个性等。这些个人的因素会影响各个参与者对要采购的产业用品和供应商的感觉、看法，从而影响购买决策、购买行为。

（3）产业购买行为的类型。

根据购买情况的复杂程度，产业购买者的购买决策分为以下三类。

①直接重购。即企业的采购部门根据过去和许多供应商打交道的经验，从供应商名单中选择供货企业，并直接重新订购过去采购的同类产业用品。此时，组织购买者的购买行为是惯例化的。

②修正重购。即企业的采购经理为了更好地完成采购工作任务，适当改变要采购的某些产业用品的规格、价格等条件或供应商。这类购买情况较复杂，因而参与购买决策过程的人数较多。

③新购。即企业第一次采购某种产业用品。新购的成本费用越高，风险越大，那么需要参与购买决策过程的人数和需要掌握的市场信息就越多。这类购买情况最复杂。

（4）产业购买者的购买过程。

供货企业的最高管理层和市场营销人员还要了解顾客购买过程中各个环节的情况，并采取适当措施，以适应顾客在各个环节的需要，才能成为现实的卖主。产业购买者购买过程的环节多少，也取决于产业购买者购买情况的复杂程度。

在直接重购这种最简单的购买情况下，产业购买者的购买过程的环节最少；在修正重购情况下，购买过程的环节多一些；而在新购这种最复杂的情况下，购买过程的环节最多，大致要经过八个阶段，包括认识需要、确定需要、说明需要、物色供应商、征求意见、选择供应商、选择订货程序、检查合同履行情况。

10.2.3 市场细分和目标市场选择

一、市场细分

人是构成市场的基本要素，哪里有人，哪里就有衣、食、住、行及其他各种需求，从而也就有市场，企业也就有了针对这些需求从事生产经营活动的机会。但是，任何一个企业的能力都是有限的，满足人们的各种需求是不可能的，满足世界上所有人对同一种产品的需求也是不可能的，企业所能服务的顾客只是众多顾客中的一小部分，所能生产的也只是一定数量和品种的产品。因此，企业必须找到所能服务的这部分顾客，找到可以生产的产品和可以提供的服务。这就需要进行市场细分。

市场细分又叫市场细分化，是指从区分顾客的不同需求出发，根据顾客购买行为的差异性，把整体市场划分为若干个具有类似需求的子市场的过程。属于不同细分市场的消费者对同一产品的需求存在显著差异，而属于同一细分市场的消费者则具有极为相似的需求。理解市场细分概念，应把握以下三点。

(1) 市场细分既不是市场分类，也不是产品分类，而是顾客分类。市场分类是指按照一定的标准将市场分成不同类型，如技术市场、金融市场、服务市场等；产品分类是指按照一定的标准将产品分成不同类型，如消费品市场、产业用品市场。市场细分的实质是顾客细分。

(2) 市场细分的基础是顾客需求的差异性。由于不同类型的顾客在购买方面是各不相同的，这是市场细分的基础。同时，企业受生产经营能力的限制，任何一个企业不可能为市场中所有的顾客服务，不进行市场细分，就不可能构建自身的竞争优势。

(3) 市场细分是一个聚集而不是分解的过程。分解的过程就是通过对顾客及其需求的差别分析，将整体市场划分为若干个具有同质需求的子市场级细分市场。聚集的过程就是把对某种产品特性有一致反映的顾客集合成群。聚集的过程可以依据多种变量进行，直到鉴别出规模足以实现企业利润目标的某一顾客群。

二、消费者市场细分的依据

市场细分要依据一定的细分变量来进行。消费者市场的细分变量主要有地理变量、人口变量、心理变量和行为变量四类。

(1) 地理细分。地理细分是指按消费者所处的地理位置、地理条件来细分市场。消费者所处的地理位置不同，其需求特点也不同。地理细分的具体变量有国家、地区、乡村、城市规模、交通条件、人口密度、地形地貌、气候，以及其他变量。

(2) 人口细分。人口细分是根据人口统计因素，如年龄、性别、家庭规模、家庭收入、职业、教育、宗教、民族、国籍、家庭生命周期等因素来细分市场。

(3) 心理细分。心理细分就是按消费者的心理特征对市场进行细分。由于社会阶层、生活方式、性格、购买动机等不同，同样性别、年龄、收入的消费者会有不同的需求特征，这是受心理因素的影响造成的。心理因素包括生活格调、个性、购买动机、价值取向等。

（4）行为细分。行为细分是指根据消费者购买行为的不同来细分消费品市场。消费行为的细分变量包括：消费者进入市场的程度、对品牌的忠诚程度（品牌偏好）、购买或使用产品的时机、使用数量的多少及使用频率、消费者追求的利益点等。

三、工业品市场细分

（一）工业品市场的细分依据

对工业品市场的细分主要有以下依据：

（1）客户所在行业。客户所在行业不同，对产品的要求也不同。

（2）客户规模。工业品市场的客户有大用量客户、小用量客户。客户的规模不同，企业的营销方案也不同。

（3）客户的地理位置。客户的地理位置不同，其需求会有很大的差异。由于地理区域的条件特点，会形成产业地区按客户地理位置来细分产业市场。选择客户较为集中的地区作为自己的目标市场，则联系起来比较方便，有利于提高销售量，能有效利用营销力量，节省运费，降低营销成本。

（4）客户的购买行为。工业品市场客户的购买行为主要包括追求的利益点、购买批量、品牌忠诚度、渠道忠诚度、购买频率、对价格的敏感程度、对服务的敏感程度、购买方式等。

（二）工业品市场细分的注意事项

在进行细分市场时，应注意的事项主要有：

（1）细分标准应选择准确。影响消费者购买行为的因素很多，然而在细分市场时不能选择过多的标准，宜抓住主要矛盾，否则既不实用，也不经济。

（2）细分后的市场规模应适度。市场细分不是分得越细越好，市场分得太细，影响企业的生产规模和效益。当发现市场分得太细时，要进行反细分化。细分出来的市场必须大到足以使企业实现它的利益目标。

（3）动态地细分市场。市场特性是动态变化的，所以细分市场的标准也不能一成不变，应根据市场的变化，进行有创意的市场细分。

四、目标市场选择

市场细分的目的在于有效地选择并进入目标市场。所谓目标市场，就是企业决定要进入的那个市场部分，也就是企业拟投其所好、为之服务的那个客户群（这个客户群有很多相似的需要）。在现代市场经济条件下，任何产品的市场都有各自的客户群，他们各有不同的需要，且分散在不同地区。因此，一般来说，任何企业（即便是大公司）都不可能满足所有客户群的不同需要。为了提高企业的经营效益，企业必须细分市场，并且根据自己的任务目标、资源和特长等，权衡利弊，决定进入哪个市场或哪些市场部分，为哪个市场或哪些市场部分服务。企业在决定为多少个子市场服务，即确定其目标市场涵盖战略时，有以下三种选择。

（一）无差异市场营销

无差异市场营销是指企业在市场细分之后，不考虑各子市场的特性，而只注重子市场的共性，决定只推出单一产品，运用单一的市场营销组合，力求在一定程度上最大可能地适合客户的需求。

(二)差异市场营销

差异市场营销是指企业决定同时为几个子市场服务,设计不同的产品,并在渠道、促销和定价方面都进行相应的改变,以适应各个子市场的需要。

(三)集中市场营销

集中市场营销是指企业集中所有力量,以一个或少数几个性质相似的子市场作为目标市场,试图在较少的子市场上拥有较大的市场占有率。

上述三种目标市场涵盖战略各有利弊,企业在选择时主要需考虑五个方面的因素,即企业资源、产品同质性、市场同质性、产品所处的生命周期阶段、竞争对手的目标市场涵盖战略。

(1)企业资源。

如果企业资源雄厚,可以考虑实行差异市场营销,否则,最好实行无差异市场营销或集中市场营销。

(2)产品同质性。

产品同质性是指产品在性能、特点等方面的差异性的大小。对于同质产品或需求上共性较大的产品,一般宜实行无差异市场营销;对于异质产品,则应实行差异市场营销或集中市场营销。

(3)市场同质性。

如果市场上所有客户在同一时期偏好相同、购买的数量相同,并且对市场营销刺激的反应相同,则可视为同质市场,宜实行无差异市场营销;反之,如果市场需求的差异较大,则为异质市场,宜采用差异市场营销或集中市场营销。

(4)产品生命周期阶段。

处在介绍期和成长期的新产品,市场营销重点是启发和巩固消费者的偏好,最好实行无差异市场营销或针对某一特定子市场实行集中市场营销;当产品进入成熟期时,市场竞争激烈,消费者需求日益多样化,可改用差异市场营销战略,以开拓新市场,满足新需求,延长产品生命周期。

(5)竞争对手的战略。

一般来说,企业的目标市场涵盖战略应与竞争者有所区别。如果竞争对手强大且实行的是无差异市场营销,则企业应实行集中市场营销或更深的差异市场营销;如果企业面临的是较弱的竞争者,必要时可采取与之相同的战略,凭借实力击败对手。

研讨与思考:市场细分是什么?结合生活中的事例,试举出一些市场细分的例子。

10.3 市场营销常用策略

企业在开展市场营销活动时,必须把握住那些基本措施,合理组合,并充分发挥整体优势和效果。影响企业营销活动的因素有很多,归纳起来有两类因素。一类是企业外部环境给企业带来的机会和威胁,这些是企业很难改变的,如人口、经济、政治、法律、政策等;另一类则是企业本身可以通过决策加以控制的,如产品、价格、分销渠道、促销手段等。市场营销组合策略是指企业针对目标市场的需要,对可控制的各种市场手段与营销因素的优化组合和综合运用。

美国市场学家尤金·麦卡锡把各种市场手段或营销因素分成四大类：产品（Product）、价格（Price）、渠道（Place）、促销（Promotion）。营销组合主要就是这四个"P"的适当配合，并由此派生出产品策略、价格策略、分销策略和促销策略。市场营销组合策略的基本思想在于：从制定产品策略入手，同时制定价格、促销及分销渠道策略，组合成策略总体，以便达到以合适的商品、合适的价格、合适的促销方式，把产品送到合适地点的目的。企业经营的成败，在很大程度上取决于这些组合策略的选择和它们的综合运用效果。

一、产品策略

现代企业之间的激烈竞争是以产品为中心的，企业的其他营销要素也是围绕产品策略进行的。因此，产品策略是企业市场营销组合中最重要的因素。

（一）整体产品的概念

现代企业营销的核心是满足顾客的需要和欲望。从现代营销观念来考察产品的内涵，产品是一个更加广泛的概念。市场营销学对产品的定义是：产品是指人们提供给市场以满足某种需要和欲望的任何东西，它包括劳务、实物、场所、组织及构思等，这就是市场营销中的"整体产品概念"。整体产品概念把产品分为三个层次，即核心产品、形式产品和附加产品（如图10-2所示）。

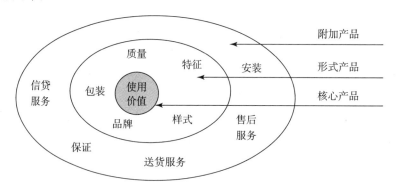

图10-2　整体产品的概念

（1）核心产品。

核心产品是指产品的实质性内容，是最基本的层次，它代表消费者在使用产品的过程中和使用后可获得的基本利益和效用，是客户购买的核心所在。例如，化妆品的核心是满足护肤和美容的需要，食品的核心是满足充饥和营养的需要。所以，营销人员的任务就是要发现隐藏在产品背后的真正需要，把客户所需要的核心利益和服务提供给客户。但是，核心产品只是一个抽象的概念，要交给客户必须通过一定的具体形式。

（2）形式产品。

形式产品是指构成产品形态的内容，它是核心产品的转化形式，即转变为有形的东西，以便卖给客户，在这个层次上的产品就是形式产品，即满足客户需要的各种具体产品。一般说来，形式产品应具备以下五个方面的特征：质量、功能、款式、品牌和包装。

（3）附加产品。

附加产品是指消费者在购买产品时所得到的全部附加利益的总和。它包括提供产品的说明书、保证、交装、维修、运送、信贷、技术培训等。

上述三个层次相互依存，构成完整的产品概念，十分清晰地体现了以顾客为中心这一现代市场营销观念的要求。

(二) 产品生命周期

产品生命周期也称产品市场生命周期,它是指产品从投入市场开始直到被市场淘汰为止所经历的整个时期。市场上的产品一般都有一个从无到有,从问世到成长发展,到市场饱和以及最后退出市场的过程;消费者对产品也有一个从接受到放弃的过程。这就是产品的市场生命周期。这一概念是针对产品在市场上的经济寿命而言的,它与产品的使用寿命不同。前者反映了产品在市场上的延续时间,而后者则反映了产品实体的磨损时间。

一种产品从投入市场开始,其销售量和利润额随着时间的变化,呈现出阶段性。典型的产品生命周期表现为四个阶段,即投入期、成长期、成熟期和衰退期(如图10-3所示)。

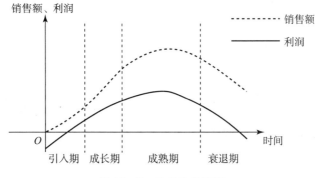

图 10-3 产品生命周期

① 引入期。

这是新产品刚投入市场的阶段。由于产品刚进入市场,消费者对它还不太了解,故销售量小,销售增长缓慢;生产批量小,产品生产工艺不成熟,生产成本较高;广告费用和其他销售费用开支较大,利润低,甚至亏损;由于新产品市场风险较大,竞争对手少。在这一阶段中,企业必须设法缩短投入期,搞好宣传,打开销路,并抓好产品定型,改进工艺,努力扩大生产能力。

(2) 成长期。

这是产品开始被顾客接受、销售量迅速增长的阶段。其主要特点是:消费者对该产品已了解并接受,销售量迅速增长(是整个寿命周期内增长最快的时期),产品基本定型,工艺方法趋于完善,形成批量生产能力,生产成本下降;销路打开,利润增加;由于市场行情看好,故有竞争者不断加入。在这一阶段中,企业的经营策略主要是提高产品质量,努力创名牌;继续完善工艺和管理,提高生产率,降低成本;大力促销,扩大市场,提高市场占有率,确保产品进入成熟期。

(3) 成熟期。

这是产品销售量稳步增长、达到最高峰的时期。在这一阶段中,产品畅销,但销售增长减慢,市场需求逐渐趋于饱和;由于生产工艺不断完善和大批量生产销售,使成本达到最低水平,利润最佳;市场上同类产品在结构、质量方面的差别越来越小,市场竞争十分激烈;成熟期后期,利润开始下降。在这一阶段中,企业应设法维护和扩大销售量,进行产品和市场改革,努力延长成熟期,争取形成产品寿命周期的再循环。

(4) 衰退期。

这是产品销售量锐减、利润迅速下降的阶段。其主要特点有：产品销售量急剧下降，产品出现积压，价格下跌，利润剧减；产品在技术上、经济上已经老化，消费者偏好已经转移，更新产品已在市场上出现；竞争者相继退出市场。在这一阶段中，企业必须降低销售费用，减少产品积压损失，尽快更新换代，把主要资源和力量放在新产品开发上。

研讨与思考：谈谈对产品生命周期的理解，试举出身边的例子。

（三）产品组合策略

现代企业经营的产品往往不止一个，经营多种产品就有个产品组合问题。企业应根据市场的需要和资源技术条件，确定最佳的产品组合，以便提高经济效益，顺利实现企业目标。

（1）产品组合的概念。

产品组合是指企业生产经营的全部产品的结构。它由若干产品线（产品系列）组成。产品线是指产品组合中使用功能相似、销售渠道、消费群体类同的一组产品。每条产品线又由在型号、品种、质量、价格等方面有不同特点的产品组成，称为产品项目。

产品组合包括四个变数：宽度、长度、深度和黏度。产品组合的宽度是指产品组合中所拥有的产品线的数目。产品组合的长度是指产品组合中产品项目的总数。产品组合的深度是指产品线中的每一产品有多少品种。产品组合的黏度是指各条产品线在最终用途、生产条件、分销经过或者其他方面相互关联的程度。

（2）产品组合策略。

①全线全面型策略。

又称为扩展产品组合策略，它既扩大产品组合的广度，又加深产品组合的深度。扩大产品组合的广度，就是调整产品系列，扩大产品经营范围，实现产品多样化。但应注意的是，扩大产品组合的广度，应以科学技术做支撑，要特别考虑新产品系列中新科技的含量，只有掌握了其中的专用技术，企业才会在未来的竞争中立于不败之地。加深产品组合的深度，是在原有产品系列中增加新的产品项目和经营品种，其主要目的在于突出企业的特色。值得一提的是，人们的需求按层次发展，精神需要会逐渐突显出来，因而要特别注意提高产品的文化品位。

采用这种策略，企业的经营范围较广，生产的产品差异性较大，可以满足多种细分市场的需求。其优点是：扩大经营范围，有利于充分利用企业的现有资源，扩大销售额，分散经营风险，增加产品线的深度，可以占领更多的细分市场，提高市场占有率和竞争力，可以减少市场季节性的被动和需求波动，整个企业发展的稳定性较好。其缺点是：需要投入更多的资金来增加生产线，要求拥有多种生产技术、销售渠道、促销手段，管理更加复杂。如果经营管理不善，将影响企业的声誉和增加风险。该策略主要适用于大型工业企业。

②市场专业型策略。

即企业向某个专业市场（或某类顾客）提供所需的各种产品，它是以特定专业市场的需求导向来确定产品线和产品项目的，各产品线之间并不强调生产技术的关联度。例如，化妆品公司生产增白霜、保湿霜、洗面奶、洗发水、护发素，以满足消费者护肤护发的需求；服务公司设置旅社、饭店、商店、交通运输、信息咨询等服务项目来满足旅游者的需求。其优点是，有利于在特定的专业市场建立相对优势；有利于与特定消费者进行信息交流，有利于利用相同的销售渠道。缺点是：集中在狭窄的专业市场，风险较大；生产多种产品，批量少，开发成本和生产成本高，要求拥有较多的资金、技术和设备。该策略一般适用于大中型工业企业。

③产品专业型策略。

即企业只生产同一大类不同品种的产品来满足各类消费者。例如电风扇厂只生产电风扇系列产品，但有多种品种规格。这种策略的优点是：充分利用原有生产技术和生产设备，减少了设计成本、管理成本和广告费用，有利于满足不同消费者对电风扇的不同需求，有利于树立品牌形象。其缺点是：生产同一类产品容易受到产品市场生命周期的影响，容易受到替代产品的威胁。例如电费和空调价格的下跌，会使电风扇系列产品销售量下滑。这种策略适用于大、中、小型企业。

（四）品牌及商标策略

（1）品牌及商标的含义。

品牌俗称"厂牌""牌子"，是指用于识别产品（或劳务）的某一名称、术语、标记、符号或它们的组合，其基本功能是把不同产品区别开来，防止混淆，便于销售。品牌一般分为两个部分：一是品牌名称，这是品牌中可用语言表达的部分，如"长虹""海尔""康佳"等；二是品牌标志，它是品牌可以被识别，但不能用用语言表达的部分，包括符号、图案、颜色等。

（2）品牌（商标）策略。

①无品牌（商标）策略。使用品牌和商标对多数商品来说，可起到积极作用。但不是所有商品都必须采用商标，因为使用和宣传商标是要支付费用的。对某些不易与其他同类产品相区别的商品（如电力、煤炭、水泥、钢材等）、消费者和用户在购买时无任何选择的商品，以及临时性或一次性生产的商品，企业可不使用商标，以降低商品的宣传费用。

②统一品牌（商标）策略。即企业生产、经营的所有产品都以同一种品牌和商标进入市场。这种策略可利用已成功的品牌推出新产品，以增强客户的信任感，可节省商标设计制作资源，有利于壮大企业的产势，提高知名度。

③不同品牌（商标）策略。即企业的不同产品分别采用不同的品牌和商标进入市场。这种策略能严格区分中、高、低档产品，满足不同客户的需求与爱好，减少市场风险。

④不变品牌（商标）策略。即企业长期使用一种或数种品牌而不做任何改变。这样有利于节省费用，保持原有品牌的声誉。这种策略多为传统名牌产品采用。

⑤创新品牌（商标）策略。在需要改变产品形象或原品牌（商标）陈旧的情况下，可对原品牌（商标）进行更新和改进。

二、价格策略

价格是市场营销组合中灵活而又难以控制的因素，也是唯一能产生收入的因素。尽管在现代市场营销过程中非价格因素的作用在增长，但价格仍是市场营销组合中的一个非常重要的因素，它直接影响市场对产品的接受程度，还会影响企业的盈利状况。因此，价格策略是企业市场营销组合策略中一个极其重要的组成部分。

（一）影响定价的因素

（1）定价目标的选择。

任何企业都不能孤立地制定价格，而必须按照企业选定的目标市场和市场定位来进行。一个企业对它的那些目标越清楚，制定价格就越容易。一个公司可通过定价来追求六个目标：生存，最大当前利润，最高当期收入，最高销售增长，最大市场撇脂，产品质量领先。

(2）产品成本因素。

企业制定价格时必须考虑成本因素，产品的最低定价取决于这种产品的成本费用。公司想要制定的产品价格，应能包括它的所有生产、分销及推销该产品的成本，还包括对公司所做的努力和承担风险的一个合理的报酬。

（3）市场因素。

市场因素主要指市场供求情况、产品需求特性、市场竞争状况以及其他市场营销环境因素等。

（4）购买者行为因素。

购买者行为尤其是心理是影响企业定价的一个重要因素。不同的客户有不同的心理，对价格的期望值也不同。因此，企业在定价时，要分析客户心理和他们对价格的期望。

（5）其他因素。

企业定价时还必须考虑其他环境因素，如国家的政策法令、国内外的经济形势、货币流通状况等，是否通货膨胀、经济繁荣或萧条、利润的高低等，都会影响产品成本和客户对产品价格与价值的理解，从而影响企业定价方法和策略的选择。

（二）定价策略

（1）新产品定价策略。

新产品定价策略主要有三种：一是高价策略（撇脂定价），目的是在短期内获得较大的收益，尽快地收回对新产品的投资。此策略适用于具有独特功能、能独占市场的产品，以及短期内不足以引起激烈竞争的产品和信誉较高的企业。二是低价策略，即用略高于成本的较低价格投放市场。这种策略有利于打开新产品的销路，薄利多销。它适用于有成本优势的企业。三是适中定价策略。它主要适用于大量生产和销售、市场比较稳定且需求弹性较小的产品的定价。

（2）差别定价策略。

对不同地区、不同时间、不同对象实行有差别的价格政策，如根据不同季节采取不同的价格、不同地区采用不同的价格等。

（3）产品组合定价策略。

在某一产品线内，依据需求和成本的关联性对不同项目的产品采用不同的价格。如有的产品定低价，以吸引客户；有的产品定高价，以树立品牌和回收投资；其他产品参照这两种价格，取中间价格。

（4）折扣定价策略。

通过折扣的形式降低产品价格以争取客户，折扣形式主要有现金折扣（对按期付款或用现金购买者给予折扣）、数量折扣（按购买数量的多少给予折扣）、交易折扣（按各类中间商在销售中的作用给予折扣）。

（5）心理定价策略。

心理定价策略即根据消费者购买商品时各种心理动机制定价格的策略。如尾数定价，即将产品的价格以零头数结尾，给人以便宜和定价精确的感觉；整数定价，即将产品价格以整数结尾，适合消费者求名、求方便的心理；声望定价，即对有较高声誉的品牌的产品制定较高的价格，以适应消费者求名的心理。

（三）价格调整策略

企业处于一个动态的市场环境中，产品价格的制定和修改都不是一劳永逸的。在企业的营销活动过程中，会因外部条件的变化而主动降低价格或提高价格。但何时降低价格，何时提高价格，需要考虑多方面的因素的影响。

（1）企业降价。

企业降价的主要原因有：

①企业的生产能力过剩，因而要扩大销量，但是企业又不能通过产品改进和加强销售工作等来扩大销量，在这种情况下，为了摆脱困境，保持生产正常进行，企业就需考虑降价。

②由于在激烈的竞争中，企业的市场占有率逐渐降低，为了夺回失去的市场和占有更大的市场，也可采用降价策略。

例如，在国际市场上，由于日本竞争者的产品质量较高、价格较低，美国的汽车、电子产品、照相机、钟表等行业，已经丧失了一些市场。在这种情况下，美国一些公司不得不降价竞销。在国内市场上，1996年彩电行业的降价风潮也说明类似问题。当时，长虹的降价幅度高达30%，TCL曾试图以保持原有价格、提高产品质量、加大宣传力度、扩大与竞争者的差异来应对，但由于产品的价格弹性较强，未能奏效。为保持其市场占有率，TCL也被迫采取了降价策略。

③企业的成本费用比竞争者低，企图通过降价来掌握市场或提高市场占有率，从而扩大了生产和销售量，降低成本费用。在这种情况下，企业也往往发动降价攻势。

（2）企业提价。

虽然提价会引起消费者、经销商和企业推销人员的不满，但是一个成功的提价可以使企业的利润大大增加。引起企业提价的主要原因如下：

①由于通货膨胀、物价上涨，企业的成本费用提高，因此许多企业不得不提高价格。在现代市场经济条件下，在通货膨胀时，许多企业往往采取种种方法来调控价格，对付通货膨胀。诸如采取推迟报价定价的策略，在合同上规定调整条款，采取不包括某些商品和服务的定价策略，降低价格折扣，取消低利产品，降低产品质量，减少产品特色和服务。企业采取这种策略可保持一定的利润，但会影响其声誉和形象，失去忠诚的客户。

②企业的产品供不应求，不能满足所有客户的需要。在这种情况下，企业就必须提价。提价方式包括：取消价格折扣，在产品大类中增加价格较高的项目，或者直接提价。为了减少客户不满，企业提价时应向客户说明提价的原因，并帮助客户寻找节约的途径。

三、分销渠道策略

（一）分销渠道的概念和作用

广义的分销渠道也称为营销渠道。在现代市场经济条件下，大部分生产企业并不直接将产品销售给最终用户或消费者，在生产者和最终用户或消费者之间，存在着大量的执行不同功能的营销中介机构，这些机构组成了分销渠道。菲利普·科特勒认为，分销渠道就是指促使产品或服务顺利地被使用和消费的一整套相互依存的组织，包括那些配合起来生产、分销和消费某一生产者的某些货物或劳务的所有企业和个人。

由此可见，分销渠道是企业与市场的桥梁，是沟通产品和顾客的纽带。有效地利用中间商业机构来组织市场营销活动，不仅能减少产品的交易次数，提高工作效率，而且可以节省时间和人力的耗费，降低交易成本，提高经济效益。现代企业面临着竞争激烈、日益成熟的买方市场，企业的营销渠道问题变得更加突出和重要，企业间争夺营销渠道的竞争也必将愈演愈烈，因此，生产商不仅要为企业选择设计一个良好的营销渠道系统，还要定期进行改进,以适应市场新的动态。

(二) 影响企业分销渠道选择的因素

企业要选择设计有利于企业产品销售的分销渠道策略,首先应对影响分销渠道的各种因素综合分析,以便选择最佳的渠道模式。营销渠道的设计主要受产品、市场、客户、生产企业自身等因素的制约,如表10-1所示。

表10-1 影响企业分销渠道选择的因素

产品因素	高质量、高价格、工业专卖品、新产品一般采用短渠道,低质量、低价格采用长渠道;长渠道较短渠道可减少销售费用,但提高了销售固定成本
市场因素	大量重复购买、不成熟的产品市场多采用短渠道,小批量购买、成熟的产品市场多采用长渠道
客户因素	顾客要求交货快、需要较强的售后服务的产品通常采用较短的渠道,反之则可用长渠道
企业因素	生产企业的声誉和资金、品牌、规模、财力、现有渠道网络和营销策略

(三) 分销渠道策略

企业分销渠道的设计,不仅要求保证产品及时到达目标市场,而且要求选择的分销渠道销售效率高、销售费用少,能取得最佳的经济效益。因此,企业在进行分销渠道选择前,必须综合分析企业的战略目标、营销组合策略以及其他影响分销渠道选择的因素,然后再做出某些相关决策。

(1) 分销渠道长度的选择。

所谓分销渠道长度,是指产品从生产者到最终用户所经历的环节的多少,也就是渠道层次的多少。当企业决定采用间接分销时,应对渠道的长短做出决定。

越短的分销渠道,制造商承担的销售任务就越多,信息传递越快,销售越及时,就越能有效地控制渠道。越长的分销渠道,中间商就越要承担大部分销售渠道职能,信息传递就越慢,流通时间越长,制造商对渠道的控制就越弱。制造商在决定分销渠道长短时,应综合分析自身的特点、产品的特点、中间商的特点以及竞争者的特点,然后再加以确定。

(2) 分销渠道宽度的选择。

所谓分销渠道的宽度,是指分销渠道中的不同层次使用中间商数目的多少。这主要取决于企业希望产品在目标市场上扩散范围的大小。对此,有三种可供选择的策略。

①广泛分销策略。广泛分销策略,也叫密集分销策略,是指制造商广泛利用大量的中间商经销自己的产品。这种策略的优点是产品与顾客接触机会多,广告的效果好,但制造商基本上无法控制这类渠道,与中间商的关系也较松散。

②选择性分销策略。选择性分销策略是指制造商从愿意合作的中间商中选择一些条件较好的去销售本企业的产品。这种策略的优点是减少了制造商与中间商的接触,每个中间商可获得较大的销售量,有利于培育工商企业之间的合作关系,提高渠道的运转效率,而且还有利于保护产品在用户中的声誉,有利于制造商对渠道的控制。

③独家分销策略。独家分销策略是指制造商在一定的市场区域内仅选用一家经验丰富、信誉卓著的中间商销售本企业的产品。这种方式主要适用于客户挑选水平很高、十分重视品牌商标的特殊产品,以及需要现场操作表演和介绍使用方法的机械产品。

四、促销策略

(一) 促销的概念和作用

促销即促进销售,是指生产经营者向客户传递有关本企业产品和服务的信息,促使其了解、熟悉、信赖本企业的产品和服务,从而达到激发客户购买欲望,促成客户购买行为的目的的一系列活动。

促销的实质是传递信息,是经营者和购买者之间的信息沟通。在社会化大生产条件下,生产者与消费者之间客观上存在着分离,生产者必须不断向消费者传递产品信息,影响人们的购买行为,才能有效地扩大产品销售。客户的信任是通过企业提供令人满意的产品与有效的沟通相结合而建立起来的。促销的手段包括人员推销和非人员推销两大类,其中非人员推销又包括广告、营业推广、公共关系三种形式。

促销活动是企业整体市场营销活动中不可缺少的组成部分,它对整个企业战略的实施、树立企业和产品的形象、增加产品销售额、提高市场占有率、强化竞争地位,具有重要作用和意义。具体来说,表现在如下几个方面。

(1) 传递信息,沟通情报。

在现代市场经济中,生产经营者和消费者之间存在着信息分离:一方面,生产经营者不知道消费者需要何种产品,何地、何时需要;另一方面,消费者不知道由谁、何时、何地、供应何种产品。这种产销矛盾决定了经营者应及时地向市场、消费者传递有关商品和服务方面的信息,采取相适应的方式向消费者推介商品,在引起他们的注意同时,也应及时向生产者反馈市场需求信息,沟通情况,促使生产者根据市场需求趋势,生产适销对路的商品,占领并扩大市场,达到促进销售的目的。

(2) 突出特点,诱导需求。

现代市场的主要特点之一,就是市场竞争激烈。同种类商品在其功能、结构、式样等方面差别不大,生产经营者要使产品在市场上占有一定份额,就必须通过适当的促销方式,突出地介绍商品的显著特点,使消费者产生购买欲望,并使消费者感到购买该产品将给自己带来好处,诱导消费者购买。

(3) 增加销售,扩大市场。

企业在市场营销活动中,为了在竞争中取胜,必须使企业的产品在性能、花色、价格等方面最大限度地满足消费者的需求,而消费者的需求千差万别、不断变化,这就使销售量增减变化大,产品的市场地位不稳定。企业只有通过促进销售活动,了解消费者需求,沟通与消费者的信息联系,使更多的消费者对该产品产生信赖感,成为该产品的忠实用户,不断增加购买量,才能提高企业产品的市场占有率。

(4) 优化竞争,增加利润。

在市场经济条件下,经营的各方面都存在着十分激烈的竞争,作为经营者必须认识到,要想在激烈的市场竞争中立于不败之地,就必须把产品销售出去,就必须采取各种促销手段,以促成供销旺盛的局面,达到增加企业盈利的目的。

(二) 促销的两种基本策略

在具体介绍各种促销方法和促销组合之前,我们首先来考察促销的两种基本方式,即推动策略和拉引策略。

(1) 推动策略。

所谓推动策略，是指企业以中间商为主要促销对象，通过推销人员的工作，把产品推进分销渠道，最终推上目标市场，推向消费者。推动策略运用的条件，是企业与中间商对商品的市场前景一致看好，双方愿意合作。运用推动策略对企业来说风险较小，销售周期短，资金回收快，但同时需要中间商的理解与配合。一般来说，推动策略多用于以下情况的市场促销：传播对象比较集中，目标市场的区域范围较小；品牌知名度较低的产品；需求有较强选择性，如化妆品；顾客购买容易疲软的产品；购买动机偏于理性的产品；需要较多介绍消费、使用知识的产品。

（2）拉引策略。

拉引策略是以最终消费者为主要促销对象，通过运用广告、营业推广、公共关系等促销手段，向消费者展开强大的促销攻势，使之产生强烈的兴趣和购买欲望，纷纷向经销商询购这种商品，而中间商看到这种商品需求量大，就会向制造商要求进货。一些新产品上市时，中间商往往因过高估计市场风险而不愿经销，这时，企业只能先向消费者直接推销，然后拉引中间商经销。拉引策略多用于目标市场范围较大、销售区域广泛的产品，销量正在迅速上升和初步打开销路的品牌，有较高知名度的品牌，感情色彩较浓的产品，容易掌握使用方法的产品，选择性的产品，经常需要的产品。

（三）促销组合

促销组合是指企业在市场营销过程中对人员推销、广告、营业推广和公共关系等各种促销方式的有机结合，综合运用。企业在进行营销策划时，综合考虑产品的特点、市场状况以及不同促销方式的特点，适当选择促销方式，并进行不同的组合，以实现营销目的。

（1）人员推销。

人员推销是企业派销售人员直接与顾客联系，向他们宣传产品以达到推销目的的方式。人员推销是一种双向沟通方式，其显著特点是直接性，能根据顾客需要灵活地进行宣传，能与顾客建立良好的关系，容易促成购买行为。同时还能收集市场信息，为企业提供有关情报资料。但其推销范围有限，费用较高。

实行人员推销方式，非常重要的一点是选拔和培训推销人员。因为推销人员既是企业产品的推销者，又是企业形象的代表，其工作的好坏往往关系到企业营销的成败。一名称职的推销员应具备以下基本素质：强烈的责任感、事业心；丰富的业务知识，包括关于企业、产品、顾客、市场等多方面的知识；良好的气质和职业素养；熟练的推销技巧和综合能力，包括观察能力、应变能力、创新能力、沟通能力、说服能力等。

（2）广告。

广告是企业通过一定的传播媒介向公众传递有关产品和劳务的信息，从而起到推销作用的促销方式。同人员推销相比，它具有信息传播面广、速度快、信息能多次重复、能强化印象、节省人力和费用等优点。但广告只是单向的信息传递，不易及时得到反馈信息，使其说服力受到一定的限制。因此运用广告促销手段时，一定要注意其针对性和艺术性，注意正确选择广告媒体。广告媒体种类繁多，除了传统广播、电视、报纸、杂志四大媒体外，随着信息社会的发展，互联网已日益成为重要的广告媒体。另外，还有汽车等流动媒体，函件、订单等邮件媒体，路牌、招贴等户外媒体，橱窗、模特等展示媒体，等等。它们各有特点，在实际中要灵活运用。

（3）营业推广。

营业推广是指为刺激需求而采用的、能够迅速激励购买行为的辅助性促销方式，如有奖销售、赠送样品、附赠礼品、现场示范、商品展销、折价酬宾、推销竞赛、交易折扣等。同其他促销方式相比，营业推广的针对性强，吸引力强，方式灵活多样，收效迅速，在新产品打开销路、老产品开辟新市场、争取潜在客户等方面有明显效果。但由于攻势过强，容易使人产生逆反心理，误认为卖主急于出售的产品有问题，从而有损产品或企业的形象。因此，营业推广只能是一种短期的、补充性的促销方式，要与人员推广、广告等方式配合使用。

（4）公共关系。

公共关系是指一个社会组织为了与它的各类公众建立有利的双方关系而采取的有计划、有组织的行动。公共关系是近年来发展起来的一种"内求团结、外求发展"的管理艺术。作为一种促销手段，公共关系可以理解为：企业通过各种宣传和社会活动，增进社会公众的信任，树立良好的企业形象和信誉，从而促进销售。同人员推销、广告和营业推广等方式相比，公共关系有间接促进销售、能获得长期效应的特点。建立公共关系的方式很多，主要有利用新闻媒介进行宣传、参与社会公益活动、举办专题活动、利用公关广告、建设企业文化等。

研讨与思考：结合生活中的实例谈谈企业营销策略的运用。

小结

从市场营销的角度来看，市场是对某种商品或服务具有需求、有支付能力并且希望进行某种交易的人或组织。市场包含三个主要因素：有某种需要的人、为满足这种需要的购买能力和购买欲望。

市场营销是个人和群体通过创造并同他人交换产品和价值以满足需求和欲望的一种社会和管理过程。在这个核心概念中包含：需要、欲望和需求；产品；效用；交换和交易；关系；市场；营销和营销者等一系列概念。市场营销观念，也叫市场营销哲学，指企业对其营销活动及管理的基本指导思想。市场营销观念从总体上分析，主要有两大类观念：一类是以企业为中心的观念，一类是以消费者为中心的观念。

市场营销管理工作的主要内容包括：市场分析、目标市场选择、产品开发、产品定价、销售渠道选择、促销。市场营销环境分析包括微观环境和宏观环境分析。微观环境是指企业对所服务的客户构成直接影响的各种力量，包括企业本身及市场营销渠道企业、市场、竞争者和公众。宏观环境是指那些给企业造成市场机会和环境威胁的主要社会力量，包括人口环境、经济环境、自然环境、技术环境、政治和法律环境，以及社会和文化环境。消费者市场是现代市场营销理论研究的主要对象。企业的市场营销对象不仅包括广大消费者，也包括各类组织机构，这些组织机构构成了原材料、零部件、机器设备、供给品和企业服务的庞大市场。市场细分又叫市场细分化，是指从区分客户的不同需求出发，根据客户购买行为的差异性，把整体市场划分为若干个具有类似需求的子市场的过程。市场细分要依据一定的细分变量来进行。消费者市场的细分变量主要有地理变量、人口变量、心理变量和行为变量四类。

市场营销组合策略是指企业针对目标市场的需要，对可控制的各种市场手段与营销因素的优化组合和综合运用。常用的市场营销策略包含产品策略、价格策略、分销策略和促销策略。

经典案例

创新营销管理是安踏的必杀技

翻开安踏体育2009年的财报，很难看到金融危机冲击的影响：2009年上半年安踏的营业额实现了同比27.7%的增长，达到约28.2亿元人民币，毛利率增长2.6个百分点，达到41.5%。此外，安踏第三季零售折扣率为20%，与上半年水平持平。

作为一家体育用品生产企业，安踏也有品牌创立、品牌推广、品牌上市这三个重要时期。品牌创立是1991年创办了安踏体育用品有限公司，品牌推广则始于签约孔令辉、进军央视开展品牌营销，同时也掀起了中国体育品牌进军央视广告和签约明星的大潮。

2009年，安踏携手中国奥委会，成为"2009—2012年中国奥委会体育服装合作伙伴""2009—2012年中国体育代表团合作伙伴"，赢得了之后4年内包括亚运会、冬奥会、夏季奥运会在内的全部11项国际奥林匹克重大赛事的领奖服赞助权。由此，安踏获得了全面提升产品设计和企业文化的重要契机，也成为首个获得中国奥委会整体打包的"黄金权益"的受益者。成功签约中国奥委会后，安踏又相继签约了水上运动管理中心下辖的5支水上运动国家队，正式成为水上运动中心及国家队的战略合作伙伴。

为了让运动员更好地发挥自身水平，安踏除了为赛事提供资金保证外，还在技术研究上大力投入。安踏与比利时的RSscan公司、北京体育大学生物力学教研室共同建立的安踏运动科学实验室，通过现代化的手段，提取CBA赛场上180多名运动员脚部的数据，建立了中国第一个运动力学脚型库。

多年来，安踏技术中心的研发经费投入都在销售收入的3%以上，以确保科研开发实力持续得到加强。科技创新正在成为安踏的核心竞争力之一，从安踏试验室走出的众多核心技术和核心产品，能够针对不同人群，满足消费者的不同需求，提升市场占有率。

安踏的一线市场占自身市场总体的20%，而二线和三线则占60%，这一相对合适的市场组合比例，让安踏在金融危机中度过了"暖冬"。

"聚焦中国并度身优化业务运营模式、采取有竞争力的产品策略、创新的营销管理、有特色的企业文化"，安踏副总裁张涛从四个方面分析安踏的危机应对之道。与国际流行的"轻资产运营"模式不同，安踏向来是生产、销售一起抓，针对中国的实际情况，安踏开创了垂直整合的业务模式，将研发、生产、销售这整个链条牢牢掌控在自己手中，也使得自身的研发优势、生产优势和品牌优势在这一模式下最大化地凸显。

为了增强市场竞争力，安踏在三大主营业务——功能运动产品、时尚运动产品、儿童运动产品的基础上增加了产品款式，并提供丰富的产品组合。同时，专注特定热门领域，如篮球、网球、综训产品线也是安踏的策略。

创新营销管理一直是安踏的必杀技。安踏不仅开创了"央视＋体育明星代言"的广告模式，其卓越的分销网络也使其在市场中立于不败之地。"大城市多开店，小城市开大店，因地制宜地升级分销渠道，这是安踏建立分销网络的基本策略，"张涛介绍道，"三线城市以下地区城市化进程仍在加快，基建投入、扩大就业等措施将提高当地居民的消费能力，根据其消费习惯，结合现代渠道流通特点，开设聚客效应良好的大店，在增强品牌效应的同时，促进销售；另一方面，一线城市及部分二线城市消费潜力已被充分挖掘，应根据其消费快速、善变、理性的特点,开设多家店面,方便其就近消费。"

(资料来源:2010 年 1 月 11 日《中国纺织报》)

分析与思考

1. 安踏创新营销管理采取了哪些措施?
2. 谈谈营销管理对企业的作用。

技能训练

企业目标市场策划

1. 实训目的:

通过策划分析,理解营销要素组合对企业经营的重要性,学会运用市场营销知识分析解决营销中的实际问题。

2. 实训内容:

自选企业背景资料,分析该企业目标市场确定的依据,找出其合理性或者不合理性。

3. 实训组织:

将教学班分成四组,每人列举一家熟悉的企业进行分析,每小组精选一家有代表性的企业,经教师比较优选一家企业作为实训对象,小组成员对选定企业资料进行讨论分析,形成目标市场策划分析方案。要求充分运用理论知识进行论证。

4. 实训考核:

用研讨会的形式,每小组派代表阐述、辩论各自的策划方案,综合评定成绩。

任务十一

现代企业技术管理

任务解读

通过学习现代企业技术管理活动中的技术创新、技术开发、技术引进和价值工程等内容，可使企业组织起有效的技术系统，增强企业竞争力，实现企业生产最大化的目标，同时获得最大利润。

知识要点

1. 理解技术创新的相关概念。
2. 理解技术开发的相关概念。
3. 理解技术引进的相关概念。
4. 理解价值工程的概念、工作程序。
5. 掌握价值分析的方法。

技能要求

1. 掌握技术创新、技术开发、技术引进的特点。
2. 会运用价值工程方法进行分析。

11.1 企业技术开发及其管理

11.1.1 技术创新

一、技术创新的定义

所谓新技术，是指在一定时间和空间范围内，第一次出现的技术，或者说原有技术，经过改革、革新，在性能上、技术上有新突破、新进步的技术。通常包括以下三种情况：第一，运用新的科学原理，实现了新的技术突破，创造了新材料、新设备、新工艺流程或未曾有过的新产品；第二，科学原理虽然相同，但是技术水平发展到了一个新阶段，同原有技术有着重大的差异，称为换代新技术或技术换代；第三，在生产过程中使用了新的工艺方法和效率更高的劳动手段，称为改革新技术或技术革新。对于企业来说，创新是企业的灵魂，它包括知识创新、技术创新、管理创新和制度创新。而技术创新，是企业创新的转化层面，也是核心部分。

技术创新是指应用创新的知识和新技术，采用新的生产方式和经营管理模式，提高产品质量，开发生产新的产品，提供新的服务，占据市场并实现市场价值。

"技术创新"与"发明"有很大的区别。发明从本质上说，是一种技术性的创意。发明可以是为了改进产品、工艺、设计和管理而提出的思想、方案，可以是一项新的技术，也可以是某种产品的模型或样品。而技术创新不仅仅是新技术、新产品的发明，技术创新是要将发明的成果应用到经济活动中去，并取得市场成功。一项发明能否成为技术创新，取决于发明能否投入生产、投放市场并取得经济效益。

二、技术创新的作用

在科学、技术与生产的相互关系中，技术处于承前启后的地位。它一方面把科学发明应用于生产过程，为生产过程提供新的材料、生产手段和工具；一方面又从生产实践中集中人们的智慧和经验，为科学发明提出新课题，提供新思想。

技术创新推动着技术进步，技术进步是经济发展的巨大推动力。就企业来说，技术创新对于企业的生存和发展具有以下重要作用：

（1）企业依靠技术创新才能不断地运用新原理，创造新产品和新的材料，来满足社会日益增长的物质文化生活的需要，从而不断地扩大生产领域，扩大经营范围，使企业具有旺盛的生命力和竞争力。

（2）企业依靠技术创新才能不断改革工艺方法和工艺流程，改革生产工具，从而不断提高劳动效率，节约劳动消耗，合理利用各种资源，全面改善企业生产过程的各项经济指标，降低成本，增加盈利。

（3）企业依靠技术创新才能不断地改善管理方式，实现现代化管理，使生产技术与管理技术同步发展，不断提高企业的管理水平，从而才能使企业的物资资源、人力资源、资金和技术的最有效利用具有可行的条件和保证。

三、技术创新的要素

技术创新有四个要素：机会、环境、支持系统和创新者。这些要素的相互作用如图11-1所示。

创新者一般是指企业家、科研单位负责人、政府计划管理人员等。这些创新者根据市场需求与技术进步信息，捕捉创新机会，通过把市场需求与技术上的可能性结合起来，产生新的思想。新的思想在合适的经营环境与创新政策的鼓励下（包括合理的价格、公平的竞争、对技术创新的鼓励政策等），利用可用的资源（包括资金、科技人员）和内部的组织功能（研究开发、试生产、设计、生产、营销），从而发展成技术创新。这四要素是技术创新活动得以开展的必不可少的因素，而其中创新者是最主要的。

虽然创新者一般是企业家，但并非所有的企业家都是创新者。

研讨与思考：技术创新和发明的区别是什么？技术创新的要素是什么？

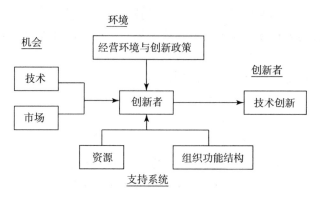

图 11 - 1　技术创新要素

四、技术创新的过程

技术创新总体上说是一个过程，是一个在市场需求和技术发展的推动下，将发明的新设想通过研究开发和生产，演变成为具有商品价值的新产品、新技术的过程（如图 11 - 2 所示）。

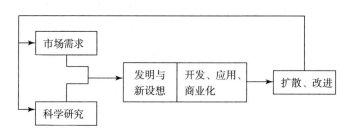

图 11 - 2　技术创新过程

五、技术创新的过程

创新过程在逻辑上可以分为七个阶段。

（1）产生创新构思。创新构思可能来自科学家或从事某项技术活动的工程师的推测或发现，也可能来自市场营销人员或用户对环境、对市场需要或机会的感受。

（2）根据技术、商业、组织等方面的可能条件对创新构思进行评价。综合已有的科学知识与技术经验，扩充创新构思，提出实现创新构思的设计原型。

（3）开发试验模型，即在实验室中将设计原则转变为实验原型，从而验证设计原型的可实现性。

（4）按商业化规模要求进行工业原型开发，制定完整的技术规范，进行现场工艺试验和新产品试生产，并进行市场测试和营销研究。

（5）创新技术的初步实际应用或创新产品的初次商业化生产。

（6）创新技术的广泛采用或创新产品的大规模生产，创新产生显著的商业效果或社会效果。

（7）创新技术扩散，创新技术被赋予新的用途，进入新的市场。

11.1.2　技术开发

企业技术开发是指以企业为主体，将基础理论研究和应用研究成果应用于生产的全过程，对产品、工艺、材料、装备进行革新和创新，转化为现实生产力的科学技术活动。

一、技术开发的选择

技术开发的选择就是选择对什么技术进行开发，一个企业如果选择了技术开发，从开发的指导思想而言，要开发的技术应该是对企业整体战略贡献最大的技术，而且应该是开发成功率最高的技术。从技术开发的内容上而言，是应该进行产品技术开发，还是进行工艺技术开发，应该和企业所选择的特定企业战略保持一致。

企业活动所涉及的技术不是一种，任何企业都是一个包含多种技术分支的技术系统。因此，在酝酿技术开发方案的时候，应该尽可能地彻底审视企业产品价值链中的各种技术，集中力量开发那些对产品价值影响大，具有改进余地的技术。

开发技术的选择不应仅仅着眼于那些能够产生重大突破的根本性创新。重大的根本性创新的成功固然会为企业带来重大利益，但它往往存在巨大的风险，当它涉及多种新的科学原理和技术原理的时候更是如此，因为这通常意味着在研究→设计→试制→生产→销售的创新过程主链条中的更多的不确定性，意味着很高的研究开发能力和大量的科技开发投入。对那些难度不大的若干技术予以适当的改进，往往会给企业带来可观的收益，这种渐进性变化不但可以取得累积效益，而且通过技术积累，可以减少开发风险。

二、技术开发中的考虑因素

在企业进行技术开发的选择时，应考虑以下四个因素。

（一）分析确认科学发展和产业内外正在发展着的技术变革潜力

如果重要的技术变革主要来自产业内部，则为渐进性的连续性的技术变革机会，此时的企业应当仔细分析现有的技术体系，确认它的薄弱环节或技术上的其他改进机会。如果重要技术变革主要来自产业外部，这些技术可能成为非连续性变化和破坏原有技术体系的根源。

因此，企业必须考虑是否存在可以应用的外部技术，应当特别关注信息技术、微电子技术、新材料技术的发展情况，因为这三个方面的技术正在对创造新技术或新旧技术结合产生革命性的影响。

（二）确认需要变革的关键技术

企业的技术变革不可能在其所用的所有技术上展开，变革的重点应放在企业战略优势最大的关键技术上，它或者有利于成本优势的形成，或者有利于差别化优势的形成，或者两者兼有。关键技术的确认，不仅仅是技术可能性的确认，而且是对企业需要和市场需要的确认，诸如节约或替代稀缺资源的需要，改进生产瓶颈环节的需要，改善生产工艺可靠性的需要，响应需求变化的需要，等等，都和关键技术的确认相关。

（三）决定关键技术的获取方式

获取方式包括外部购买或进行技术开发。获取方式的决定依赖对诸如成本、时间、能力培育、可行性和风险等因素的考虑。

（四）评估企业技术能力和实施技术变革所需资源的调用能力

一个企业应当切实了解自己在技术能力和相关能力方面的优势与欠缺，并做出切实评价，以便更好地印证战略选择的适宜性。

11.1.3 技术引进

技术引进，又称技术输入或技术转让，是指在国际的技术转移活动中引进技术的一方通过贸易、合同、交流等途径，以各种不同的合作形式，引进外国的技术知识、管理知识、管理经验以及先进设备的活动。采用引进先进技术与提高自主开发能力相结合的方式，是提高本国技术水平的最佳途径。

一、引进技术的选择

引进技术面临的首要问题就是引进什么样的技术，引进的技术是否合适，这直接关系到引进技术会产生多大的效益。一般来说，一个国家在引进技术时，为达到某一目的，往往有多种技术可供选择，而不同的技术所产生的效益和作用是不尽相同的。只有那种最适合本国各方面条件和情况的技术，才能起到最好的效果。在引进技术的选择上，通常要考虑以下几个方面的条件：

（一）技术条件

包括本国技术人员的素质、工人的技术水平、科研人员的能力、技术装备水平，甚至于技术管理水平等，一般来说，先进的技术只有高水平的科技人员、管理人员、操作人员才能掌握和有效使用，并加以消化创新。

（二）资金条件

一般越是先进的技术，在研究开发中所耗费的资金也越多，引进这些技术就需要大量资金。对于许多国家，特别是发展中国家而言，往往资金有限，如引进最先进的技术，就会加重经济负担。

（三）资源条件

任何一项技术都是在特定的资源条件下产生的，如消耗何种能源，使用何种原材料，需要何种辅助材料等，如果在引进技术时不考虑这些因素，则在引进后往往无法使用，造成失误。

（四）环境条件

有些技术从单纯技术角度看可能是十分先进的，但往往会造成环境污染，破坏生态环境。在技术引进时，这样的技术就是不适宜的，如果仍需引进，也应考虑将治理此类污染的技术同时引进。此外，在引进时还应考虑综合利用、变废为宝的措施。

（五）社会经济条件

社会经济条件有十分广泛的含义，如从评价角度来看，衡量技术引进的适宜与否，主要应从经济效益和社会效果方面加以分析；从劳动角度看，应根据人口状况，考虑就业与失业等因素；从社会需求来看，应分析引进技术所产品是否有较好的市场；此外，还应考虑与引进技术相关的交通、气候等外部因素。

二、技术引进的途径

企业在引进技术时可从以下几种途径中进行选择：

（1）由外国投资者在技术引进国开设企业。

（2）与外国企业进行合资经营，根据双方情况确定各自所占股份。

（3）由外国企业提供技术，从设计、设备、人员培训，一直到建厂全部承包。若干年后投资者收回投资和一定的利润，工厂便交给技术引进国。

（4）由外国企业负责提供设计、图纸和服务，本国投资、进行土建等。

（5）只引进关键技术，而规划、设计、设备、土建等由本国负责完成。

（6）购买专利，根据特许进行生产。另外，还有购买数据与信息及签订项目开发合同。

(7) 本国具有规划、设计能力，技术上也不存在大的困难，但是缺少一些关键设备，这时只需进口所需设备，就可实现技术引进，因为设备本身物化了一定的技术。但从引进技术的角度看，对方提供的技术在数量上是有限的。

(8) 获取有关科技文献，交流科学家和技术人员，在国外培养科技人员，开展合作研究或参加国际会议。

上述引进技术的途径可进一步归结为直接引进方式和间接引进方式两种。间接引进就是通过中间商进行引进，中间商可以是一家外国经营机构，也可以是本国的公司、研究所或咨询机构。

三、引进技术的消化、吸收与创新

引进技术是一种手段，要为提高本国的技术水平和促进经济发展服务。因此，除引进技术要适应本国国情和本地区、本企业的特点外，企业还要花大力气对引进的技术加以消化吸收和发展创新。

11.1.4 技术改造

一、技术改造的概念及意义

（一）技术改造的概念

技术改造，是指在坚持科学技术进步的前提下，在企业现有基础上，用先进的技术改造落后的技术．用先进的工艺和装备代替落后的工艺和装备，以改变企业落后的生产技术面貌，实现以内涵为主的扩大再生产，从而提高产品质量，促进产品更新换代，增加品种，适应市场需求，并节约能源，降低消耗，扩大生产规模，提高经济效益的活动。

从资源配置角度讲，它是通过调整技术资源配置带动其他资源流动的扩大再生产。从这个意义上来讲，凡是着眼于技术资源配置，为提高现有企业生产能力、技术水平和经济效益的优化资源配置工作，都可归入技术改造的范畴。

（二）技术改造的意义

有计划地推进技术改造，把现有企业转移到一个新的、先进的技术基础上来，意义非常重大。它体现在以下几个方面：

(1) 企业开展技术改造，能适应社会主义市场经济的需要，提高企业整体素质，推动产业结构优化和规模经济效益，发挥企业优势，提高竞争能力和适应能力。

(2) 企业开展技术改造，是扩大再生产的主要途径。

(3) 企业开展技术改造是使企业改革顺利推进的一个重要条件。加强技术改造有利于推动生产力的发展，促进企业上水平，调整产业结构和产品结构，提高产品质量，从而有利于巩固新的生产关系，也使企业改革成果不断加以巩固。

(4) 企业开展技术改造是促进技术结构合理化的重要保证。

(5) 企业开展技术改造是增强企业发展能力的重要措施。随着市场经济逐步建立和完善，外部环境对企业生产经营活动的影响越来越大，通过技术改造，不断提高企业的应变能力，已成为决定企业经营成败和影响企业发展的重要因素。

(6) 企业开展技术改造是提高经济效益的重要手段，对现有企业进行技术改造可以使用和利用的东西较多，比新建企业花费较小、难度较小。

二、技术改造内容、原则、工作程序

(一) 技术改造的内容

技术改造就是将研究与发展的成果应用于企业生产的各个领域，用先进的技术改造落后的技术，用先进的工艺和装备代替落后的工艺和装备，使企业产品在技术性、质量和成本方面保持先进水平。

一般说来，技术改造包括以下内容：老产品改造和新产品开发；设备和工具的更新改造；生产工艺的改革；节约能源和合理利用原材料的改造；厂房建筑和公用设施的改造；劳动条件和生产环境的改造；技术管理方法和手段的改造等。

(二) 企业技术改造的原则

技术改造是一项政策性、技术性、组织性很强的工作，必须在正确原则的指导下进行，才能切实收到成效。

（1）企业开展技术改造，必须符合市场经济规律，围绕市场需求、产品需要来进行。

（2）技术改造必须以提高经济效益为目标，通过内涵扩大再生产，实现效益的增长。

（3）技术改造必须从我国国情出发，结合国家、企业的具体情况，充分利用资源，同时积极吸取国外的先进经验。

（4）技术改造要与企业的改革紧密结合在一起。

（5）技术改造必须坚持以技术进步为前提，要在企业积极开展科研活动，将科研成果转化为实际产品、工艺等。要积极地学习和吸收国内外先进技术。

（6）技术改造要统筹规划，分清主次，抓住重点，围绕对企业影响大的、抓一项能带动多项的项目进行，要量力而行。

（7）技术改造要坚持专群结合，充分发动和依靠群众，形成有觉悟、有技术、素质高的开展技术改造的队伍。

(三) 技术改造的管理

技术改造工作直接影响到企业的经济效益，因此，必须加强科学的组织管理，主要有以下几个方面。

（1）广泛调查，全面规划。在进行技术改造之前，要掌握国内外同行业在产品、生产工艺、设备等各个方面的科学技术发展趋势，以及各种科研成果应用于生产的情况和效果；还要深入细致地掌握本企业已有产品的生产技术水平，存在哪些薄弱环节，在广泛调查的基础上，制定全面规划。

（2）突出重点，择优而上。一般来说，企业技术改造的重点，应当是影响企业生产发展水平和企业经济效益的主要矛盾方面。解决了这些矛盾，就能改变企业落后的生产面貌，培育新的经济增长点，增加生产后劲，从而使企业获得更大的经济效益。

（3）讲求全面的经济效益。技术改造要以提高全面经济效益为目标。因此，对重大的技术改造项目还要进行多方案的技术经济论证，做出科学判断。只有确定方案的可行性，才能投资实施。这样可以减少技术改造工作中的盲目性，保证可靠性和经济性，避免造成损失。

(四) 技术改造项目工作程序

技术改造项目工作程序一般可分为三个阶段。

（1）前期准备阶段：

①提出并申报技术改造项目建议书。

②编制和申报设计任务书或可行性研究报告或技术改造方案，有些项目要进行可行性论证、评估后才能够进行申报。

③在上级批准设计任务书、可行性研究报告或技术改造方案后，进行初步设计或扩初设计的编制和申报。

（2）项目实施阶段：

①按照年度计划组织实施。

②技术改造项目施工完成后，进行试生产运行，运行合格进行验收，办理验收合格手续，正式交付使用。

（3）考核阶段：在技术改造项目正式交付使用后，还必须进行效益上的考核，保证该项目能真正达到预定目标，并借此总结经验和进行改进。

①进行竣工投产后项目的效益跟踪，以求达到原设计或合同的要求。

②进行竣工投产项目的评估，以便总结开展技术改造的经验教训，从而提高技术改造操作和管理水平。

11.2 价值工程原理与方法

一、价值工程的概念

价值工程（Value Engineering，VE）是一种以提高企业经济效益为目的的技术经济方法，它从分析产品或事物功能与成本之间的关系出发，力求以最少的成本实现必要的功能。随着科学技术的迅速发展和企业生产经营上的需要，价值工程已经形成了一套科学的理论和方法，在开发新产品、改造老产品、物资采购以及改进企业管理工作等方面，日益得到广泛的应用，并取得了良好的经济效益。

价值工程最初于1947年是由美国通用电器公司的设计工程师麦尔斯提出的。他提出用不同的材料满足相同的功能，以代替短缺物资和降低产品成本为目的。国标 GB 8223—87 中给出的价值工程的定义为："价值工程是通过各相关领域的协作，对所研究对象的功能结构与费用进行系统研究，以提高对象价值的思想和方法。"也就是说，价值工程是从产品的功能与其成本的最佳组合出发，研究以最低的成本实现必要的功能，从而达到提高产品价值目的的一门科学。价值工程中的"价值"是产品的功能与其成本的比值，可用公式表示：

$$价值(V) = 功能(F) / 成本(C)$$

从这一定义可以看出，价值工程具有如下特点：

（1）以提高价值为目的。即以最低的寿命周期成本，使某种产品获得必要的功能。它不是单纯地提高产品功能，也不是片面地追求降低成本，而是致力于提高两者的比值。因此，价值工程要兼顾用户利益、社会利益和企业利益，从事产品的开发与改进。

（2）以功能分析为核心。功能分析是以功能为对象，分析产品的功能是否适合用户的要求以及适合的程度，如何用较少的人力、物力资源实现产品的功能。

（3）活动领域侧重在设计和设计阶段。据不完全统计，产品成本的70%~80%是由研制阶段决定的，所以，侧重在设计和设计阶段的开发工作，是价值工程的一项特征。

（4）依靠集体智慧进行，技术与经济相结合。价值工程涉及产品设计、制造、销售、使用和财务会计等各方面，因此需要加强各方面的配合，有组织地开展这一活动。

研讨与思考：价值工程的目的是什么？价值与功能和成本的关系如何？

二、价值工程的工作程序和方法

（一）价值工程的工作程序

价值工程已发展成为一门比较完善的管理技术，在实践中已形成了一套科学的实施程序，价值工程的工作程序有八步。

（1）选定价值工程的对象。一般来说，价值工程的对象是要考虑社会生产经营的需要，以及对象本身被提高的潜力。选择对象，就是在全部产品中确定以哪种产品作为开展 VE 的对象，再进一步确定在产品中哪些零部件作为重点对象。由于价值分析的目的是提高产品或作业的价值，因此应选择价值低的零部件作为分析对象，据此可以确定选择的两项原则：一是成本高，功能改进潜力大，而且市场需求量大的产品；二是在生产经营上迫切需要改进的产品。

常用的选择方法有 ABC 分类法、百分比法、用户评分法。

（2）收集对象的相关信息情报，包括用户需求、销售市场、科技进步状况、经济分析以及本企业的实际资源能力等。收集的信息情报的准确、及时、全面程度，往往在很大程度上决定了价值分析中能够确定的方案与实施的成果。

（3）价值工程的核心阶段——功能分析。功能分析是价值工程活动的核心和基本内容，价值工程就是围绕着对产品和劳务进行功能分析而不断深入展开的，它决定价值工程的有效程度。功能分析的目的是合理确定 VE 活动对象的必备功能，消除多余的、不必要的功能，加强不足功能，削减过剩功能。功能分析包括进行功能定义、功能整理、功能评价三个阶段。

（4）提出改进方案。经过分析和评价，分析人员可以提出多种方案，从中选出最优方案加以实施。

（5）分析和评价方案。

（6）制订具体的实施计划。

（7）实施方案。

（8）对实施的成果进行评价。成果的评价一般以实施的经济效益、社会效益为主。

接下来具体介绍价值工程的核心阶段——功能分析。

（二）功能分析的过程和方法

功能分析的过程包括功能定义、功能整理和功能评价三个阶段。

（1）功能定义。

功能就是产品和劳务的效用、任务、分工、作用、目的等。它们是存在于产品或劳务过程中的一种本质。功能定义是对价值工程对象及其组成部分的功能所做的明确表述。这一表述应能明确功能的本质，限定功能的内容。

功能定义要求简明扼要，一般采用"两词法"，即用两个词组成的词组来定义功能。常采用动词加名词的方法，动词是功能承担体发生的动作，而动作的作用对象就是作为宾语的名词。

例如，手表的功能是"显示时间"，这里手表是功能承担体，"显示"是表示功能承担体（手表）发生动作的动词，"时间"则是作为动词宾语的名词。

功能承担体、功能承担体发出的动作及动作的作用对象，三者构成了主、谓、宾关系。例如车床车削工件、钢笔标记字符、电灯提供光源、空调调节温度等。

(2) 功能整理。

功能定义完成后就应该加以整理，使之系统化。所谓功能整理就是按照用户对功能的要求，明确已定义的功能类别和性质及相互间的关系。功能整理回答和解决"它的功能是什么"这样一个问题。

功能整理的方法和步骤如下：

①分析出产品的基本功能和辅助功能。

依据用户对产品的功能要求，挑出基本功能，并把其中最基本的排出来，称为上位功能。基本功能一般总是上位功能，它通常可以通过回答以下几个问题来判别：

取消了这个功能，产品本身是不是就没有存在的必要了？

对于功能的主要目的而言，它的作用是否必不可少？

这个功能改变之后，是否需要引起其他一连串的工艺和零部件的改变？

如果回答是肯定的，这个功能就是基本功能。除了基本功能，剩下的功能就是的辅助功能。

②明确功能的上下位和并列的关系。

在一个系统中，功能的上下位关系，就是指功能之间的从属关系，上位功能是目的，下位功能是手段。例如，热水瓶的功能中"保持水温"和"减少散热"的关系就是上下位功能关系。"保持水温"是上位功能，而"减少散热"是为了能够"保持水温"，是实现"保持水温"的一种手段，是下位功能。需要指出的是，目的和手段是相对的，一个功能对它的上位功能来说是手段，对它的下位功能来说又是目的。功能的并列关系是指两个功能谁也不从属于谁，但却同用于一个上位功能的关系。例如热水瓶为了保持水温，有三条减少散热的措施，即：

涂银以减少辐射散热；

抽真空以减少传导散热；

瓶盖（木塞）以减少对流散热。

很显然，这三个功能相对于"保持水温"来讲属于下位功能，而这三个功能之间就属于并列关系。

③排列功能系统图。

在弄清功能之间的关系以后，就可以着手排列功能系统图。所谓功能系统图就是产品应有的功能结构图。图11-3是一个酒店预订系统的功能结构图。

(3) 功能评价。

功能定义和功能整理后，能够准确地掌握用户的功能要求，剔除了一些不必要的功能，在这两阶段，仅仅解决了功能的定性问题，这是不够的。还需要根据功能系统图，对各功能进行定量评价，以确定提高价值的重点改进对象。

①功能评价的概念。

功能评价是在功能分析的基础上，应用一定的科学方法，进一步求出实现某种功能的最低成本（或称目标成本），并以此作为评价的基准。某功能的最低成本（或目标成本）即称为功能评价值，通过与实现该功能的现实成本（或称目前成本）相比较，求得两者的比值，

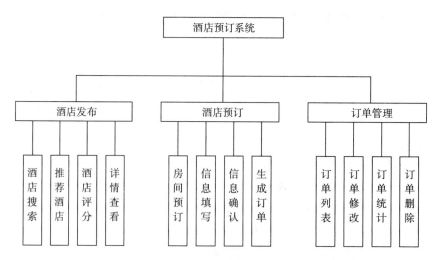

图 11-3 酒店预订系统功能结构图

即为功能价值。现实成本与目标成本的差值,即为成本降低幅度,或称为成本改善期望值。

其计算公式为:

$$V = \frac{F}{C}$$

式中:F 为功能评价值(目标成本);C 为功能现实成本(目前成本);V 为功能价值(价值系数)。

功能改善期望值 $= C - F$

此时,功能评价值 F,常被作为功能成本降低的奋斗目标,亦称标准成本。

功能评价的基本程序:

计算功能成本的现实成本(目前成本);

确定功能的评价值(目标成本)

计算功能的价值(价值系数);

计算成本改善期望值;

选择价值系数低、成本改善期望值大的功能或功能区域作为重点改进对象。

②计算功能现实成本。

成本历来是以产品或零部件为对象进行计算的,而功能现实成本的计算则与此不同,它是以功能为对象进行计算的。在产品中,零部件与功能之间常呈现一种相互交叉的复杂情况,即一个零部件往往具有几种功能,而一种功能往往通过多个零部件才能实现。因此,计算功能的现实成本,就是采用适当方法将零部件成本转移分配到功能中去。具体有以下几种情况。

当一个零部件只实现一项功能,且这项功能只由这个零部件实现时,零部件的成本就是功能的现实成本。

当一项功能由多个零部件实现,且这多个零部件只实现这项功能时,这多个零件的成本之和就是该功能的现实成本。

当一个零部件实现多项功能,且这多项功能只由这个零件实现时,则该零部件实现各功能所起作用的比重将成本分配到各项功能上去,即为各功能的现实成本。

更多的情况是多个零部件交叉实现了多项功能，且这多项功能只能由这多个零部件的交叉才能实现。此时，计算各功能的现实成本，可通过填表进行。首先将各零部件成本按该零部件对实现各功能所起作用的比重分配到各项功能上去，然后将各项功能从有关零部件分配到的成本相加，便可得出各功能的现实成本。

当然，零部件对实现功能所起作用的比重，可以请几位有经验的人员集体研究确定，或者采用评分方法确定。

例如：某产品具有 $F_1 \sim F_5$ 共五项功能，由四种零件实现，功能现实成本计算如表 11-1。

在表 11-1 中，A 零部件对实现 F_2、F_4 两项功能所起的作用分别为 66.6% 和 33.4%，故功能 F_2 分配成本为 66.6% × 150 = 100（元），F_4 分配成本为 33.4% × 150 = 50（元）。按此方法将所有的零部件成本分配到有关功能中去，再按照功能进行相加，即可以得出 $F_1 \sim F_5$ 五种功能的现实成本 $C_{01} \sim C_{05}$。

③确定功能的评价值或目标成本。

功能评价值是依据功能系统图上的功能概念，预测出对应于功能的成本。它不是一般概念的成本计算，而是把用户需求的功能换算为金额，其中成本最低的便是功能评价值。

表 11-1 功能现实成本计算表

零部件			功　能								
			F_1		F_2		F_3		F_4		F_5	
序号	名称	成本/元	成本/元	比重/%	成本/元	比重/%	成本/元	比重/%	成本/元	比重/%	成本/元	比重/%
1	A	150			100	66.7			50	33.4		
2	B	250	50	20			150	60			50	20
3	C	500	250	50	50	10			200	40		
4	D	100					100	100				
合计		C_0	C_{01}		C_{02}		C_{03}		C_{04}		C_{05}	
		1 000	300		150		250		250		50	

下面以功能重要程度评价法为例来说明其确定方法。首先将产品功能划分成几个功能区域，并根据功能区的重要程度和复杂程度，确定各个功能区的功能重要性系数，然后将产品的目标成本按功能重要性系数分配给各功能区作为该功能区的目标成本，即功能评价值。

第一步，确定功能重要性系数，以多比例评分法为例来说明。常用的有 0~4 评分法和 1~9 评分法，下面介绍 0~4 评分法。

0~4 评分法分为四种情况：a. 非常重要的（或实现难度非常大的）功能得 4 分，很不重要的（或实现难度很小的）功能得 0 分；b. 比较重要（或实现难度比较大的）功能得 3 分，不太重要的（或实现难度不太大的）功能得 1 分；c. 两个功能重要程度（或实现程度）相同时各得 2 分；d. 自身对比不得分。如表 11-2 所示。

表11-2 功能重要性系数计算表（0~4评分法）

评价对象	F_1	F_2	F_3	F_4	得分	功能重要性系数
F_1	×	3	4	2	9	0.375
F_2	1	×	3	1	5	0.208
F_3	0	1	×	0	1	0.042
F_4	2	3	4	×	9	0.375
合计					24	1

第二步，确定各功能的功能评价值。如表11-3所示。

在第一步求出功能重要性系数之后，可以根据新产品和老产品的不同情况，求出相应的功能评价值。

④计算价值系数。

如表11-3所示，功能F_1的现实成本为562元，则F_1的价值系数为459/562=0.817。

表11-3 功能评价计算表

功能①	现实成本②	功能重要性系数③	功能评价值④	价值系数 ④/②	成本改善期望值②-④	改善优先次序
F_1	562	0.51	459	0.817	103	2
F_2	298	0.26	236	0.792	64	3
F_3	153	0.17	153	1.00	0	
F_4	116	0.06	54	0.466	62	1
合计	1 129	1.00	900	—	229	—

⑤计算成本改善期望值。

⑥选择改进对象。

选择改进对象时，考虑的主要因素是价值系数大小和成本改善期望值的大小。

当价值系数等于或趋近1时，功能现实成本等于或接近功能目标成本，说明功能现实成本是合理的，价值最佳，无须改进，如F_3。

当价值系数小于1时，表明功能现实成本大于功能评价值，说明该项功能现实成本偏高，应该作为改进对象，如F_1、F_2、F_4。

当价值系数大于1时，表明功能现实成本小于功能评价值，说明功能现实成本偏低。其原因可能是功能不足，满足不了用户的要求。在这种情况下，应该增加成本，更好地实现用户所要求的功能。还有一种可能是功能评价值确定不准确，而以现实成本就能够可靠实现用户要求的功能，现实成本是比较先进的，此时无须再对功能或功能区域进行改进。

在选择改进对象时，需将价值系数和成本改善期望值两个因素综合起来考虑，即选择价值系数低、成本改善期望值大的功能或功能区域作为重点改进对象。例如F_1和F_2比较，尽

管 F_2 的价值系数比 F_1 低,但是成本改善期望值 F_1 明显地要大很多,因此,在选择改进对象排序时 F_1 排在 F_2 的前面。

小结

企业技术管理是在实现企业生产最大化目标过程中,开发和实现产品技术能力的问题。技术创新指企业推出新产品、新的生产(工艺)方法,开辟新的市场,获取新的原材料或半成品供给来源或建立企业的新的组织的综合过程。技术开发指以企业为主体,将基础理论研究和应用研究成果应用于生产的全过程,对产品、工艺、材料、装备进行革新和创新,使其转化为现实生产力的科学技术活动。技术引进是指在国际的技术转移活动中,引进技术的一方通过贸易、合同、交流等途径,以各种不同的合作形式,引进外国的技术知识、管理知识、管理经验以及先进设备的活动。技术改造,是指在企业现有基础上,用先进的技术改造落后的技术,用先进的工艺和装备代替落后的工艺和装备,从而提高经济效益的活动。

价值工程(Value Engineering,VE)是一种以提高企业经济效益为目的的技术经济方法,它从分析产品或事物功能与成本之间的关系出发,力求以最少的成本实现必要的功能。价值工程中的"价值"是产品的功能与其成本的比值,可用公式表示:

$$价值(V) = 功能(F) / 成本(C)$$

价值工程的工作程序有八步:①选定价值工程的对象。②收集对象的相关信息情报。③功能分析。④提出改进方案。⑤分析和评价方案。⑥制订具体的实施计划。⑦实施方案。⑧对实施的成果进行评价。

功能分析是价值工程活动的核心和基本内容,价值工程就是围绕着对产品和劳务进行功能分析而不断深入展开的,它决定价值工程的有效程度,包括进行功能定义、功能整理、功能评价三个阶段。

经典案例

华为技术创新成发展法宝

华为到2012年年底拥有7万多人的研发队伍,占员工人数的48%,是全球各类组织中研发人数最多的公司。从1992年开始,华为就坚持将每年销售额的至少10%投入研发,什么事情都可以打折扣,但"研发的10%投不下去是要被砍头的"——这是华为主管研发的负责人说的。2013年华为研发投入12.8%,达到53亿美元,过去10年的研发投入,累计超过200亿美元。华为在全球有16个研发中心,2011年又成立了以基础科学研究为主的2012实验室,这可以说是华为的秘密武器。

另外,数学在华为研发上有重大贡献。10多年前,任正非就有明确认知:中国人擅长数理逻辑,数学思维能力很强,这跟中国人的哲学有关系,中国哲学是模糊哲学——儒、道基础上的模糊哲学,缺乏形而上学的思辨传统,太多辩证法。基于这一点,华为在材料学研究、物理领域尽量少投入,但在数学研究方面的投入是巨大的。

华为的俄罗斯研究所和法国研究所,主要从事数学研究。俄罗斯人的数学运算能力也是超强的,在华为的2G、3G研究方面有重大贡献。

华为在欧洲等发达国家市场的成功,得益于两大架构式的颠覆性产品创新,一个叫分布式基站,一个叫SingleRAN,后者被沃达丰的技术专家称作"很性感的技术发明"。这一颠覆性产品的设计原理,是指在一个机柜内实现2G、3G、4G三种无线通信制式的融合功能,理论上可以为客户节约50%的建设成本,也很环保。华为的竞争对手们也企图对此进行模仿创新,但至今未有实质性突破,因为这种多制式的技术融合,背后有着复杂无比的数学运算,并非简单的积木拼装。

正是这样一个革命性、颠覆性的产品,过去几年给华为带来了欧洲和全球市场的重大斩获。一位国企的董事长见到任正非时说了一句话:"老任,你们靠低价战术怎么在全世界获得这么大的成功?"任正非脱口而出,你错了,我们不是靠低价,是靠高价。在欧洲市场,价格最高的是爱立信,华为的产品平均价低于爱立信5%,但高于阿尔卡特-朗讯、诺基亚-西门子5%~8%。所以,2012—2013年连续两年,当欧盟的贸易专员发起对华为的所谓反倾销、反补贴调查时,华为的欧洲竞争对手,包括爱立信、阿朗、诺西等,全部站出来为华为背书,说华为没有低价倾销。即使如此,为了获得在欧洲的商业生态平衡,华为最后还是做了妥协。任正非说,我要做投降派,要举白旗,我提升价格与爱立信一样,或略高一些。什么叫投降派、举白旗呢?

华为要想在这个世界进一步做强做大,就必须立足于建立平衡的商业生态,而不是把竞争对手"赶尽杀绝"。当华为把其他竞争对手"赶尽杀绝"了,华为就是成吉思汗,就是希特勒,华为一定会灭亡,这是任正非的观点。

(资料来源:http://news.mbalib.com/story/90386 MBAlib网)

分析与思考

1. 为什么说技术创新是华为的核心竞争力?
2. 技术管理对企业有什么作用?

技能训练

调查企业技术创新

1. 实训目的

了解新产品与新工艺开发对企业的影响。

2. 实训内容

(1)调查了解企业技术创新的状况。调查企业新工艺与新产品开发的成果。

(2)分析企业新工艺与新产品开发成果给企业带来的影响。

3. 实训组织

(1)全班学生以5~6人为一小组,每组聘请一名企业管理人员,请其介绍所在企业技术创新的基本情况。

(2)结合学到的技术创新知识,进行对话。

4. 实训考核

填写实训报告：

（1）介绍管理人员的基本情况。与科技与管理人员就新产品开发与工艺创新进行对话的情况。

（2）对自己听到的内容，结合新工艺与新产品创新知识，谈谈自己的认识或想法。

（3）列举管理人员所介绍的企业的新工艺与新产品开发成果，并分析其市场前景及对企业可能产生的影响。

任务十二

现代企业信息管理

任务解读

随着社会经济的发展、信息技术的进步，面对竞争激烈、瞬息万变的国内外市场，企业信息资源的价值和战略性作用、信息资源的地位日益提高，正逐渐成为企业的主导资源。企业通过信息化建设，使企业信息管理成为影响企业核心竞争力的关键因素。因此，做好企业信息管理有利于企业生存与持续健康发展。

知识要点

1. 了解企业信息资源管理信息系统和企业信息化；
2. 了解常见的企业管理信息系统；
3. 认识管理信息系统对企业管理的影响；
4. 认识企业信息化建设的重要性；

技能要求

1. 会建立管理信息系统。
2. 会建设企业信息化。

12.1 企业信息资源

12.1.1 信息和管理信息

一、信息

所谓信息（Information），是客观事物的变化和特征通过一定物质载体形式的反映。它是一定的客体传给人并被人所理解和认识了的内容，它以语言、数据、图像、文字以及其他符号等为载体，但语言、数据、图像、文字以及其他符号并不就是信息，信息是这些东西所代表的含义和所要说明的事情，信息需要通过信息载体的解读才能获得。此外，同一信息可以通过不同的载体来承担。

（一）信息的特征

客观性。信息是对客观事物的现实反映，因此它必须真实地反映客观现实。只有客观真实的信息，才能对企业的经营决策发挥支持作用。

可储存性。信息可通过多种媒介进行储存，而储存信息的目的是便于在需要的时候查找和使用。

可共享性。信息可为不同目的的使用者使用，且并不因为被使用而有所损耗或衰减，具有共享性的特征。

可传输性。信息可通过传播媒体进行传递和传播，而信息的有效传递则是管理工作的基础。

可再生性。信息可以进行形式上的转换，如语言间的转换或载体间的转换。此外，数据信息可利用数学统计的方法进行加工处理，转变成为新的信息以适应使用者的使用。

（二）信息与数据

信息与数据在概念上是有所区别的。信息是加工后的数据。信息通过数据表示，数据在加工后变为对人们制定决策有价值的数据，才成为信息。

（三）信息与人的感觉意识

首先，所谓感觉、意识，无非是人的感觉和人的意识，而信息则是一种完全客观性的表述，是关于某一客观事物的信息；其次，感觉、意识在内容上具有客观性，但客观性仅仅是在本源意义上的客观性，一旦作为意识存在时，它实际上是经过了人的加工、再造和深入的理解；第三，信息虽然是由人对客观信号解读而获得的，但这种解读是一种直观的理解；第四，信息是做出判断的前提，而感觉和意识是判断的结果。

（四）信息是沟通的桥梁

人的一切活动都具有社会性，人必须在与他人的联系和沟通中才能生存和发展，联系和沟通是通过信息这一桥梁来进行的。因此，信息在人类社会生活中的作用非常重要，信息对于管理的意义也是这样。

二、管理信息

所谓管理信息（Management Information），是指那些进入管理系统，能够对管理活动产生影响的信息，它是管理者与被管理者之间、管理者之间、被管理者之间相互沟通与协调的介质。管理活动就是不断地把信息转化为具体行动的活动。

（一）对管理信息的基本要求

为达到管理活动对组织的有效控制，对管理信息具有如下基本要求。

准确性。能真实、客观反映实际情况的信息，才是管理活动所需要的，也才能对组织的正确决策提供信息支持。

及时性。在管理活动中对信息的加工、检索和传递，在时效性方面具有较高的要求。"时间就是金钱"在某种意义上，也适合信息管理工作。

可靠性。管理工作对信息除了有精确性方面的要求外，还有全面、系统和连续性方面的要求。

适应性。在组织的管理控制工作中，所需要的是适用、有效的信息。因此，信息的收集与加工整理应有一定的目的性和针对性，才能适应不同管理部门的业务需要。

（二）管理信息在现代社会中具有重要的意义

管理信息在生产力体系中具有重要的意义。现代社会被人们称为信息社会，信息成为增加国民财富、提高社会生产效益和人民生活水平的重要工具，信息也已成为一种无形的财富和重要的战略资源，搞好信息管理工作会带来巨大的经济效益。管理系统是不断生产信息的系统，与管理活动相伴随的是信息的流动。现代社会的管理工作，每一步都离不开信息。反过来说，任何系统只要有管理活动，就会有管理信息存在并发挥作用。

管理信息对于现代企业管理有着决定性的影响。因为，企业管理工作的成效取决于能否制定出有效的决策，而决策的质量在很大程度上取决于信息的准确程度。正确的信息是减少不确定因素影响的基础。在企业的经营管理活动中，一方面，信息流反映了物质流；另一方面，又通过信息流来指挥、控制物质流。

12.1.2　企业信息资源

企业信息资源（Enterprise Information Resource）是企业生产经营过程中产生的信息以及与信息活动相关的要素的总称，它应包括：企业在经营管理活动中经过采集、加工、处理、传播、储存的各种形式的信息，它是企业信息资源的主体；信息技术的集合，包括硬件设备和各类应用软件；信息工作者的集合，因为没有具备相关知识的工作人员，信息的开发与利用也就无从谈起。

一、企业信息资源的类型

信息资源具有不同的分类方法。企业通过对信息资源的有效管理来提高企业生产和决策效率、增强企业竞争优势。从管理科学的视角出发，可对企业信息资源类型做如下划分：

（1）根据企业信息要素的种类可划分为：第一，企业信息类，如图文、数据、音频、视频等不同存在形式的信息，它是企业信息资源的基础组成部分；第二，技术类，如网络设施、各类软硬件、企业级技术应用等，它以技术作为背景支撑，通过适当的管理理念和手段实现对企业运作的改造；第三，人员类，包括技术分析员、信息管理者、知识创造者等相关工作人员，这类人员对大量的企业数据进行深度加工和挖掘，使潜在的信息资源转变为隐性的知识被储存，通过长期积累，为企业营运带来显著的价值收益。

（2）根据企业资源的范围可划分为：第一，外部信息，包括与企业生产运作环境密切联系的国家政策、产业经济发展趋势、市场导向与资源配置、科学研究前沿等企业外在的信息，它有助于企业进行战略规划、开展宏观计划分析等管理活动；第二，内部信息，诸如各企业部门信息、显性知识与隐性经验等，它描述企业根本的运作动态，支持内在的组织调度活动。

二、企业信息资源的特征

企业拥有四种典型的经营资源：人力资源、物力资源、财力资源和信息资源。信息资源具有与其他三种资源不同的特征：

（1）信息可以复制，能够无成本地增加它的使用者。

（2）信息交易具有不可逆性。对于所使用过的信息不能归还或使交易恢复到初始状态。

（3）信息的价值具有相对性。在竞争环境下，信息的价值与它被共同拥有的程度有关。

（4）信息只有作为一个体系化了的整体才有意义，信息不能被分割。

(5) 为获得信息而支出的费用与它所带来的利益之间的关系往往是不明确的。

(6) 只有得到信息后才能知道其价值，很难事先判定信息的价值。

12.1.3 企业信息资源管理

企业信息资源管理（Enterprise Information Resource Management）既是一种管理思想，又是一种管理模式。

从管理对象看，企业信息资源管理是指对企业经营活动的各种要素（包括信息、人员、设备、资金等）的管理。

从管理内容来看，企业信息资源管理就是对信息进行组织、控制、加工、协调等。

从管理手段来看，企业信息资源管理是借助于现代信息技术实现信息资源的最佳配置，从而达到有效管理的目的。

从适用范围看，企业信息资源管理包括宏观和微观两个层次：宏观层次上的企业信息资源管理是运用政策法规、管理条例来指导、组织、协调信息的开发利用，以促进信息事业的发展；微观层次的企业信息资源管理则指围绕企业自身所开展的信息管理活动，主要以满足企业的信息需求，对其内外资源实施的有效管理。

12.2 管理信息系统

12.2.1 管理信息系统

为了有效地管理、利用和开发企业的信息资源，企业需要在信息的收集、加工整理、储存、传递和应用的基础上，建立有效的管理信息系统。

管理信息系统（Management Information System）是一个以人为主导，利用计算机硬件、软件、网络通信设备以及其他办公设备，进行信息的收集、传输、加工、储存、更新和维护，以企业战略竞优、提高效益和效率为目的，支持企业高层决策、中层控制、基层运作的集成化的人机系统。

一、管理信息系统的发展

管理信息系统的发展与计算机技术的发展密切相关。自从 1946 年美国宾夕法尼亚大学穆尔工学院研制成功世界上第一台电子计算机（ENIAC）以来，计算机技术已经历了四代革新。与此相应的，管理信息系统的发展也大体经历了四个阶段。

第一阶段（1953—1958 年）。第一代计算机开始进入大企业。大企业把计算机看作企业先进的标志，当时流行的观念认为：要先进，就得有计算机。这一代计算机的硬件是由电子管和磁带记录器组成的，软件很少，因而功能有限，多用于企业的财会部门，从事单项数据处理。第一代计算机对管理决策和企业组织结构的影响还是潜在的。

第二阶段（1958—1966 年）。计算机技术进入了第二代，晶体管代替了电子管，磁芯存储器取代了磁带存储器，计算机的内存扩展了，运算速度加快了，输入、输出功能更强了，特别是软件的进步是这一代计算机的重要标志。第二代计算机在管理应用方面最显著的成果是发展了联机系统，例如航空公司预订机票系统、旅馆预订房间系统以及股票市场行情系统等。管理信息系统的发展开始进入数据的综合处理阶段。第二代计算机对企业的影响主要是开始改变中层事务管理的方式，原有的大量核算、登账、查找、统计和报表等工作逐步交由计算机来完成。但业务人员并未因此大量减少，多数情况下反而增加了业务人员，例如系统分析人员、程序设计人员、数据录入人员和计算机维护人员。

第三阶段（1966—1974 年）。第三代计算机问世，采用的是集成电路装置，从而使计算机日益朝着大型化方向发展。通过与终端的远距离通信，把信息集中到中央处理机，提高了信息处理的能力，扩大了资源共享的程度。第三代计算机引起的变化是很大的。设置在总部的中央处理机系统，使得企业的全部信息实现了高度集中统一的管理，并且为了设计、使用和维护大型计算机的软件和硬件，在大型企业的管理组织中分化出了专门的信息处理职能和相应的机构，这是一种专业化的具有通信和控制功能的高度集权的组织。第三代计算机促进了大型企业重新集权化的趋势。

第四阶段（1974 年至今）。目前我们仍处在第四代计算机的阶段。超大规模集成电路和更加丰富的软件，一方面继续扩展计算机的功能，另一方面使计算机日益小型化、微型化、廉价化。微型计算机逐步进入家庭，集成电路被装在诸如电话、复印机、打字机、传真机等各种办公设备上，使之成为一种"智能化"的装置。特别是分布式数据库技术和计算机网络管理软件使得管理信息系统的发展进入了数据的系统处理阶段。计算机已经能够把企业生产经营过程中的数据全面地收集和存储起来，并向企业的各个环节或职能部门提供信息，形成了以信息系统为主的管理中心，使管理职能进一步集中，使整个管理系统发生了质的变化。管理信息系统的最大特点是数据的集中统一。正是有了数据的集中统一，才使得信息真正成为一种资源，并且实现了信息资源的共享。第四代计算机使现代管理的科学化水平获得了质的飞跃，使管理者可以利用更多的信息去建立数学模型，实现预测的可靠性和决策的优化。

二、管理信息系统的特征

管理信息系统不仅具有一般系统的若干特征，还具有专门系统的特征。分析和掌握管理信息系统的特征，将有助于对信息系统的了解、开发、管理和价值评估。具体地讲，管理信息系统的特征表现在以下几个方面：

（一）发展性

管理信息系统是一个发展中的概念，现代管理信息系统伴随着信息技术对管理信息系统支持水平的提高，从分散性、独立性和功能有限的简单信息系统发展成为综合性、结构化、功能扩展的复杂信息系统。这同时使管理信息系统具有广泛性，无论是大规模的信息机构或者集合，还是中等规模或小规模的信息机构或者集合，都可以称为管理信息系统。

（二）开放性

管理信息系统和其他系统一样具有相应的存在和发展的环境，总是与环境之间进行着某种形式的输入和输出。这种开放性即环境适应性，通过管理信息系统和外界环境的交互作用，使管理信息系统和外界环境保持相对稳定的最佳适应状态。

（三）集合性

管理信息系统是由信息活动有关要素构成的集合体，各个要素之间按一定的联结方式形成管理信息系统的关联性和有机性。管理信息系统的功能是一种整体功能，管理信息系统的功能是其要素功能的非简单叠加，而是大于其要素功能的总和，即"1＋1＞2"。

（四）层次性

管理信息系统通常由若干子系统组成的，这种信息系统层次性是信息系统集合性的自然推论。管理信息系统层次性是一个相对概念,管理信息系统可以分解成若干子系统,而管理信息系统本身又是更大系统的子系统,通常都是信息用户所在系统的一个子系统。

(五)目的性

管理信息系统都具有特定的系统目标,其最优化目标是为了充分满足信息用户的信息需求,受信息用户所在系统的目标约束,又对管理信息系统的各子系统的目标起约束作用。

三、管理信息系统的类型

由于一个组织内具有不同的职业分工和专业岗位,而单一的信息系统不能提供组织发展所需的所有信息,因而组织中存在着不同种类的信息系统。

管理信息系统,依信息加工方式的不同,可分为以下三种:

(1)手工操作系统。即通过人工方式进行信息收集和根据人的经验对信息进行处理的管理信息系统。手工操作系统的特点是系统非常简单,技术要求也很低,各种操作和处理都依靠手工完成。

(2)机械处理系统。就是利用机械协助人工来处理信息,即数据的记录和处理通过机械装置来进行,它在技术上的要求比手工操作系统稍高一些。

(3)电子计算机系统。是一种电子信息系统,信息处理是通过计算机来进行的。现在所说的管理信息系统,就是指这类信息系统。

组织中也可根据组织层次的不同分为不同的管理信息系统,如战略层有高级经理支持系统(ESS)、管理层有管理信息系统(MIS)和决策支持系统(DSS)、知识层有知识工作系统(KWS)和办公自动化系统(OAS)、作业层有事务处理系统(TPS)。其中,事务处理系统是为组织作业层服务的基本经营系统,它是执行和记录从事经营管理活动所必需的日常事务的计算机系统,也是构成现代计算机辅助管理的基础,如市场营销、生产制造、人力资源、物流供应、资金管理、财务会计、成本控制等子系统,并分别满足不同职能管理的需要。

四、管理信息系统的结构

管理信息系统的结构,是指系统中各组成部分之间的相互关系和构成框架。各部分的组成方式不同就构成不同的系统结构,其中主要有:

(1)概念结构。从概念上看,管理信息系统由信息源、信息处理器、信息用户和信息管理者四大部件组成。这里,信息源是信息产生地,信息从信息源发出,经过信息处理器进行加工、传输等,提供给信息用户,也就是企业不同部门和不同层次的管理人员使用。信息管理者负责信息系统的设计与实现,及信息系统的运行和协调。这里体现了任何一个信息系统都具备输入、处理和输出三种基本行为。除此以外,信息系统还具有保存信息的能力。

(2)功能结构。企业管理信息系统的功能结构,如图12-1所示。

(3)软件结构。管理信息系统的软件结构是指支持管理信息系统各种功能的软件系统或软件模块所组成的系统结构。这里的"管理信息系统各种功能",是指管理信息系统的功能结构中的各种功能,例如功能结构中列举的财务管理功能、生产管理功能等。

(4)硬件结构。管理信息系统的硬件结构是指硬件的组成及其连接方式和硬件所能达到的功能。广义而言,它还应当包括硬件的物理位置安排,如计算中心和办公室的平面安排。目前我国管理信息系统主要是在网络和多用户平台上使用,单机使用已不适应全球信息化的要求。

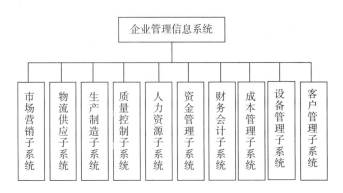

图 12-1　企业信息系统的功能结构图

12.2.2　管理信息系统的建立

一、建立管理信息系统的必要性

（1）管理对外部信息（又称外生信息）的需求决定了管理信息系统的重要性。

（2）管理系统内部的沟通对建立管理信息系统提出了要求。具有现代特征的管理体制，往往规模大、内容广、层次多、结构复杂，对这种管理体系，管理者必须通过逐层分权来实施管理。

（3）现代信息技术的发展，为建立专门的、高效的管理信息系统提供了可能。

二、建立管理信息系统的前提条件

管理信息系统建立的成败并不单单取决于技术、资金、互联网系统、应用软件、软件实施等硬环境，还取决于企业的管理基础、文化底蕴等软环境，而且这些软环境往往起着更重要的作用。管理信息系统只有在信息流通顺畅、管理规范的企业中才能更好地发挥作用。因此，企业要建立高效的管理信息系统需要以下前提条件：

（1）规范化的管理体制。

（2）具备实施战略管理的基础或条件。

（3）挖掘和培训一批能够熟练应用管理信息系统的人才。

（4）健全绩效评价体系。

三、建立管理信息系统的注意事项

（1）任何一个管理信息系统的建立，都必须从解决实际存在的管理问题出发。

（2）管理信息系统所提出的信息，必须是准确的和高质量的，错误的信息势必导致决策的失误。

（3）信息必须及时。

（4）信息量要适中，不可过多。

12.2.3　企业管理信息系统

一、办公自动化系统

办公自动化（Office Automation，OA）系统是利用技术手段提高办公效率，进而实现办公自动化处理的系统。它采用 Internet/Intranet 技术，基于工作流的概念，使企业内部人员方便快捷地共享信息，高效地协同工作；改变了过去复杂、低效的手工办公方式，实现迅速、全方位的信息采集、信息处理，为企业的管理和决策提供科学的依据。

办公自动化系统主要面向企业中的业务管理层，为各种类型的文案工作提供支持，通过应用信息技术，支持办公室的各项信息处理工作，协调不同地域间、各职能间和各信息工作者间的信息联系，提高办公活动的工作效率和质量。

不同企业中的办公业务是不同的，因此办公系统也有很大的区别，但一般情况下，办公自动化系统都具有通过文字处理、桌面印刷、电子化文档进行文档管理；通过数字化日历、备忘录进行计划和日程安排；通过桌面型数据库软件进行数据库管理；通过电子邮件、语音信箱、数字化传真和电视会议等形式进行信息联络与沟通的功能。

办公自动化系统通常包括以下功能模块：

（1）公共资源管理：对车辆、会议室、办公耗材、水电等资源进行综合管理。

（2）人事、档案管理：根据相关规范，实现档案建档、存档、销存、查询等功能。

（3）公共信息管理：对会议、通知通告、制度、经验知识、文档资料等进行分级管理。

（4）决策执行与协同应用：对资源消耗情况、个人绩效情况、收支情况进行管理，对未来经营提供辅助决策，提供即时通讯、网络会议等形式，实现协同办公功能。

（5）流程定制：实现办公流程图形化定制，办公流程实现自动优化。

二、决策支持系统

决策支持（Decision Support，DS）系统是辅助决策者通过数据、模型和知识，以人机交互方式进行半结构化或非结构化决策的计算机应用系统。它是较高级的相对先进的信息管理系统。它为决策者提供分析问题、建立模型、模拟决策过程和方案的环境，调用各种信息资源和分析工具，帮助决策者提高决策水平和质量。

决策支持系统的应用具有以下主要特征：

（1）数据和模型是决策支持系统的主要资源。

（2）决策支持系统主要是解决半结构化及非结构化问题。

（3）决策支持系统是用来辅助用户做决策，但不是代替用户。

（4）决策支持系统的目的在于提高决策的有效性而不是提高决策的效率。

三、客户关系管理系统

客户关系管理（Customer Relationship Management，CRM）系统是利用信息科学技术，实现市场营销、销售、服务等活动自动化，使企业能更高效地为客户提供满意、周到的服务，以提高客户满意度、忠诚度为目的的一种管理经营方式。客户关系管理既是一种管理理念，又是一种软件技术。以客户为中心的管理理念是客户关系管理实施的基础。

良好的客户关系管理系统能够为企业建立"咨询—服务—追踪—决策分析—新服务项目设计—反馈"的良性循环体系，从而在以下方面带来效益。

（1）增强客户访问渠道。

（2）高效、规范地进行业务操作。

（3）降低服务成本。

（4）拓展服务项目、范围以及服务的深度。

（5）产品/服务推广。

（6）树立企业形象。

四、供应链管理系统

供应链管理（Supply Chain Management，SCM）系统是基于协同供应链管理的思想，配合供应链中各实体的业务需求，使操作流程和信息系统紧密配合，做到各环节无缝链接，形成物流、信息流、单证流、商流和资金流五流合一的领先模式。实现整体供应链可视化，管理信息化，整体利益最大化，管理成本最小化，从而提高总体水平。供应链管理信息系统主要包括：电子数据交换（Electronic Data Interchange，EDI）、电子订货系统（Electronic Order System，EOS）、自动补货系统（Continuous Replenishment Practice，CRP）、供应商管理库存系统（Vendor Managed Inventory，VMI）等。

五、企业资源计划系统

企业资源计划（Enterprise Resource Planning，ERP）系统是指建立在信息技术基础上，以系统化的管理思想为企业决策层及员工提供决策运行手段的管理平台。企业资源计划系统为企业提供了一个统一的业务管理信息平台，将企业内部以及企业外部供需链上所有的资源与信息进行统一的管理，这种集成能够消除企业内部因部门分割造成的各种信息隔阂与信息孤岛。

集成性与实时性是ERP的两个最大的特点。集成性表现在ERP是一个信息高度集成的管理系统，不仅可以对企业内部的物流和资金流、信息流实现集成，而且也可以将企业外部有关供货商以及其市场和客户的物流、资金流和信息流集成在一起。ERP的实时性表现在于ERP系统是与互联网相结合的，具有很强的数据交换和通信能力，能实现企业的实时在线管理。

ERP系统是基于先进的企业管理理念的高度集成化的信息系统，是一套将财务、分销、制造和其他业务功能合理集成的应用软件系统，是一套能实现实时在线管理的系统，企业总部可以通过ERP对各级分支进行网上业务审批和远程监控，下级分支也能够通过ERP查询总部各类信息的新型企业管理模式。

12.2.4 管理信息系统对企业管理的影响

一、对组织结构的影响

随着计算机网络技术的飞速发展，远距离的即时通讯已成为现实，信息技术在企业中的应用逐渐深入。这一切使组织变得越来越柔性化，主要表现为：组织结构的柔性化，组织层次的扁平化，组织实体的虚拟化。

二、对业务流程的影响

在企业的信息化实践过程中，原有的管理模式和服务方式将会发生根本性的变化。信息系统运营的管理变革策略的核心就是企业业务流程在管理信息系统环境下的优化过程，以及企业组织的变革两个方面。流程优化是一种变革的新方法，这种方法通过使用信息技术和人力资源管理技术对企业的流程进行创新，可以极大提高企业的成本、效率、质量等指标。

三、对企业竞争力的影响

随着信息技术的飞速发展，从20世纪80年代开始，在世界范围内掀起了以信息技术为核心技术手段，针对企业的组织结构、业务过程、管理模式而进行的企业变革浪潮。其根本目的就是希望利用信息技术，从根本上提高企业的竞争能力，同时获得竞争对手难以模仿的竞争优势。管理信息系统给企业带来的竞争优势我们可以归纳如下：首先，增强了企业的灵活性，使企业更有能力适应新的、多变的竞争环境；增强了协同工作能力，能与贸易伙伴建立稳定、紧密和长期的联系。其次，企业内部各个创新单位的活动能力增强，具有了更大的决策权限，有利于缩减机构。同时缩短企业与客户之间的距离，有利于贯彻以客户为中心的服务宗旨。再次，管理信息系统的开放性设计和统一的数据传送协议，大大方便了管理信息系统设计，缩短了设计时间，节约了系统的配置费用。最后，管理信息系统的发展使原本被人为分割的业务过程更为合理地整合在一起。随着信息的访问成本和传输成本的降低，每一个人都可以方便地在企业信息网络上得到想要的信息，当管理信息系统发展到一定程度之后，管理者几乎可以在任何时刻、任何地点掌握对企业业务过程的控制权。

四、对供应链的影响

利用信息技术，尤其是各类信息系统和互联网络，对企业实施有效的供应链管理（SCM）有极为重要的作用。在企业内部，利用系统开发和技术集成将生产、销售、物流、结算、售后服务各个过程联通和协调起来，进而形成以信息流为主导的供应链模式，将销售信息灵活运用到生产和物流中，按需订货、按需生产。良好的供应链将大大降低企业经营费用、提高工作效率、优化配置资源、提高顾客满意程度，在成本和价值两个方面为企业创造竞争优势。在企业外部，技术的完善使上下级企业的供应系统、采购系统、生产制造系统和销售系统联结成网，企业间的依存度加强。供应链管理就是要将上游供应商、中游制造商、下游销售商紧密联系起来，降低流通成本，加强共同合作，形成互利共赢的战略联盟关系，创造企业及产业总体的竞争优势。

五、对客户关系的影响

利用信息技术，可以强化企业与客户间有效的沟通。企业可以从客户需求出发，设计并提供特殊的产品或服务，从而满足顾客日益增长的人性化、个性化、多元化的消费需求，提高顾客忠诚度，并与其建立起长期、良好的合作伙伴关系。信息技术的高度发展，大大增强了企业生产的灵活性、迅速性和虚拟性，使企业"个性化、多品种、小批量"的生产和服务成为可能。很多企业已经认识到，在产品日趋大同小异的今天，满足消费者个性化需求，以服务创新为突破口是重焕企业发展勃勃生机的契机。如今 CRM、网上银行、网络营销、电子商务开展得如火如荼就是例证。正如 IBM 的战略研究主任斯蒂芬·亨克尔所说："未来属于那些可以与顾客亲密对话，并对顾客不可预测的需求提供个性化反应的企业。这离不开企业管理信息系统的支撑。"

12.3 企业信息化建设

12.3.1 企业信息化

一、信息化

信息化（Informatization）是指加快信息高科技发展及其产业化，提高信息技术在经济领域和社会领域的推广应用水平并推动经济和社会发展前进的过程。它以信息产业在国民经济中的比重、信息技术在传统产业中的应用程度和国家信息基础设施建设水平为主要标志。信息化包括信息技术装备的生产和应用两大方面。

二、企业信息化

企业信息化（Enterprises Informatization）是指企业在生产与经营、管理与决策、研究与开发、市场与销售等各个层次、各个环节和各个方面，选择先进适用的计算机、通信、网络和软件等现代信息技术和设备，建设应用系统和网络，充分开发、广泛利用企业内外信息资源，调整或重构企业组织结构和业务模式，逐步实现企业运行的全面自动化，伴随现代企业制度的形成，建成对市场快速反应的能力，从而提高企业经济效益和企业竞争力的过程。企业信息化通俗地讲，就是实现企业的资金流、物流、作业流、信息流的数字化、网络化管理，实行企业运行的自动化和企业制度的现代化。企业信息化的目的是及时为企业决策系统提供准确有效的数据信息，对市场做出迅速反应，增强企业的核心竞争力。

三、企业信息化的三个层面

（1）数据的信息化。是指把企业原有的一些纸质信息转化为数字化信息，以数据的格式存储在计算机中，并使用相应的数据库系统对其进行管理，方便企业信息的查询和保存，提高企业运用其信息资源的效率。

（2）流程的信息化。是指在企业生产经营的整个流程中，使用符合企业自身特点、满足企业流程需要的软件程序进行人员的管理，取代传统的人为管理，增加管理的科学性和规范性，提高企业运作的效率。

（3）决策的信息化。是指对所收集到的初始信息进行分析、处理和分类，保留有用的、重要的信息，去除一些无用的干扰信息，然后利用企业的决策支持系统辅助管理者做出科学、正确的决策。

12.3.2 企业信息化的应用领域

企业信息化从应用角度可分为三个领域。

一、企业生产过程的自动化、智能化

在现代化的工业生产中，产品的设计，生产控制、监测、处理等环节采用电子信息技术，将生产过程中的生产信息不断地收集、传输、整理和应用，使生产过程自动化、智能化，如计算机辅助设计（CAD）、计算机辅助制造（CAM）等。

二、企业管理决策的网络化、智能化

企业采用电子信息技术，将物资、财务、计划、销售、库存等管理信息进行自动化、智能化处理，使企业管理科学化和最佳化，如管理信息系统（MIS）、办公自动化系统（OA）、决策支持系统（DSS）、专家系统（ES）、企业资源计划（ERP）、柔性制造系统（FMS）以及计算机集成制造系统（CIMS）等。

三、企业商务活动的网络化

指企业通过管理信息系统（MSI）、电子数据交换（EDI）、电子订货系统（EOS）、商业增值网（VAN），以及企业内部网（Intranet）、外部网（Extranet）、互联网（Internet）等，使企业的商业运作实现交易无纸化、直接化。

12.3.3 企业信息化建设

一、企业信息化建设的意义

21世纪是信息经济和知识经济的时代,市场竞争的重点是速度的竞争、信息的竞争和知识的竞争,市场竞争的范围也由地区扩展到了全球范围。企业信息化成了企业生存、发展的必由之路,也是我国实现国民经济信息化的重要环节和基础。因此,企业信息化具有以下意义。

(1) 是企业适应快速变化的商业环境的需要。
(2) 可促进现代企业制度的建立。
(3) 有利于企业生产效率的提高。
(4) 促成了企业管理系统的优化和组织的创新。
(5) 可建立和扩大企业市场营销体系。
(6) 有助于构筑企业知识平台。
(7) 有利于促进企业组织虚拟化,使企业优势互补。

二、企业信息化建设的阶段性目标

企业信息化是一个管理工程,是利用计算机和网络技术,将计算机存储的信息通过网络传递到各个方面,实现信息的收集、传输与共享。信息化的水平反映在信息的质量、数量,传递的效率与共享的范围等方面。企业信息化建设的目标按照以下几个阶段实现。

第一阶段,建立工艺设计与生产控制的信息系统。这是资金和技术密集型的企业,特别是高新技术企业,在企业建成投产之日就完成的。近年来,国家经贸委与科技部一直致力于推进企业对计算机辅助制造、辅助实际系统在智能化生产控制和工艺设计流程中的应用。

第二阶段,建立企业内部的管理信息系统。企业应该把财务电算化作为管理信息化的第一步,因为财务管理是企业管理的核心。只有有效地掌握并控制资金流,才能控制物流,进而控制生产经营的全过程。在财务管理信息系统的基础上,向其他领域的管理信息系统,如企业资源计划、供应链管理、客户链管理等延伸,实现企业内部管理全过程所涉及的资金、物资、人才、技术信息流的整合。

第三阶段,建立基于互联网的企业电子商务系统。电子商务是企业信息化的一个重要组成,是以企业内部信息化为基础,并运用计算机网络技术扩展的商务活动。它是对信息流、资金流和物流三流整合的过程。

三、企业信息化建设的具体步骤

企业信息化建设不是一蹴而就的,需要经过一系列科学的判断分析,逐步建立起来的,具体步骤如下。

(1) 环境分析。对企业的内部环境和社会环境进行系统分析是信息化建设必不可少的工作,也是信息化建设的基础。第一,要分析并掌握信息技术本身的发展方向、发展特点和发展现状。第二,要分析行业的发展动力、发展方向、发展特点、发展现状,以及信息技术在行业发展中起的作用。第三,要深入了解竞争对手对信息技术的应用情况,包括实施手段、应用范围、实现功能、具体技术,以及成果和教训,等等。

(2) 战略分析。信息化建设的最终目的是实现企业的战略目标。在分析过程中,要明

确企业的发展需求、发展目标和发展战略。依据企业发展的总目标，明确企业各个核心部门要做的各类工作。同时还要理解企业发展战略在核心竞争力、组织结构、产业结构、产品结构、企业文化、市场对象等方面的定位。在此基础上，通过分析，明确上述各个要素与信息技术之间的潜在关系，从而确定信息技术应用的驱动因素，使信息化与企业战略相互融合。

（3）企业现状分析与评估。对企业的现状分析与评估重点从两方面着手：一方面是企业的当前业务能力现状，另一方面是企业的信息化技术能力及现状。所谓业务能力分析是指对企业业务与管理活动的特征、企业各项业务活动的运作模式、业务活动对企业战略目标实现的作用进行分析，揭示现状与企业远景之间的差距，确定关键问题，探讨改进方法。所谓信息化技术能力分析是诊断企业信息化的当前状况，包括基础网络、数据库、应用系统状况，分析信息系统对企业未来发展的适应能力，给出信息化能力评估。

（4）企业关键业务流程分析与优化。基于前三步的工作基础，分析并确定那些与企业战略目标不符的流程及环节，发现能够在现有环境中使企业获得竞争力的关键业务驱动力以及关键流程，并实现企业战略目标，从而根据企业外部环境和战略目标，进一步优化流程。这一步主要是实现信息化与企业业务上的融合。

（5）信息化应用需求分析。需求分析是在企业现状评估和战略分析的基础上，按照优化流程的业务运作模式，制定企业适应未来发展的信息化战略，指出信息化的需求。需求分析包括数据库、应用系统、系统基础网络平台和信息安全等需求。

（6）制定企业信息化发展战略。在前五步分析结果的基础上，调整和制定企业信息化建设的战略目标和指导纲领，确保企业在适当的规模上、适当的成本范围内，去实现适合的信息化建设。

（7）制定信息化建设的总体构架和标准。在企业发展战略目标的指导下，基于对信息化的需求和业务发展需求，从系统体系、信息架构和系统功能三方面对信息系统应用进行规划，确定信息化建设体系结构的总体架构并拟定信息技术标准。

（8）信息化建设目标分解。分析整个信息化过程中的工作重点，以及其中存在的问题和资源投入，确定弥补差距所需要的行动，将整个信息化过程分解成为互相支撑和关联的若干子项目，定义每一个项目的成本和资源、优先次序、收益、业务前提，以及预计的时间、范围；并对建设目标进行管理和分派，选择每一建设目标的实施部门或小组，确定对每一建设目标进行管理与监控的手段、过程和原则。

（9）信息化保障分析。针对每个建设目标，进行障碍性分析，即按重要性排列优先顺序，进行准备度评分，并根据结果做出初步取舍，形成路标规划。然后对建设目标进行财务分析，根据公司财力，决定取舍。

（10）企业信息化建设实施与评估。基于以上分析，开始进行企业信息化建设，在企业信息化建设的过程中必须不断评估与反馈，以便及时调整和纠错，使得企业信息化建设真正符合企业自身发展，从而提高企业竞争力。

12.3.4 我国企业信息化建设的发展趋势

一、全面基于互联网实施企业信息化建设和应用的阶段来临

企业将全面参与全球化和国内跨区域的各种竞争，基于互联网掌控市场，实现企业资源最佳配置、改进自我协同能力、提升产品和服务品质的需求将显著增加，成为必然的趋势。

很多企业，特别是大中型企业在基于互联网的供应链管理、客户关系管理或数字物流等方面的建设和应用将获得重大突破，并可能形成和产生新的商业模式。

二、跨区域、跨行业的各类高度专业化信息服务平台将成为建设和应用热点

网上信息消费、服务消费和产品交易是电子商务的主要形式。未来几年是电子商务的高速成长期。

企业基于互联网的交易和服务成为企业形成核心竞争力的关键点。要使企业能够方便、安全、可靠、快速地实现这一目标，可通过跨地区跨行业的各类高度专业化信息平台（如网上支付、信用体系、第三方认证）实施。

三、企业决策支持信息系统的建设和应用将得到普及，企业信息资源的开发利用将得到长足的发展

决策支持信息系统的建设和应用将成为企业信息化支撑企业规避风险的重要武器。各类决策支持模型将在企业得到广泛应用，形成企业决策支持信息系统，行业性（如水、电、气、电信、金融、外贸、旅游等）数据库的建设水平与数量将得到提升和增加。

政府方面也将通过搭建公共信息服务平台，促进制定技术标准等相关工作引导企业信息资源的开发利用。

四、企业自身主导信息化建设的能力增强

目前企业信息化建设和应用程度还不平衡，企业依托IT厂商主导实现信息化的情况比较普遍。但在未来，CIO制度将得到普遍执行，企业信息化规划、测评、招标、监理、培训等服务将普遍为企业接受并得到广泛应用，将以企业为主导、IT厂商为辅助，建设适合企业发展的信息系统。

五、企业信息化管理系统与电子政务系统及社会信息化的其他系统互联互通成为衡量企业信息化建设和应用能力的标志

电子政务已成为我国各级政府高度重视并取得重大进展的领域，金税、金关、金财、金盾等电子政务系统有效地带动了企业信息化建设和发展。企业信息化系统与工商、税务、社保、医保和金融等系统的互联互通成为不可逆转的趋势，同时也是衡量企业信息化建设和应用能力的重要标志。这种互联互通将为政府对企业实施有效监管和企业接受优质服务打下坚实的基础。

小结

在信息化社会，要管理好一个企业，就必须管理好信息，管理好信息就是管理企业的未来，企业信息资源已经成为主宰企业命运的关键。企业信息化建设也成为现代企业管理的重要组成部分，成为企业增强核心竞争力的关键因素。

经典案例

企业 ERP 系统

2007年6月，按照中国石油集团总部的要求，吉林石化公司和吉化集团公司合并重组为中国石油吉林石化公司。合并后的吉林石化公司成为拥有年原油加工能力 1 000 万吨、乙烯生产能力 85 万吨、主体生产装置 60 套、主要炼化产品 115 种、总资产 280 亿元、在岗人员 5.5 万人的大型炼化一体化企业。吉林石化公司一直以来都十分重视信息化建设工作，重视以信息化建设提升各项业务管理水平。先后建设并实施了用于销售业务管理的金穗开票系统、汽柴油价格管理系统、电子秤检斤系统；用于生产运行管理的 MES 系统；用于综合统计管理的统计信息系统；用于计划优化管理的 APS 系统；用于设备管理的操作图管理系统；用于财务管理的网上银行、网上报销以及用于采购管理的电子商务采购系统等。

各系统均是以满足自身业务需要为目标进行的信息系统建设，专业性很强，深得业务管理人员的认可。但是各系统之间基本上处于各自为政的状态，各信息系统相对独立，系统间未能实现资源共享。对于中国石油天然气集团公司来讲更是没有一个统一集成的管理信息平台。按照中国石油天然气集团公司整体信息管理规划，吉林石化公司开始投入实施 ERP（企业资源计划）系统。具体实施方案如下。

一、重新引入基础数据源

统计信息系统共设置数据采集单位 177 个，实现了获取第一手统计数据、逐级上报、分厂平衡等统计业务需求；设置物流描述 11 555 条，完整地描述了企业原料购入、存储、耗用，产品生产、存储、销售等物流信息，依据物流信息进行的数据采集全面、真实；设置统计报表 782 张，满足了公司、各生产厂、储运、销售、车间等不同单位的报表需求，同时报表以多种形式在用户的计算机中展示。

这些基础数据源中的具体传输数据内容有：生产装置、辅助生产装置、虚拟装置投入的物料、三剂、公用工程，以及产出的主产品、联产品、自产公用工程及副产品的全部数据，数据量约达 20 亿条。板块内（含板块内工厂间）物料移转明细表、板块内（含板块内工厂间）公用工程移转明细表，供未上市部分物料明细表，分厂内部分配、板块内互供、向销售工厂移转公用工程分配明细表，数据量达 7 000 条。非生产使用的公用工程明细表（停工装置的消耗，非生产单位的消耗）、公用工程对外销售明细表记录数约达 30 000 条。

二、调整 ERP 系统流程

吉林石化公司的 ERP 系统在改进前共设计了原始流程 261 个，被完全采用的流程有 232 个，增加和改动的流程有 21 个。主要是对销售流程的调整以及在系统内增加了再生产物资加工处理流程。

三、信息系统的整合

按照吉林石化公司现阶段保留各专业管理信息系统的专业特长、减少数据的重复采集、满足 ERP 系统需求的信息化管理要求，公司研究制定了各信息系统间的整合方案。

统计信息系统与 ERP 系统的 PP、MM 建立数据传输关系，相关数据直接用于 CO 模块的财务核算。现行的网上银行、网上报销及中国石油财务管理系统与 ERP 系统建立接口，ERP 系统的功能侧重财务核算前的过程控制。MES 生产执行系统与 ERP 系统的 PP 模块建立接口，满足 ERP 系统计划管理过程控制的需求。MES 系统与统计信息系统建立接口，避免库存量非平衡类数据的重复采集工作。现行的销售管理软件国家金穗工程系统、汽柴油产品价格系统、电子秤检斤系统及发油机系统与 ERP 系统的 SD 模块建立数据接口，避免数据的重复采集，保证原始数据的准确。

吉林石化公司 ERP 系统用了不到两年的时间建设完成并实施运行，该 ERP 系统使得吉林石化公司拥有了统一集成的管理信息平台，提高了信息透明度，实现了物流、资金流、信息流的三流合一；规范了具体业务流程，通过实时的数据收集缩短业务流程周转时间，提高事务处理效率；帮助吉林石化提高数据分析能力，提供决策支持，提升管理理念；通过信息技术手段的增强提升了吉林石化的核心业务的竞争力。

问题：
1. 吉林石化 ERP 系统的建立有何自身特点？
2. 企业成功实施 ERP 的关键是什么？
3. 企业信息化建设有哪些需要注意的问题？

参 考 文 献

[1] 刘仲康,郑明身. 企业管理概论[M]. 武汉:武汉大学出版社,2005.

[2] 赵伟. 马云:我的管理心得[M]. 北京:企业管理出版社,2014.

[3] 王效昭,赵良庆. 现代企业管理学[M]. 合肥:安徽人民出版社,2008.

[4] 张向前. 现代企业管理[M]. 北京:中国言实出版社,2008.

[5] 周坤. 赢在规范化:企业规范化管理实务[M]. 北京:北京联合出版社,2015.

[6] 邸彦彪. 现代企业管理理论与应用[M]. 北京:北京大学出版社,2008.

[7] 孙前进,孙静. 连锁企业经营管理(第2版)[M]. 北京:中国发展出版社,2015.

[8] 由建勋. 现代企业管理[M]. 北京:高等教育出版社,2008.

[9] 吴光琛. 优势导向管理法——构建企业核心竞争力的法则[M]. 北京:经济管理出版社,2016.

[10] 马君. 新常态与企业激励模式变革——从绩效导向到价值自觉[M]. 北京:经济科学出版社,2015.

[11] [美]史蒂芬·罗宾斯. 管理学(第四版)[M]. 北京:中国人民大学出版社,2004.

[12] 马丰宁,邓英芝,刘培根. 企业资源规划(ERP)实训及案例[M]. 天津:天津大学出版社,2015.

[13] 雷蒙德·A·诺伊,等. 人力资源管理获得竞争优势[M]. 北京:中国人民大学出版社,2008.

[14] 张赤东,立新男,张杰军. 创新性企业评价理论与实践[M]. 北京:经济科学出版社,2015.

[15] 陈杰. 市场营销理论与实务[M]. 北京:中国传媒大学出版社,2008.

[16] 张泽起. 现代企业管理[M]. 北京:中国传媒大学出版社,2008.

[17] 海本禄. 国际化企业的动态能力绩效机制研究[M]. 北京:中国经济出版社,2015.

[18] 全国高等教育自学考试命题研究组. 企业管理概论自学考试同步训练[M]. 北京:人民日报出版社,2004.

[19] 周颖,杜玉梅. 企业管理[M]. 上海:上海财经大学出版社,2008.

[20] 刘仲康,司岩. 企业经营战略概论[M]. 武汉:武汉大学出版社,2005.

[21] 张志宇. 企业管理新论——用文化管理企业的探索[M]. 北京:企业管理出版社,2015.

[22] 劳伦斯·S·克雷曼. 人力资源管理[M]. 北京:机械工业出版社,2008.

[23] 余凯成,等. 人力资源管理[M]. 大连:大连理工大学出版社,2009.

[24] 张德. 人力资源管理[M]. 北京:企业管理出版社,2008.

[25] 郑晓明. 人力资源管理导论[M]. 北京:机械工业出版社,2008.

[26] 辛向阳. 薪资革命 [M]. 北京：企业管理出版社，2009.
[27] 于翠华，贾志林. 现代企业管理 [M]. 北京：北京大学出版社，2009.
[28] 苗长川，杨爱花. 现代企业管理 [M]. 北京：清华大学出版社，2007.
[29] 陈文安，穆庆贵. 新编企业管理 [M]. 上海：立信会计出版社，2008.
[30] 单风儒. 企业管理 [M]. 北京：高等教育出版社，2009.
[31] 孙力科. 任正非：管理的真相 [M]. 北京：企业管理出版社，2014.
[32] 王德敏. 企业内控精细化管理全案（第2版）[M]. 北京：人民邮电出版社，2012.
[33] 刘平. 企业战略管理：规划理论、流程、方法与实践（应用型）[M]. 北京：清华大学出版社，2010.
[34] 黄津孚. 现代企业管理原理 [M]. 北京：对外经贸大学出版社，2002.
[35] 熊小霞，李雪霞，周晓兰. 企业经营管理项目化教程 [M]. 北京：清华大学出版社，2016.
[36] 周三多，等. 管理学原理与方法 [M]. 北京：高等教育出版社，2005.
[37] 杨增雄. 企业战略管理——理论与方法 [M]. 北京：科学出版社，2016.
[38] 程云喜，等. 现代企业管理 [M]. 北京：高等教育出版社，2005.
[39] 王凤彬. 管理学 [M]. 北京：中国人民大学出版社，2003.
[40] 庄立民. 企业概论 [M]. 台北：全华科技图书股份有限公司，2004.
[41] 赵钎. 现代企业管理（第二版）[M]. 北京：电子工业出版社，2008.